INDUSTRIAL HERITAGE

産業遺産巡礼

《日本編》

文・写真
市原猛志
Ichihara Takeshi

◉弦書房

装丁　毛利一枝

〈カバー表・写真〉
対馬オメガ局送信用鉄塔
〈カバー裏・写真〉
佐渡鉱山の遺産群のひとつ、
大間港のベルトコンベア設備跡
〈表紙、本扉・写真〉
白水溜池堰堤
〈背・写真〉
横浜市開港記念会館

目次

I

左頁掲載〈地図A〉の産業遺産

007 大内宿
008 日光駅
009 栃木共立銀行本店
010 栃木町役場庁舎
016 常磐炭礦湯本礦坑道
017 常磐炭礦内郷礦中央選炭工場
018 共楽館
019 日立鉱山大煙突
020 日立鉱山竪坑と設備機械群
021 碓氷峠煉瓦造アーチ橋梁群
022 富岡製糸場
023 東宮御所
025 横浜市開港記念会館
026 三井物産横浜支店
030 石川県庁
031 尾山神社神門
057 本宮映画劇場
058 大越娯楽場
065 秋田銀行本店本館
066 阿仁鉱山外国人官舎
067 遠野駅
068 橋野高炉跡
069 東京砲兵工廠銃砲製造所薬莢工場
070 東京陸軍第二造兵廠火薬研究所
071 旧陸軍武器庫
074（旧制）福島県尋常中学校本館
075 丸守発電所・猪苗代第二発電所
076 郡山市公会堂
077 柏崎公会堂
078 北陸本線旧線トンネル
084 諸岡邸門塀
085 竹内農場
086 神谷伝兵衛醸造所
087 太洋ビル
088 愛知電気鉄道鳴海球場
089 伊奈製陶工場施設群
105 小岩井農場上丸牛舎
106 岩手銀行本店
107 陸軍騎兵第三旅団覆練兵場
108 室蘭駅
109 三菱合資室蘭出張所
110 双葉幼稚園
111 士幌線コンクリート造アーチ橋群
112 神谷酒造旭川工場旧蒸留棟
113 博物館網走監獄
114 北見郷土館
115 網走監獄正門
116 太平洋炭礦
128 萬代橋
129 西置賜郡役所
130 羽陽銀行長井支店
131 桑島眼科医院
132 高畠鉄道高畠駅
137 半田運河
138 丸三麦酒醸造所半田工場
139 竹田邸
147 上田蚕糸専門学校講堂
148 常田館製糸場施設
149 上田蚕種協業組合事務棟
150 上田丸子電鉄別所温泉駅
151 新津油田金津鉱場跡
152 全天医院
153 観慶丸商店
154 とよま明治村
155 東北帝国大学附属図書館閲覧室
156 東北学院大学旧宣教師館
157 大東京火災海上保険仙台支店
159 山田守邸
178 弐郷半領猿又閘門
179 田中家住宅
189 岡崎銀行本店
190 カクキュー八丁味噌資料館
191 豊橋ハリストス正教会
192 豊橋市小鷹野浄水場ポンプ室
193 豊川電話装荷線輪用櫓
194 豊橋市公会堂
195 本坂隧道
199 築地市場
200 国立西洋美術館
コ9 金を中心とする佐渡鉱山の遺産群
コ11 韮山反射炉と耐火煉瓦

（コ＝コラム）

A

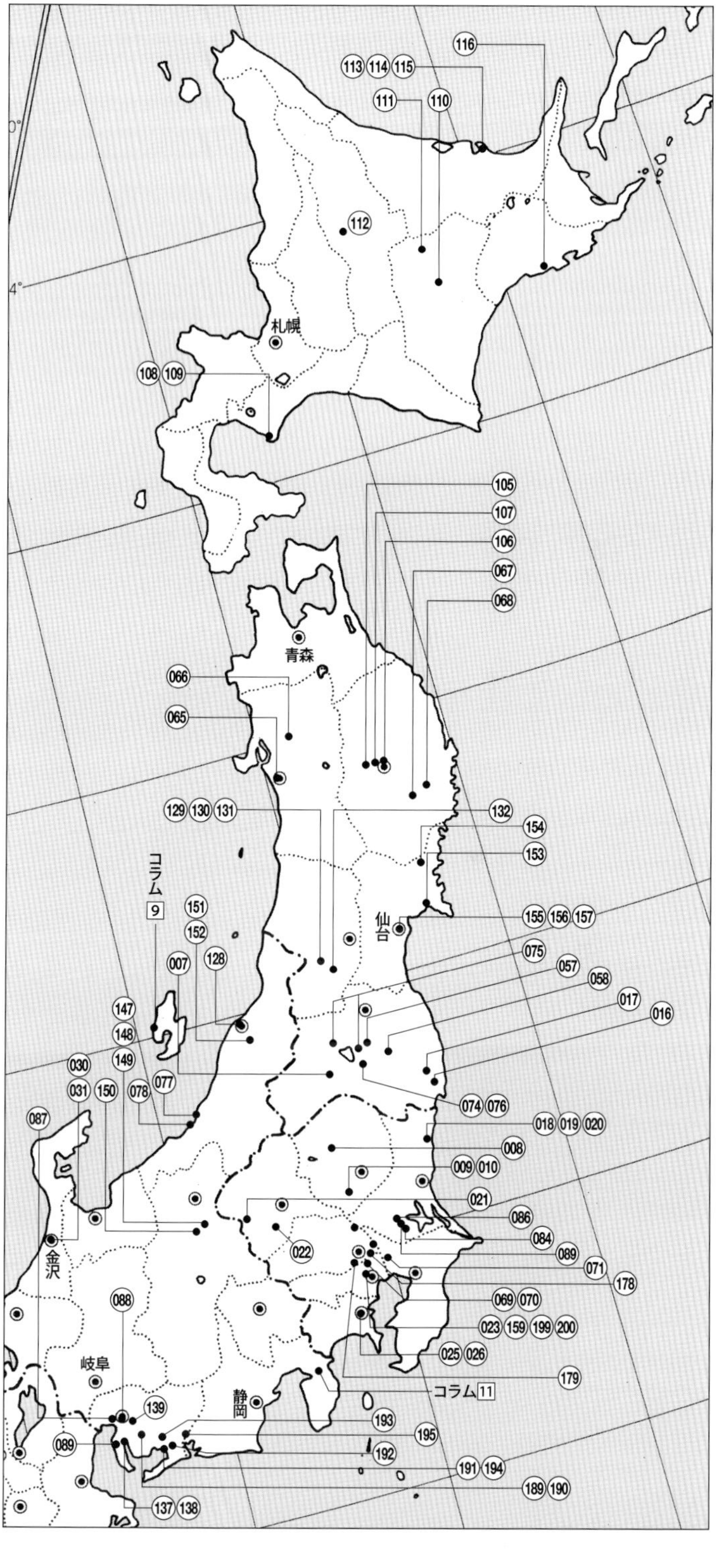

116
113 114 115
111
110
112
札幌
108 109
105
107
106
067
068
青森
066
065
129 130 131
132
154
153
コラム 9
151
152
仙台
155 156 157
075
007
128
057
058
017
016
147
148
149
030
031
150
078
077
074 076
087
018 019 020
008
009 010
021
086
084
金沢
022
089
071
178
088
069 070
023 159 199 200
025 026
岐阜
179
コラム 11
静岡
139
193
089
195
192
191 194
189 190
137 138

B

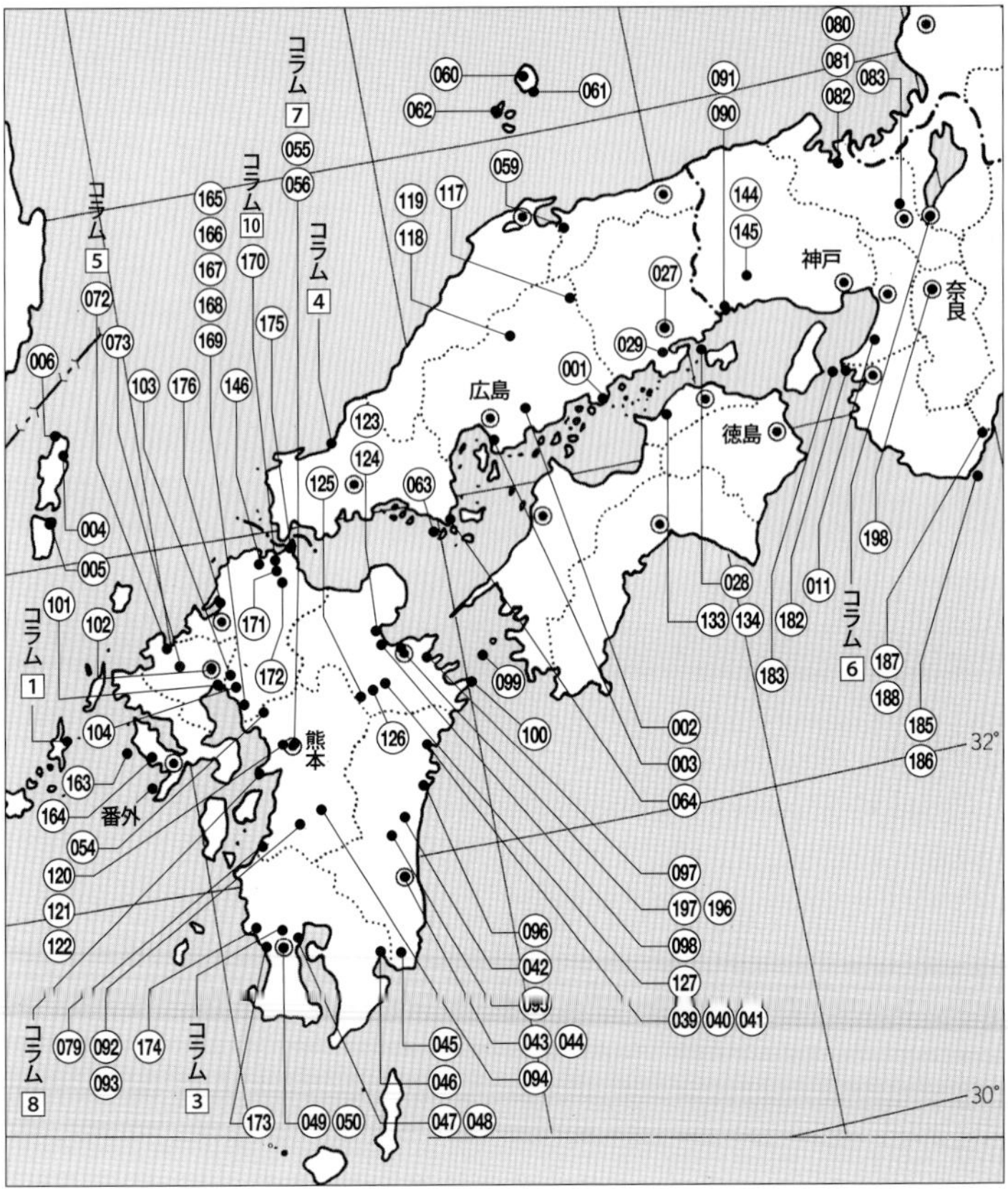

広島
神戸
奈良
徳島
熊本
番外
コラム 1
コラム 3
コラム 4
コラム 5
コラム 6
コラム 7
コラム 8
コラム 10
32°
30°
080 081 082 083
091 090
060 061 062
055 056
059
119 117 118
144 145
027 029 001
165 166 167 168 169 170 175
072 073 006 103 176 146
123 124 125 063
004 005
101 102 104 171 172
163 164 054 120 121 122
126 099 100
028 133 134 182 011 183 198 187 188 185 186
002 003 064 097 197 196 098 127 039 040 041
096 042 095 043 044 094
045 046 047 048
079 092 093 174 173 049 050

D

兵
庫
大
阪
淡路島
013
033
034
180
032 -1
032 -2
181
184
015

C

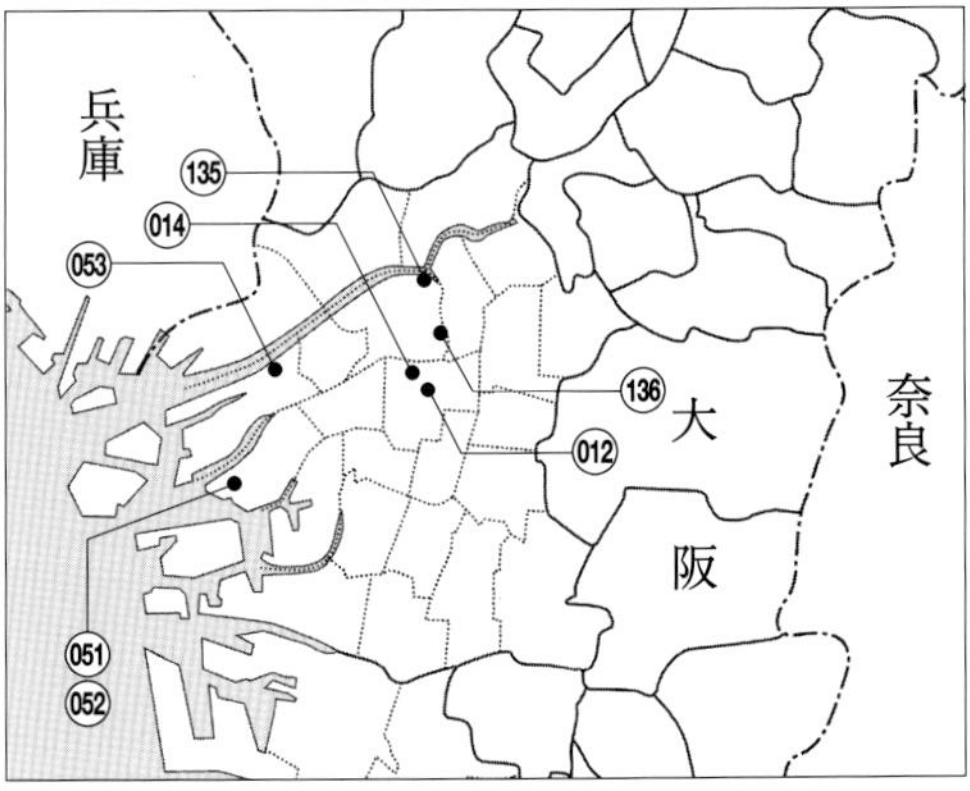

兵
庫
大
阪
奈
良
135
014
053
136
012
051
052

右頁掲載〈地図B〉の産業遺産

001 鞆の浦
002 西条酒蔵地区伝統的建造物群
003 海軍呉鎮守府施設
004 対馬オメガ局送信用鉄塔
005 深浦水雷艇隊基地
006 豊砲台
011 中林綿布工場
027 岡山禁酒会館
028 犬島精錬所
029 丙川三連樋門
039 日本窒素肥料延岡工場事務所
040 内藤家墓所境界壁
041 延岡市公会堂野口記念館
042 岡山孤児院施設
043 宮崎神宮徴古館
044 宮崎県庁
045 吉松家住宅
046 東郷医院
047 集成館機械工場と反射炉
048 鹿児島紡績所技師館
049 鹿児島食販組合
050 鹿児島無尽鹿児島支店
054（旧制）玉名中学校本館
055（旧制）第五高等中学校校舎群
056 熊本回春病院研究所
059 米子専門大店
060 周吉外三郡役所
061 理容石田
062 西ノ島町立美田小学校
063 祝島の石垣
064 四階楼
072 唐津銀行本店
073 厳木駅給水塔
079 日本窒素肥料旧工場
080 海軍機関学校学生舎
081 舞鶴海軍鎮守府配水池
082 舞鶴海軍兵器廠魚形水雷庫
083 藤森湯
090 大蔵省赤穂塩務局庁舎
091 赤穂藩上水道
092 青井阿蘇神社禊橋
093 新温泉
094 明導寺本堂
095 大塚病院旧診療棟
096 日本海軍発祥之地碑
097 小手川商店社屋
098 駅前高等温泉と竹瓦温泉
099 水ノ子島灯台
100 鶴御崎砲台
101 三重津海軍所
102 大隈記念館
103 鉄道省佐賀線筑後川橋梁
104 立花家住宅・御花
117 山本鉄工所
118 三次銀行本店
119 広島県農工銀行三次支店
120 長崎次郎書店
121 本妙寺仁王門
122 第一銀行熊本支店
123 鉄輪温泉熱の湯源泉跡
124 九州帝国大学温泉治療学研究所気象観測舎
125 音無井路十二号分水
126 白水溜池堰堤
127 塩屋旧大蔵
133 合田邸
134 楽天堂医院
144 龍野醤油本社事務所
145 龍野醤油同業組合事務所
146 官営八幡製鐵所遠賀川水源地ポンプ室
163 池島炭鉱社宅群
164 出津救助院
165 龍湖瀬坑
166 三池港施設群
167 三井三池炭鉱三川坑と三井港倶楽部
168 三池炭鉱万田坑
169 三井化学Ｊ工場
170 九州鉄道尾倉橋梁
171 河内貯水池と南河内橋
172 欅坂橋梁
173 三井鉱山串木野金山施設群
174 島津家大田発電所
175 帝国麦酒門司工場
176 九州帝国大学工学部
182 加太軽便鉄道加太駅
183 由良要塞友ヶ島第二砲台・第三砲台
185 エルトゥールル号殉難将士慰霊碑
186 樫野崎灯台
187 佐藤春夫邸
188 羽根学園熊野高等専修学校
196 西大分駅
197 ブリックブロック
198 奈良少年刑務所
番外 端島炭鉱
コ1 長崎と天草地方の潜伏キリシタン関連遺産
コ3 寺山炭窯と関吉の疎水溝
コ4 萩反射炉と恵比須ヶ鼻造船所
コ5 高取伊好邸
コ6 琵琶湖疏水
コ7 熊本大学黒髪キャンパス
コ8 三角西港
コ10 官営八幡製鐵所

右頁掲載〈地図C〉の産業遺産

012 フジカワ画廊
014 生駒時計店
051 住友倉庫
052 天満屋回漕店
053 鴻池本店
135 毛馬閘門
136 桜宮橋

右頁掲載〈地図D〉の産業遺産

013 カトリック宝塚教会
015 大庄村役場
032-1 商船三井ビルディング
032-2 海岸ビルヂング
033 第一銀行神戸支店
034 小橋屋呉服店神戸支店
180 移情閣
181 岡方倶楽部
184 関西学院図書館

（コ＝コラム）

140 金久白糖工場石垣
141 永田橋市場
142 カトリック芦花部教会と瀬留教会
143 赤尾木送受信所無線塔

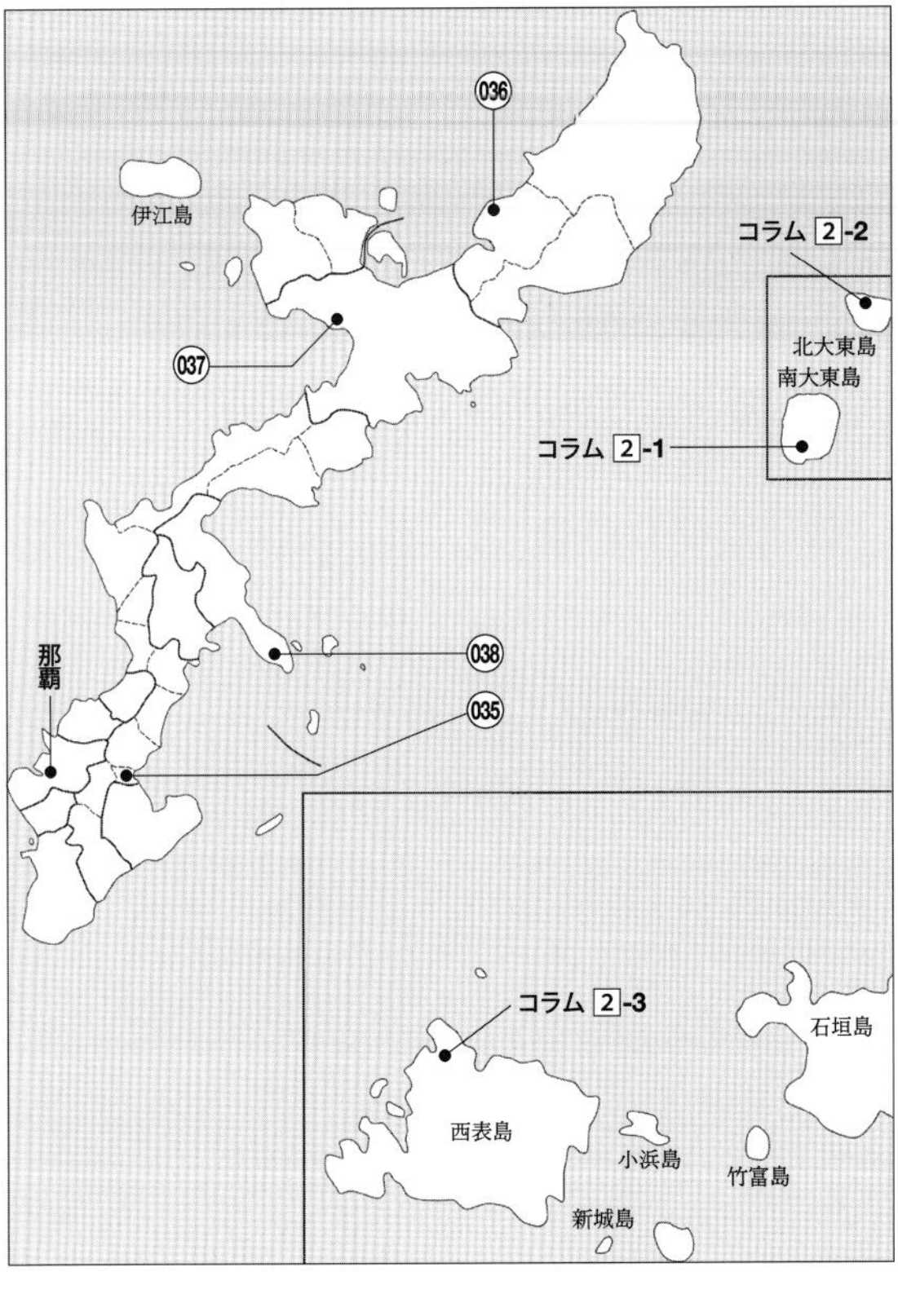

035 与那原カトリック教会
036 大宜味村役場庁舎
037 名護市役所庁舎
038 平敷屋製糖工場煙突
コ2-1 南大東島シュガートレイン跡
コ2-2 北大東島燐鉱石貯蔵庫跡
コ2-3 西表島西表炭鉱

（コ＝コラム）

はじめに

産業遺産《さんぎょういさん》、という言葉を聞いて皆さんは何を想像するだろう。

多くの方々が最初に想起するのは、二〇一五年ユネスコ世界文化遺産に登録された「明治日本の産業革命遺産」に挙げられる、炭鉱や工場、造船や製鉄に関する遺産群ではないかと思う。では、それ以前に皆さんは産業遺産という言葉を世界遺産が話題となるまでの間に、聞いたことがあるだろうか。

産業遺産という言葉の英語名“industrial heritage”(インダストリアル・ヘリテージ)は、国際産業遺産保存委員会(TICCIH《ティッキ》)の一九七八年第三回スウェーデン・グランゲルデ大会において、それまで産業記念物などの名称で各国バラバラであった国際的な用語統一の際に使用され、言葉の誕生から四十年が経過した。日本においては、一九七七年に産業遺産を調査、研究し、その保護を訴える学会として産業考古学会《さんぎょうこうこがっかい》が生まれており、日本での産業遺産の研究は、国際的な研究の進展とその軌を一にしている。

ひるがえって世界遺産という言葉は、一九七二年にパリで開催された国際連合教育科学文化機関(ユネスコ)総会で採択された条約に記載された名称で、こちらも言葉の成立から未だ五十年を経過していない。

しかしながら、産業遺産の言葉としての普及には、相当の年月を要した。日本における類似した用語としては、一九九〇年に文化庁建造物課(当時)が全国的な調査を開始した近代化遺産という用語が認知度の点では先行していたため、この名を冠した産業遺産関連書籍が多く登場した。筆者が編集に関与した『北九州の近代化遺産』(二〇〇六)、『福岡の近代化遺産』(二〇〇八)、『筑後の近代化遺産』(二〇一一)もまた、指摘する前例のひとつである。

筆者は一九九九年頃からちょうど二〇年、産業遺産の研究に関わっている。国内の研究業界の中では年齢で言えば若手、キャリアでは中堅どころと言うべきだろうか。詳しい数は厳密ではないが、年間およそ五〇〇件近くは国内外の産業遺産の調査や視察、単なる見学などを続けているので、総件数はおそらく一万件は超えているだろう。写真フォルダには三五万枚を超える写真データが山積している。無論連写モードなどを用いてない数字である。

産業遺産という名は冠していないものの、類似した書籍の多い中で、本書では、筆者がこれまで訪れてきた産業遺産の中で比較的近年「巡礼」してきたものを対象とする。そういった意味では、日本における「ベストオブ産業遺産」として紹介するものではない。筆者が巡る際の動機や行程、そして世界遺産登録前後での産業遺産に対する周囲の見方の変化などを、本書で紹介しているため、単なる施設紹介では必要のない話もあえて多く記載している。だから読者の皆様は私の目線で、世界遺産の話が世間に明らかになってきた二〇一四年七月の「産業遺産国際会議」後から九州での世界遺産登録申請が連続した三年間（二〇一四年〜二〇一七年）の中で、私が訪れた産業遺産を一緒に見てまわるような感覚で読み進めてもらうとありがたい。

本書では、一冊の内容で読みやすい件数として二〇〇件の産業遺産を紹介する。観光地などの巡礼ではあえて有名どころを避けているように思えるかも知れないが、そのときに筆者が実際に訪れているところ、福島や奄美大島など一部の例外を除き、ほとんどのところでマイカーを用いずに移動できる所を紹介することによって、どの年齢層でも産業遺産を身近に感じることが出来るように配慮したつもりだ。

もちろん、産業遺産そのものを紹介しながら、その技術的な特徴と地域性、さらに他地域との比較を行うことで、産業遺産の基礎知識としての紹介も行っていく。写真はそれなりに厳選したつもりではあるが、遺産そのものの美的な価値よりも、背景にある物語性を強調した。私なりの見方を織り交ぜながら、産業遺産研究者としての視点を感じていただければありがたい。

そのようなコンセプトであるので、そのとき訪れていない建物に関しては、周辺地域の歴史に絡めてどうしても紹介したい産業遺産をコラムとして一部紹介しているが、それらを含めたとしても産業遺産の全てを紹介することにはならない。むしろ、重要文化財などで価値が確定し、保存がはっきりしているものに関しては、本書ではあえて取り上げていない重要な施設も多い。この点、選択方法に不満を持つ方も多いだろう。建築・土木関連本の中では亜流という位置づけになるのかもしれないが、その本流では見落としがちな、身近なまちかどの産業遺産について、ささやかな魅力を伝えることが出来るかと思う。

願わくばこの本を読んで、皆さんが住んでいる地域、或いは見知っている旅先などで愛すべき産業遺産を見付けることが出来たならば、筆者冥利に尽きる。

市原猛志

凡例

一、見出し下に記載した日付（20140711＝二〇一四年七月十一日）に関しては、「筆者と同じように同じ季節の中で産業遺産を感じられること」を主眼として基本的には訪問日を記載しているが、執筆にあたっては訪問後の産業遺産を巡る状況の変化を含めて記載している。

一、写真についても当日写りが悪いものも存在するため、数度訪れている場合はできうる限り他の良好な写真を掲載している。

一、名称については、基本的には竣工当初の名称を優先しているが、著名なものや筆者として思い入れがあるものに関しては、原則に従っていない項目もある。

一、詳しい住所や文化財指定・登録の有無、設計や施工に関する情報は、巻末に一括掲載する。また文章内にある建築・土木・機械に関する用語などについても別途巻末の用語集に記載する。

I

「富岡製糸場と絹産業遺産群」世界遺産登録の頃

2014年7月

産業遺産全体の動き：九州・山口に遺る近代化産業遺産を世界遺産にする動きが表面化し、2014年7月14・15両日には東京にて産業遺産国際会議が開催、世界各国から造船、製鉄・製鋼、石炭産業に関する国内外の専門家が一堂に会し、各地の構成資産が持つ価値に関する発表や質疑とともに翌年に控えたイコモス視察に際して課題も挙げられた。2015年3月には前年までに出版した『熊本の近代化遺産（上・下）』が第36回熊日出版文化賞を受賞し、産業遺産顕彰に関する世間一般の関心は高まる一方、全国的には歴史的価値を高く評価されていた三井物産横浜支店（項目026）の附属倉庫が解体されるなど、産業遺産の活用と解体にかかるせめぎあいが続いた。

1859年に造られた常夜燈と雁木（左下）

001

鞆《とも》の浦

広島県福山市

20140711

巡礼1

日帰りの旅の最大の利点は、特に具体的な予定を詰めずにその場の勢いで行けてしまうことだろう。研究出張ではこうはいかない。前日に福山までの新幹線切符を買い、目指した先は鞆の浦。アールブリュット作品の企画展示で知られる鞆の津ミュージアムで「ヤンキー人類学」展が行われていることに併せ、今の鞆の浦を見ようと思った。海際に拡がる石積み護岸は、この町が漁業や交易で長く繁栄してきたことを示す重要な証拠。夜の港の位置を知らせる灯台代わりの大灯籠周辺には、階段状の荷揚げ設備である雁木《がんぎ》が長く拡がり、かつての港湾において人びとと海との距離が近かったことを教えてくれる。沖合の架橋計画が景観を損なうとして、日本イコモス国内委員会が勧告を行ったことが全国的な話題となった。ただ論争で大幅に観光客が増えるわけではなし、むしろひなびた町に適度な賑わいが出来ることで、持続的な町並み形成に寄与しているのではないだろうか。そう思うと、お土産や酒類を余計に買ってしまうから、ただの免罪符と言えるのかもしれない。

【上】防波堤から鞆の浦市街を望む

防波堤部分も花崗岩で造られている

鞆の津ミュージアムに活用された旧醤油蔵

002

西条《さいじょう》酒蔵地区伝統的建造物群

広島県東広島市

20140711

巡礼1

鞆の浦から西条へは、バスと電車を介しても1時間程度で着いてしまう。学会などで寄ることも多い西条だが、一番の魅力はなんといっても、酒蔵群が織りなす白壁と洋館の街並みである。西条駅から歩いて程ないところに賀茂鶴《かもつる》酒造の事務所建築、亀齢《きれい》酒造の事務所附属洋館があり、煉瓦造の煙突と相まって意外と白壁の和のたたずまいとマッチしている。ひっそりと洋館部分が見える西条鶴《さいじょうつる》酒造も興味深い。西側にしばらく歩くと、かつて広島県醸造試験所の事務所として建てられた賀茂泉《かもいずみ》酒造の酒泉館《しゅせんかん》が姿を現す。もともと行政建築であったことを示すように正面を重視したシンメトリー（左右対称）のたたずまいは、隣地の賀茂泉酒造の本屋とのコントラストが面白い。内装は打って変わって畳敷きであることもまた興味深い建物である。西条の酒蔵が織りなす街並みは、今もなお現役の醸造所として稼働しているからこそ、美しいたたずまいが維持されている。建物ファンとともに日本酒ファンがこれからもこの街並みを維持してくれることを大いに期待したい。

【右頁】賀茂鶴酒造事務所
【左頁上右】亀齢酒造洋館
【同上左】賀茂鶴酒造の煉瓦造煙突
【同下】旧広島県西条清酒醸造支場

003

海軍呉《くれ》鎮《ちん》守《じゅ》府《ふ》施設

【上】丘の上から呉鎮守府施設群を臨む【下右】呉海軍工廠塔時計（1971年入船山に移設）【下左】現在は海上自衛隊呉地方総監部庁舎【見出下】呉YMCA

広島県呉市

20140711

巡礼1

資料館に常勤していると、まとまった休みが取れない。いや、登録博物館などはそうでもないのだろうが、小規模なところでは、常にいなければならないという問題に直面する。そのため研究発表などの大きな理由がない限りは、どこへ行くにしても日帰りになってしまう。その中でも広島県は北九州から新幹線を使えば日帰りで行ける範囲が広く、しかも魅力的な施設が多い。呉の煉瓦造施設群もそれらのうちのひとつだ。内海である瀬戸内海の中でも、天然の良港を抱える呉は、近代最大の海軍城下町として栄え、その痕跡はインタープリタ施設としての大和ミュージアムはじめ市内の各地に遺されている。中でも丘の上に立つ旧海軍鎮守府事務所は現在でも海上自衛隊の庁舎として使用されている。南側には戦艦などを作ったドックが今もＩＨＩマリンユナイテッドの工場として、また一部の岸壁はアレイからすこじまという名称で一般見学できるようになっている。しかしながら、日帰りで見学するにしてはあまりにも時間が不足している。今度は奥地の水道施設も見学したいと思いながら、日帰りの旅を後にした。

オメガ局の跡地に基礎部分10mが遺る
【見出下】オメガ塔の電波送信に使用された巨大な碍子

004

対馬《つしま》オメガ局送信用鉄塔

長崎県対馬市

20140914

巡礼2

ＧＰＳによる正確な位置の特定が行われる以前、世界中を行き交う船の位置情報を測定するため、超長波を用いたオメガ航法とよばれるシステムが使用されていた。その超長波を発信するための世界各国に基地局がいくつか作られたが、そのうちのひとつとして対馬が選ばれ、１９７０年に高さ４５４・８３ｍに及ぶ建造当時日本一の送信塔が作られた。自立式の送信塔ではないことや都市部に立地していないことなどから、知名度の点では東京タワーやスカイツリー、通天閣などに遠く及ばず、供用停止後に大部分は解体されたが、通信技術史の中で重要な遺構として、高さ10ｍまでの基礎部分と設備の一部が現地に遺されている。やや狭く傾斜のある道を通り、鉄塔に近づくとその大きさに驚く。東京スカイツリー竣工までの間「日本で一番高い鉄塔」であったという自負が、今遺されている基礎部分からも感じられ、技術進歩の一里塚を見るようであった。

005

深浦《ふかうら》水雷《すいらい》艇隊《ていたい》基地

長崎県対馬市

20140914

巡礼2

深浦水雷艇隊基地の護岸

九州産業考古学会の名義を借りて、2、3年に1回程度私が独自に企画した見学会を行うことがある。最初に行ったのが別子《べっし》銅山《どうざん》見学会、次に肥薩線《ひさつせん》全線乗車見学会、そして今回対馬《つしま》の戦跡巡り見学会を企画した。1年くらい準備してきたので、巡るところの情報は準備万端。日付が変わる頃フェリーで博多港を出発し、まだ夜明け前の5時前に対馬・厳原港に到着する。ここから朝飯代わりの明治期砲台を訪れた後、午前中に訪れたかった竹敷《たけしき》の自衛隊施設、そしてここから山ひとつ向こう側に、かつての軍事要塞、深浦水雷艇隊基地の石組護岸がある。ドックとして利用されていたU字に切り込んだ入り江に到着すると、周囲が全て石組みの護岸になっていることがわかる。周囲のおおよそ2～3㎞が石造護岸となっているが、このうち公有地である203mが土木学会選奨土木遺産に認定されており、周囲には設備もわずかながら残存する。仮に三角西港が使用されることなく、誰も人が住まなかったら、このようなたたずまいになるのではないかという、そんな想像力をかき立てる、実に魅力的な「廃墟」と言えよう。

【上右】竹敷の集落から丘ひとつ隔て人の気配がない
【上左】公共地の203mが選奨土木遺産に認定されている
【中右】石造のスリップドック
【中左】現在は公共の泊地でプレジャーボートが係留
【下右】煉瓦造の生活用貯水槽

主砲跡地を地上部から見下ろす
【見出し】夜明け前の豊砲台主砲跡(2012年4月撮影)

006
豊《とよ》砲台

長崎県対馬市

20140914

巡礼2

意外、といってしまうのは大変失礼であるが、対馬は上島から下島まで南北約100㎞に及ぶ距離を持ち、その長さから、南側の厳原《いずはら》から北の比田勝《ひたかつ》港まで路線バスで行くと3000円以上掛かってしまう。今回はレンタカーを借り、途中いくつかの戦跡を見てまわりながら、対馬最北端にある豊《とよ》砲台の見学に訪れた。対馬海峡防衛のために、ロンドン海軍軍縮条約に基づいて削減された戦艦の主砲塔を転用する形で設置されたという防衛施設の砲台跡は、見上げても見下ろしても実に大きな穴で、さながらクレーターのよう。ここで使用される砲弾もそれ相応の大きさと重量が必要で、砲弾引き上げのための輸送設備や砲身回転のためのギアの痕跡などが地下部分に遺されている。軍事要塞というものに対して、それほど親しんでみることは少ないが、見れば見るほど当時の技術の粋をこらして作られており、興味深い。コンクリートの仕上げの精巧さや地下に張り巡らされた通路の複雑さから、国土防衛の厳しさを見ることができよう。

【上】地下要塞として整備された豊砲台内部
【下右】砲台南海岸にあるロシア軍艦ナヒモフ号の主砲
【下左】赤城の主砲が移設された跡地は空洞

コラム

長崎と天草《あまくさ》地方の潜伏キリシタン関連遺産

頭ヶ島天主堂（2012年5月撮影）
【見出下】出津地区のマカロニ工場（2006年2月撮影）

２０１８年にユネスコ世界文化遺産に登録された「長崎と天草地方の潜伏キリシタン関連遺産」は、長崎と天草地区にまたがる教会・信仰に関する遺構群である。以前は教会群そのものの世界遺産登録を想定していたが、現在では国際記念物会議（イコモス）の意見を参考に長崎や天草における江戸時代の禁教期を中心に潜伏キリシタンとしての信仰を行っていた集落の施設を構成資産にまとめ直し、世界遺産登録された。その過程では教会建築として価値が高いものの惜しくも構成資産から外されたものも多いが、地域の信仰に観光が干渉しないという意味では結果的には良かったのかもしれない。島々の習慣と合わせた世界遺産登録は、教会群の世界遺産が多すぎるとした１９９４年の世界遺産委員会で採択されたユネスコ・グローバルストラテジーに適ったものであり、今後も世界各地で個性のある世界遺産が増えることを期待するとともに、島々の習慣にも着目して訪れていきたい。

【上右】重厚な石積みで構成される頭ヶ島天主堂背面
（2012年5月撮影）
【上左】ド・ロ神父設計の出津教会堂（2008年3月撮影）
【中右】堂崎教会堂（2012年4月撮影）
【中左】海際に立つ崎津教会
【下右】大野教会堂（2008年3月撮影）

007

大内宿《おおうちじゅく》

福島県下郷町

20140927

巡礼3

大内宿俯瞰景
【見出下】寄棟妻入りの町並み

歴史的な集落を全国的に調べつくし、保護する動きは１９６０年代から本格化し、それらの成果として文化財保護法による国重要伝統的建造物群保存地区（重伝建）制度や多くの学際的学会の設立がなされた。ここ福島県の大内宿は、やはり他の集落と同じように昔からの住居をそのまま用いる形での産業、つまりは農業を維持しながら近年まで生活が営まれていた地域である。研究者らがそこに都市とは異なる価値を「再発見」したことによって、国の重伝建地区に選定された。今訪れてみると、そこは観光客でごった返しており、秋の行楽シーズンに相まって、歴史的なまちなみが持つ魅力と対外的な価値をまざまざと見せつけてくれる。茅葺き屋根妻入りの住居が並ぶ姿は、タイムスリップしたような感覚を覚える。一度も住んだことがないにもかかわらず懐かしいという感覚を覚えるのは、昔話の読み物の影響だろうか。使用されなくなり資料館として一般解放されている建物を見学してみたのだが、やはりそば屋や土産物屋の形であったとしても、現役の茅葺き小屋の方が暖かみを感じるのは不思議なことである。

008

日光駅《にっこう》

栃木県日光市

20140927

巡礼3

JR日光駅正面
【見出下】貸出しもされている貴賓室

日光市は東照宮を抱える古くからの観光地で、江戸時代から五街道の一角を形成するなど、多くの参拝客を迎え入れる体制が作られていた。その流れは近代に入ってからも変わらず、官営鉄道網が整備され、大規模駅舎である現在の日光駅が作られたのは1912（大正元）年のことである。長年設計者については諸説挙げられていたが、鉄道院技手明石虎雄の作品であることが有力となっている。大振りに過ぎる車寄せ部分は格天井に仕上げられており、全体的な建物のたたずまいとしては洋風の趣きであるが、日光という場を意識しているからか、ハーフティンバー調に仕上げられた表面の漆喰材が在来工法との調和を見せている。かつては貴賓室として使用された2階部分は間貸しも行っているようで、天井部分にはスポットライトの増設が行われていた。内装に関しては改装が著しいものの、外観のプロポーションは、往時の繁栄を十分に物語る。他地域を見に行く際、近代以降の建物を重点的に見学予定に入れており、日光のような社寺仏閣の著名なところであってもそれは変わらない。

009

栃木共立銀行本店（横山郷土館）

栃木県栃木市

20140928

巡礼3

資料館公開されている栃木共立銀行本店
【見出下】建物前の巴波川は運河に利用されていた

栃木といえば、鹿児島や北海道などと並び、日本では数少ない石造建築の多く遺る、特殊な文化圏にある。地域特有の素材である大谷石《おおやいし》の蔵を持つ横山邸は、現在横山郷土館という資料館として一般に公開されており、明治期の下野《しもつけ》商人が営んでいた業務と生活の姿の一端が垣間見える。建物構成としては、川に面して両端部に石蔵を構える構造で、店舗の北側は麻苧問屋、南側は栃木共立銀行の店舗としてそれぞれ使用されており、蔵も北側は麻、南側は文書を収蔵していたという。銀行として使用されていた業務空間は、欄間《らんま》が顔をのぞかせる和風の造りであるけれど、吹き抜けの高い天井を構成するなど、西洋建築への憧れを空間的に表現した、面白い造りとなっている。建物の奥には小規模ながらも回遊式庭園を備え、庭の突き当たり部には、和洋折衷の離れが設けられている。白壁にハーフティンバーの外観はまさに洋風そのものだが、内部は畳敷きに床の間まで用意されている。天井もよく見れば、花柄模様のデザインがどこかアジアテイストであり、ひとつひとつのありようが非常に興味深い。不思議な建物と言える。

010

栃木町役場庁舎（栃木市役所別館）

栃木県栃木市

20140928

巡礼3

活用前の栃木町役場庁舎
【見出下】造形に富んだ大正期の役場建築正面入口

明治維新以降、いち早く洋風建築が採用されたのは公共建築、とりわけ役場は西洋文明からのシステム的な導入から出来た機構であり、早い時期から瀟洒《しょうしゃ》な洋館が建てられていった。当初はコロニアル様式の木造建築など比較的増築が容易な形で作られた庁舎群は、その後の災害や業務の大規模化によって不燃建築である鉄筋コンクリート造の和洋折衷様式などへとシフトしていった。ここ栃木町役場庁舎は不燃建築へと移行する一連の流れの中で、ちょうど過渡期のただ中にあった建築と言える。ハーフティンバーの外観は、大正期の木造庁舎としてはやや派手なたたずまいを見せており、屋根部分にぽつりと取り付けられたドイツ風の塔屋が建物全体のアクセントとなっている。筆者が訪れた２０１４年の春まで栃木市役所別館として使用されており、建物は閉鎖中、このときは役所機能移転を知らせる看板が玄関部分に置かれていた。建物の去就が心配であったが、文学館としての改修を予定しており、建物はそのときを夢見て眠っているようにも見えた。

011

中林《なかばやし》綿布工場（熊《くま》取《とり》交流センター煉瓦館）

大阪府熊取町

20141010

巡礼4

交流センターに転用された中林綿布工場

海外の玄関口として、ややもすれば周辺の建物に関する情報が少なくなりがちな成田空港や関西国際空港周辺の建物に巡り会う機会も、LCCの普及と路線の拡大に伴って増えることとなった。熊取町《くまとりちょう》は大阪府でも旧和泉《いずみ》国地域に属し、和歌山方面へ行こうと思わないと散策の足が進みにくいところであったが、関西国際空港から電車沿いにある自治体であり、九州からも行きやすくなった。大阪府泉南地区は古くから織物工業が発達しており、東洋のマンチェスターという異名を持っている。それらの中で煉瓦造の中林綿布工場が、熊取町の地域交流施設としてリニューアルされたので伺った。施設内にはかつてのボイラ室・事務所棟・受電室が現存しており、モニュメント保存されている受電室以外はコミュニティ施設の一部として活用されている。かつて工場で使用されていたランカシャボイラのカットモデルも展示されるなど、産業遺産としての見せ方に工夫が設けられ、非常に勉強になる施設である。

【上】操業当初から遺る旧受電室
【下右】広幅綿織機の保存展示
【下左】ランカシャボイラのカットモデル

012

フジカワ画廊

大阪市中央区

20141012

巡礼4

【右】繁華街に建てられたフジカワ画廊
【左】横連窓と上下のガラスブロックから光を取込む
【見出下】建物両端バルコニー部の装飾

戦後復興期に建てられた「質感をもった・豊かな建築」は、往々にしてその具体的な価値や豊かさを内包するディテールがつかみ取りにくい。これは私たちが普段の生活の中で見慣れてしまっているデザインが多く用いられているからであり、とりわけ都心部のビル建築にはそういった傾向が強いのだが、こちらの画廊に関しては、私が拝見する限り内外に美意識が濃縮されているモダニズム建築と言って良い。フジカワ画廊は、村野藤吾《むらのとうご》の設計により戦後復興期の1953年に竣工した。物資が今ほど潤沢ではなかった時代背景のなか、鋳鉄《ちゅうてつ》製のバルコニー欄干《らんかん》やガラスブロックの積極的多用、家具に到るまでどこを見ても丹念にデザインされたアイテムで取り囲まれており、じっくり見ていると引き込まれてしまい、時間が全く足りない。文化資源学会主催による村野藤吾設計作品を見学するツアーに参加したため、容易に拝見できたが、普段は現役の事務所建築として利用されており、見学は不定期の一般公開日を狙うしかない。

013
カトリック宝塚《たからづか》教会

兵庫県宝塚市

20141012

巡礼4

【上】カトリック宝塚教会
【下】荘厳な内部空間は外観から想像させづらい
【見出下】コンクリートの重厚な雨受けは装飾的

重厚、というにはやや重みが強すぎる外観を持つこの教会は、宝塚市の町中に突如としてある。近づくとコンクリートのボリューム感はますます強く、教会建築ならではの荘厳さを覚えさせる。しかし、どこを見ても真四角なつくりがない。これは建築界の巨匠・ル・コルビュジエの設計したロンシャン礼拝堂を彷彿とさせるスタイルであるが、こちらの設計者である村野のこだわりとしては、内装材の木の多用や色のないガラスブロックの使用など、祈りと安らぎの空間を演出するための様々な仕組みが試みられている。華奢ながら愛らしい曲線を帯びた階段手摺りは、村野建築によく見られる重要なポイントとなっているが、ここから二階に上がるとやはりフラットではない天井と不定型な平面構成に感嘆するばかりだ。角部の掃除が大変だろうな、などと下世話なことを考えてしまう。内部拝観の後、もう一度外観を遠望すると、内部の優美な仕上げと外観とのギャップに驚くとともに、市街地に意外と溶け込んでいるのではないかと思えてしまうから、不思議である。

014
生駒《いこま》時計店

大阪市中央区

20141012

巡礼4

大阪・船場の繁華街のただなかにある生駒時計店は、角部に玄関を構えその町を象徴する建物のひとつになっている。蕨《わらび》のような縦線でかたどられたスクラッチタイルで覆ったその外観は、一時代を象徴させるたたずまいを持っているが、角部に縦に通った腕時計のバンドのようなテラコッタの帯が、他の建物とは一線を画した個性を見せつける。その帯の上端には、王将のコマをあしらった意匠が取り付けられているが、これは生駒時計店の社章である。設計者は宗建築事務所の宗兵蔵《そうひょうぞう》で、大阪における著名建築家のひとりとして知られる。建物全体としては中南米のデザインモチーフも感じさせつつも、アールデコ調に仕上げられており、まさに流行の最先端的建築であったといえよう。屋上部の時計塔は機械構造こそ変わっているが、今もなお地域の時を刻む重要なポイントとなっている。ここでは、後日内部を拝見した際の写真を掲載し、建物それ自体の魅力を写真をもって語らしめたいと思う。

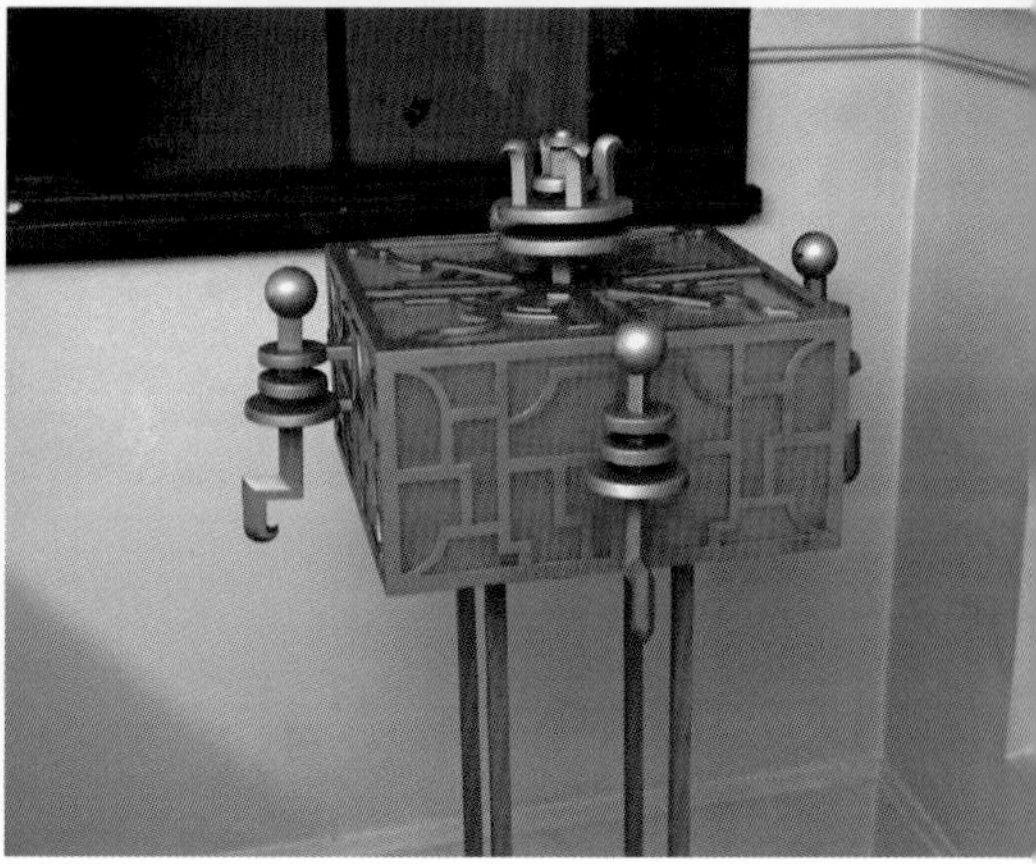

【右頁】角地に位置する生駒時計店
【左頁上右】階段周りには竣工当初の意匠が多く遺る（2018年3月撮影）
【同上左】建物の所々にステンドグラスが配されている（2018年3月撮影）
【同下右】アールデコの導入期を思わせる照明フード（2018年3月撮影）
【同下左】時代性を顕著に表すスクラッチタイル（2018年3月撮影）
【見出下】建物を象徴する時計塔

015

大庄村《おおしょうむら》役場
（尼崎市立大庄公民館）

兵庫県尼崎市

20141012

巡礼4

【上】公共施設として現役の大庄村役場
【下】給水塔の置かれていた塔屋部レリーフ
【見出下】アールの取られた階段部

村野建築の初期作品として知られる1937年竣工の旧役場建築を特別に拝観する。いかにも村野建築といわんばかりな釉薬タイルとともに時代性というべきか、戦前期の建築に特有のドイツ風意匠がグリフォンの形を採って表面に顕れている。それ以外はモダニズム建築によくある四角四面なプロポーションをしているため、遠間からみれば戦後復興期、あるいはバブル期建築と見間違うかもしれない。天井周りにあしらわれたオリーブの木のレリーフなど、神話をモチーフにした意匠が多く、一階部分の背面では曲面が採られているなど、見る角度によってプロポーションが異なることもとても興味深い。一村役場でなぜにこれ程先進的かつ贅沢な建物を建てることが出来たのかというと、建設当時臨海工業地帯の工場群から得られた莫大な税収入があったからで、当時の村の予算の半額を投じた大プロジェクトとして建設されたとのこと。現在は階段周り及びかつての村長室を利用した貴賓室のみが当時の内装を留めているが、公共建築で容易に見学が可能であり、建築好きなら是非とも訪れておきたい作品である。

016

常磐炭礦湯本礦坑道《じょうばんたんこうゆもとこう》

（いわき湯本温泉源泉揚湯《ようとう》場）

福島県いわき市

20141018

巡礼5

坑内に噴出する湯を閉山後地域資源として活用
【見出下】炭鉱病院の流れをくむいわき湯本病院

常磐炭礦《じょうばんたんこう》の中心部にあって、かつて炭礦設備があったところであるが、周辺を見渡してもどこにも産業遺産とおぼしきものが見当たらない。確かに地表に出ている構造物群はどれも近年作られたものであり、そこに歴史的な匂いを感じることは難しい。産業遺産として重要な部分は、実は地表下にある。現在温泉の源泉をくみ上げるこの施設は、もともと炭礦で使用されていた坑道を閉山時に転用したものである。常磐炭礦は、石炭採掘時に湧き出てくる熱湯が採掘の際に支障となって、炭礦で働く労働者たちは定期的に水風呂に入らないと作業が出来ないなど、効率という点では筑豊や北海道など他の炭鉱地帯に後れを取る問題点があったが、閉山時にはこの温熱を温泉の源泉として利用し、リゾート施設としての転身を図り、これが現在のハワイアンスパリゾートへと結実した。かつての坑道は現在「源泉揚湯《ようとう》場」という読みにくい名称に転用され、今も地下約620m地点にある水平坑道から斜坑を通じて湯本温泉への温泉の供給を行っている。世の中、長期的に見れば何が幸いするのかわからない、ということだろうか。

017 常磐《じょうばん》炭礦《たんこう》内郷《うちごう》礦《こう》中央選炭工場

福島県いわき市

20141019

巡礼5

閉山後から温泉施設などの産業の転換が早々行われた常磐炭礦においても、形のしっかり遺る産業遺産は存在する。いわき市内をバスで巡り、いわきヘリテージ・ツーリズム協議会の「産業遺産案内人」による案内のもと、内郷地区に遺るかつての選炭工場を拝観できた。鉄筋コンクリート造の構造物は、今でも地域の誇りを伝えるため定期的に草刈りが行われているようで比較的見学がしやすい状態であった。奥側に貨車積み込み用のホッパー、手前側にポケットなどが現存しており、思ったよりは保存状態も悪くない。ただより奥部分にある斜坑やボイラ棟などは草むらで覆われており、使用されなくなった産業遺産の保存の難しさを物語っている。ところで、炭礦《たんこう》という文字を見慣れない方も多いと思うが、これは炭鉱に関わる企業が充てる文字を選んでいた時代ならではのもので、石炭を主に掘っていた常磐炭礦では、他の鉱物資源を掘り出していないことから金偏でない「礦」の文字を社名にしている。大牟田の三川坑などに用いる「坑」は穴を意味する漢字であり、斜坑や竪坑のある所を意味して用いられる。

【右頁】常磐炭礦内郷坑中央選炭工場
【上】入排気用の扇風機室遺構
【中】住吉一坑坑口の遺構
【下】坑道入排気用扇風機の痕跡と思しき遺構
【見出下】漏斗のような形状の原炭ポケット

018

共楽館《きょうらくかん》（日《ひ》立《たち》武道館）

茨城県日立市

20141021

巡礼5

日立鉱山の娯楽施設として建てられた共楽館
【見出下】照明設備の痕跡に遺るデザイン

茨城県北部に位置する日《ひ》立《たち》市は、銅鉱山で栄えた日立鉱山を母体として、日立製作所が今も本拠を構える典型的な企業城下町である。谷間にはかつての鉱員住宅が今もなお点在しているが、それらの中でひときわ大きな建物が見える。これはかつての日立鉱山が社員の福利厚生のために芝居小屋として建てた施設・共楽館で、鉱山景気を象徴する複雑な屋根構造が遠くからでもよく分かる。戦後は映画館となり、封切り映画は必ず東京と同時期にここ日立でも上映されていたというくらい流行の最先端を担った施設であったが、娯楽の多様化によって所有が日立市に移り今もなお現役の施設として使用され続けている。市営の武道館に改修された際に舞台などの設備は取り外され、当時の名残を留めるのは玄関周りのみとなったが、集落の中では象徴的なたたずまいを見せている。２０１１年の東日本大震災の直前に耐震改修工事が完工し、幸いなことに大きな被害を受けることなく今にその姿を留めることが出来た。

019

日立《ひたち》鉱山大煙突

茨城県日立市

20141021

巡礼5

【右】大煙突と通称だるま煙突の遺構
【左】往時の賑わいを感じさせる停留所
【見出下】日立銅山のからみ煉瓦

日立鉱山の採掘拠点跡地に建てられた日鉱記念館周辺へは、かろうじて公共交通としてのバス便があるが、今回は全国石炭産業博物館等研修交流会の巡検《じゅんけん》として、貸切バスで容易にアクセス出来た。途中の沿線沿いには今もなお金属精《せい》錬《れん》用の設備が稼働しており、それらの中で一番有名なものに大煙突がある。煙突の下に地を這うように伸びている膨らみの筋は煙突へ煙を送るため1911年につくられた煙道で、煙突を介し上空の気流に排煙を送り、希釈《きしゃく》させることで周囲の煙害を防いだ。明治時代、足尾銅山を筆頭にして銅製錬時に発生する硫化《りゅうか》化合物などの有害物質によって山林は大きく荒れ、周辺で働く労働者の健康問題や作物の収穫にも大きな悪影響があった。煙突は、日本が公害克服に向けて歩み出した技術導入の第一歩であり、現在製錬の際に発生する有害物質はフィルタなどを通じて回収され、途中で折れてしまった大煙突から輩出されるのは、飛行機雲にも似た水蒸気。日本における公害克服に向けたたゆまぬ技術革新のありようは、ここ日立の大煙突の姿から見ることができる。

020

日立《ひたち》鉱山竪坑と設備機械群

茨城県日立市

20141021

巡礼5

第一竪坑櫓（右）と第十一竪坑櫓（左）
【見出下】専用電気鉄道で使用された13号機関車
（2012年4月撮影、2点とも）

日鉱《にっこう》記念館は、発祥の企業である久原《くばら》鉱業と日立《ひたち》鉱山の歴史を伝える施設として創業80周年の年でもある1985年にオープンした。記念館内や周辺にはかつての鉱山設備が展示品として保存されており、記念館とともに銅鉱石採掘の歴史を伝えるための証拠として大切に保存されている。地下坑道から鉱石を引き上げるために使用されたモータなど機械類の製作から日立製作所が生まれ、今も市の基幹産業となっていることは、保存されている機械類からも理解できる。これら機械を保存するための鉱山資料館の覆屋そのものも、かつて戦時中に作られたコンプレッサー室を改装しているものだというから、企業の産業遺産保存にかかる意識の高さがうかがえる。外に保存されている竪坑設備は、鉱山採掘用に建てられていた第一竪坑（1906、1929鉄骨造に改造）及び第十一竪坑（1951）で、現在では記念館のモニュメントとして明治末期から使用されてきた専用電気鉄道線及び構内運搬用の電気機関車とともに保存されている。

竪坑のワイヤロープ操作に使用される巻揚機

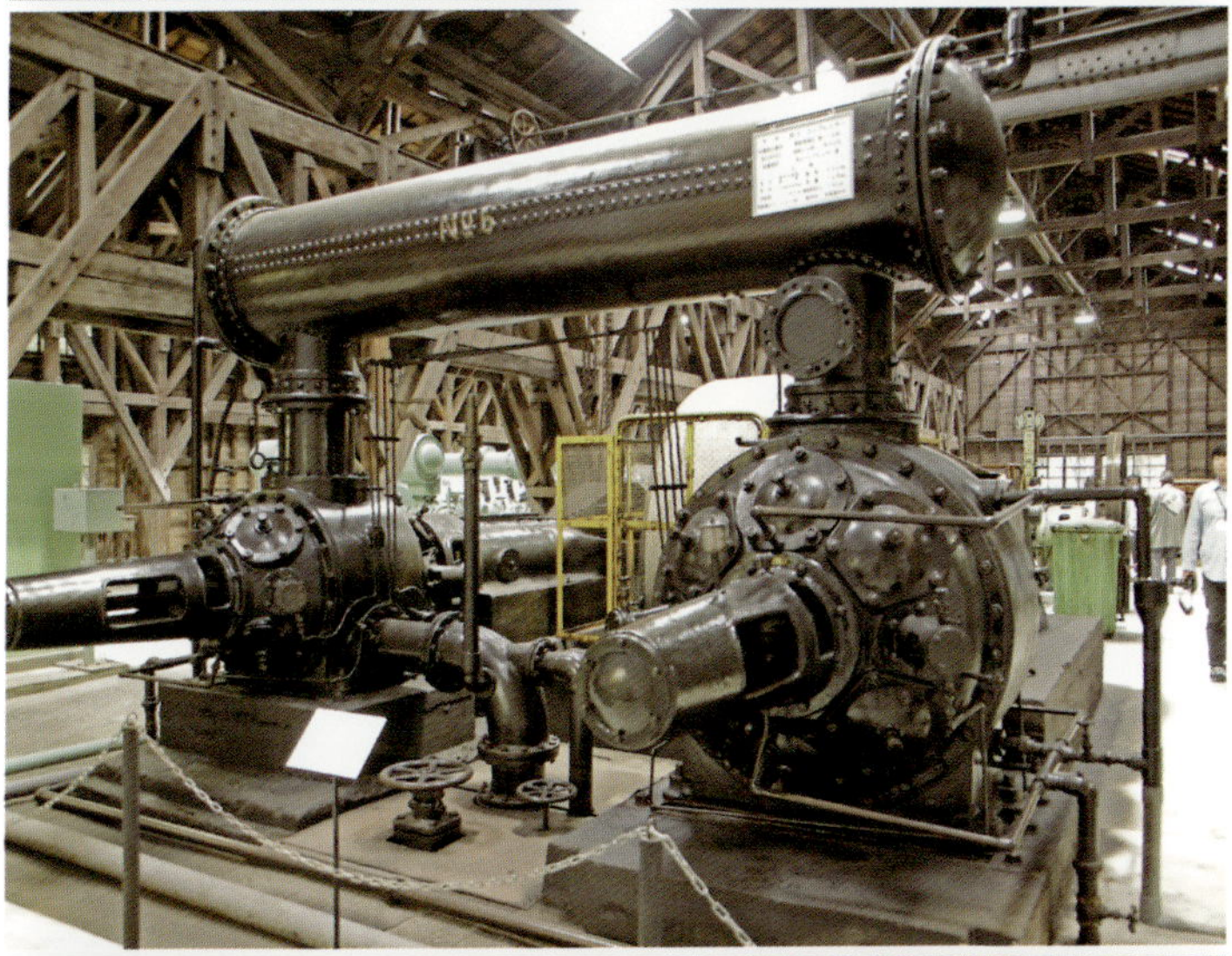

1918年から閉山まで稼働した1,450馬力空気圧縮機

周辺には坑口の痕跡が今も散在している（2012年4月撮影）

アーチ橋群を代表する碓氷第三橋梁

021 碓氷《うすい》峠煉瓦造アーチ橋梁群

群馬県安中市松井田町

20141109

巡礼6

日本でもっとも赤煉瓦を多く用いた構造物は何か、という質問に対して、皆様は何を思いつくだろうか。東京駅、横浜の赤れんが倉庫等々。それらよりも圧倒的に多くの赤煉瓦を用いた構造物は、群馬県と長野県の間にそびえている。信越本線の橋梁として作られた煉瓦造のアーチ橋群がそれだ。上州と信州とを隔てる碓氷《うすい》峠は古くより交通の難所として知られているが、ここを鉄道で結ぶために作られたのがこれらアーチ橋群である。今は平行する国道で容易にアクセスが可能となったが、橋の架設時には鉄道を作るための人や資材を運ばねばならず、大変な労力を経たことは想像に難くない。近づけば近づくほど、その規模に圧倒される。北陸新幹線の長野延伸開通に伴って、碓氷峠の区間であった信越本線の横川《よこかわ》—軽井沢《かるいざわ》間は1998年に廃止となり、一部の路線がうすい鉄道文化村の遊具施設として観光利用されている。私が訪れたのは富岡製糸場の世界遺産登録直後であったからだろうか、かつての鉄道廃線軌道敷沿線にカフェが出来ていた。軌道敷跡が散策路になっているとはいえ、年間どれくらいの人が訪れるのだろうか。

【上】間近で見ると煉瓦造の巨大な姿に圧倒される
【中右】碓氷峠第六橋梁のポータル
【中左】地震の影響からアーチと橋脚の補強が行われた
【下】沿線に遺る丸山変電所

国宝にも指定されている富岡製糸場東置繭場

【見出下】玄関アーチの要石には「明治五年」銘（2009年5月撮影、2点とも）

022

富岡《とみおか》製糸場

群馬県富岡市

20141109

巡礼6

私が所属するＮＰＯ法人のひとつ、門司《もじ》赤煉瓦倶楽部は帝《てい》国《こく》麦酒《ビール》門司工場という建物の管理を行っている法人であるが、そのような赤煉瓦施設を所有または運営などを行う団体同士が交流し情報交換を行う団体として、赤煉瓦ネットワークが存在する。その団体の全国大会がちょうど世界遺産登録が行われたこの年、富岡製糸場のある富岡市で開催された。当然総会翌日の見学会は富岡製糸場で行われたのだが、この２０１４年開催のある意味最大の見どころとして、世界遺産登録された煉瓦造施設にどれだけ人が訪れるか、というところがあった。全国大会２日目の見学会、朝一番に富岡製糸場を見学するが、開館前から長蛇の列となっている。団体予約を取っていても列が出来るという。世界遺産登録以降、休日には一日１万人以上が訪れ、小さい町の辻々に警備員が配置されている。生活道路には観光客があふれ、車一台が通ることだけでも難しい、まさに危機的な事態と言える。富岡来訪は三度目であったが、それまでのどの見学とも異なる、文化財としての建物とは全く異なるところに注目せざるを得ない見学会であった。

迎賓館として一部公開されている東宮御所
【見出下】バロック的な意匠を色濃く確認できる

023

東宮《とうぐう》御所（迎賓館）

東京都港区

20141110

巡礼6

国宝という言葉を聞くだけでありがたいもの、と無条件に反応してしまうが、明治時代に出来た建造物群は長く国宝に指定されることがなかった。２００９年に明治時代の建造物として初めて国宝に指定されたのが、ここ迎賓館である。国宝指定までの間に行われた改修工事を経て、広く一般にも公開される機会が増えた。日本における本格的なバロック建築として、見学される機会が増えていくとともに、国民にとっての財産であるという認識が拡がれば、近代建築全般への関心も増してくるのではないかと期待するばかりだ。建物の説明であるが、ここでは日本的なモチーフに着目したい。三角切妻ペディメント部分に鎧兜《よろいかぶと》があしらわれていたり、所々に五七桐《ごしちのきり》や鳳凰《ほうおう》があしらわれるなど見どころは語り尽くせない。あまりにも壮麗であるがゆえに、街並みに見られる愛らしい建築と比較しようがないところも、ある意味課題とも言えよう。これはこの迎賓館が当初大正天皇の皇太子時代の住居として作られた際、明治天皇が「皇太子の住居としては贅沢すぎる」と述べたことと基本的には通底しているのかもしれない。

024 矢島《やじま》写真館

東京都台東区

20141110

巡礼6

矢島写真館
【見出下】扁平ながら車寄せをイメージさせる玄関意匠

東京の建物探訪仲間と台東区の周辺を歩く機会を得た。台《たい》東区《とうく》根岸《ねぎし》の界隈は戦災を逃れ、古くからの建物が近年まで良好に遺されており、それらの中には登録文化財となった施設もある。矢島写真館もまた地域に溶け込んだ、まちかどの名建築である。１９１８年の創業で、建物もまたその頃の竣工であるという。昭和初期に入り、外壁はスクラッチタイル貼りに改装されながらも、その時代に合った形で営業が続けられた。しかしながらデジタルカメラなどの普及によって写真館に対する需要が低下し、惜しくも２０１３年に閉店。訪れた時はちょうど次の活用を模索しているという話を伺った。いくつかの町家建築には解体予定のお知らせもあり、町の相貌はオリンピックを控えて日々変わりつつある。しかしながらも、一部の建築には、近年のリノベーションブームに乗った形で商用利用される例もあり、こちらの写真館も是非とも再び積極的な活用が行われることを静かに期待したい。

025

横浜市開港記念会館

横浜市中区

20141110

巡礼6

尖塔部分が象徴的な横浜市開港記念会館（2010年5月撮影）
【見出下】玄関部分上部の意匠

横浜の市街地中心部を歩きながら建物を拝観する。角地にあるこの建物は、ジャックという愛称で神奈川県庁（愛称・キング）や横浜税関（同クイーン）とともに港町を代表する建築として、広く愛されている。外観で特徴的な煉瓦造に花崗岩《かこうがん》系の帯石を配置した組合せは辰野金吾のフリークラシック様式に見られる形であるが、この建物における採用は、大正初期に竣工した建物が持つ時代の流行と捉えて良いだろう。ここでは塔屋部の写真と内装を紹介するが、後に復元されたドーム部分から見る写真も美しい。建物の設計に当たっては当時珍しいコンペが行われるなど、建物にまつわる意欲的な試みを経て、複雑な造形をなした建物が完成した。内装も日本を代表する港ならではの贅沢さを誇るが、中でも帆船を描いたステンドグラスをはじめとする階段周りの各意匠は、関東大震災や戦後の進駐軍の使用によって、内装の多くが喪われるなか、港町横浜の隆盛を今に伝えてくれる重要な証人と言えよう。

026

三井《みつい》物産横浜支店（KN日本大通ビル）

横浜市中区

20141110

巡礼6

RC造タイル張りの三井物産横浜支店（左に生糸倉庫が見える）

【見出下】日本大通りの銀杏並木に隠れたような建物

神奈川県庁の向かい側にあって、その表面はタイルで覆われており、正面にある木々が大きく成長しているからか、どちらかといえば通行人に強い個性を感じさせる建物とは言いがたい。小ぶりな窓を持つオフィスビルという印象を持つ。建築史の中では国内最古の鉄筋コンクリート造オフィスビルとしても広く有名な建物である。三井物産横浜支店として建てられたビルは関東大震災にも、横浜を襲った空襲にも耐え、長く地域の風景としてあり続けた。表通りにあるこの建物は所有者が変わる形で再活用が為されたが、近年横浜地域においても土地利用本位の再開発によって古くからの建物が取り壊されている。この建物の裏手には同じく鉄筋コンクリート造で壁面が煉瓦で作られている三井物産の生糸倉庫があり、実はこの日はその三井物産倉庫を見るために訪れていたが、惜しくもこちらの建物に関しては、翌2016年に解体撤去され、本書においても写真でのみ、その雄姿を伝える形となっている。

027

岡山禁酒会館

岡山市北区

20141114

巡礼7

都心を路面電車が行き交う岡山市は、どこか懐かしい感じのする施設がそこかしこに多く遺る。禁酒会館は路面電車沿線にあって近代から続く都市の雰囲気を守りつづけている、まちなかを代表する建物のひとつだ。灰色がかった外観は、ドイツ壁と呼ばれるモルタル掻き上げ仕上げで、腰折れのマンサード屋根とともに北ヨーロッパの民家建築に見られる穏やかな造りをしているが、正面部分にはタイルを貼り付けるなど、どこか華やかな市街地に寄り添ったデザイン性も見られる。間口よりも奥が少し広い建物で、1階部分はカフェとして利用されている。特別に見学させていただいた2階以上は事務施設、少し狭めの廊下は公民館のそれを想起させる。建物の不思議な名称の由来であるが、世界各地で起こり日本では昭和の初めにかけて盛んであった全国的な禁酒運動の流れから起こったものであるが、日本酒をこよなく愛好する筆者にとっては、なんとも複雑な建物というほかない。

マンサード屋根が特徴的な岡山禁酒会館（2008年3月撮影）
【見出下】縦軸を強調したドイツ壁とタイルの組み合わせ

028

犬島《いぬじま》精錬所（犬島精錬所美術館）

犬島精錬所を象徴する貯鉱場

岡山市東区

20141116

巡礼7

からみ煉瓦というブロック状の物体をご存じだろうか。これは銀や銅などの金属を精錬する際に生じた鉱滓《こうさい》（スラグ）を型枠成型で鑄造したもので、金属製錬後の鉱滓の捨て場に困っていた近世ヨーロッパの鉱山精錬所近郊で盛んに作られ、当初は大砲の弾に、後には民家の塀や門などによく用いるようになった。精度の高いからみ煉瓦の中には建物の構造材として用いられることもあり、岡山県内にはいくつかの鉱山跡地に倉庫などの形で、からみ煉瓦製の建物を見ることができる。それら構造物群の中で最も大規模な施設が、瀬戸内海に浮かぶ犬島《いぬじま》に現存する。ここでのからみ煉瓦は、もともと愛媛県佐島《さじま》などで銅精錬が行われていたときのものを輸送したり、あるいは現地での製錬の際に生じた鉱滓を煉瓦にしたものだと考えられる。敷石や壁面に使用されているからみ煉瓦の量にも圧倒されるが、なによりも福武《ふくたけ》財団によって旧精錬所の一帯が美術館として見学可能なことには感嘆するほかない。岡山県が持つ豊かさは企業家の篤志によって今も続いているのだろう。

【上】犬島精錬所の煉瓦造発電所跡
【中】瀬戸内海に面した荷揚げ場跡
【下】犬島の多くの地点で製錬所の煙突が見える
【見出下】貯鉱場は赤煉瓦と銅からみ煉瓦の混構造

029

丙川《ひのえがわ》三連樋門

岡山市南区

20141116

巡礼7

現役施設の丙川三連樋門

【見出下】切石と赤煉瓦の遺構は土木学会の選奨土木遺産に認定

産業考古《さんぎょうこうこ》学会は、産業遺産の研究者や調査・保存活動を行う一般市民などをメンバーに持つ学際研究組織として、1977年に設立された日本学術団体構成組織である。この学会では年に一度全国大会を行い、研究発表を行うとともに会場近郊に現存する産業遺産をメンバーで視察する見学会が行われている。2014年の全国大会は岡山市の就実《しゅうじつ》大学で行われ、翌日の見学会において、犬島《いぬじま》精錬所と水門を見学するというツアーに参加した。岡山市の南部、児島《こじま》湾一帯は中世から続く干拓事業によって、広大な干拓地帯となった。この干拓地帯に水を送り込むとともに海水の侵入を防ぐため、江戸時代末期より農業用の水門が建設され、その多くは現役施設のままそこかしこに遺っている。これら水門から江戸時代から昭和にかけての土木技術の変化を知ることが出来、中にはここで紹介する丙川《ひのえがわ》三連樋門のように花崗岩と煉瓦を組み合わせた、造形的にも優美な水門が作られている。ここで使用されている煉瓦は瀬戸内海を挟み対岸の四国香川県の讃岐《さぬき》煉瓦で製造された際の、刻印が遺されており、瀬戸内海を通じた建設資材の交流を知ることも出来る。

030

石川県庁（しいのき迎賓館）

石川県金沢市

20150114

巡礼8

石川県庁はしいのき迎賓館として改修・活用
【見出下】表現主義的な柱頭のデザイン

自分自身の勉強のために、北陸新幹線の工事が急ピッチで行われている金沢《かなざわ》へと向かった。ここでは妹島和世《せじまかずよ》設計の金沢21世紀美術館で「ジャパン・アーキテクト」展を拝見し、モダニズム建築の歴史について自分の認識を新たにした後、金沢に遺るいくつかの施設を見学した。そのひとつが、建物の一部を保存した上で近年県政史料館とレストランとして改修されたしいのき迎賓館だ。この建物はかつての石川県庁で、中に入ろうとすると玄関から既に威厳が満ちている。鉄筋コンクリート造の躯体に重厚さを見せる大理石の多用は官公庁建築ならではのたたずまいであるが、デザインの面では意外といって良いほど表だって見えるものが少なく、落ち着いた内装を見せる。外回りは外壁スクラッチタイルがアクセントとなっているが、やはり正面に雄々しく伸びる2本の椎の木が建物のインパクトを上回り、施設の名の由来にするだけの印象を決定づける。建物内部にはレストランが入っているので窓の外から椎の木や金沢のたたずまいを楽しむという趣向も良いだろう。

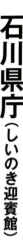

他に例を見ないたたずまいの尾山神社神門
【見出下】神社境界壁の煉瓦と梅鉢紋とのコントラスト

031 尾山《おやま》神社神門

石川県金沢市

20150114

巡礼8

日本全国どこを探しても、これだけ奇抜な山門はない、と断言できる。それくらいに見た目のインパクトは強烈だ。尾山《おやま》神社は加賀《かが》藩二代目当主前田利長《まえだとしなが》公を祀る神社で、加賀百万石の格式にふさわしく大規模な神社として今も厚い信奉を集めている。山門1階部分のつくりはいわゆる竜宮《りゅうぐう》作りとも称されるものでこれは江戸時代ごろには神社に用いられる例もある。2階部分は唐風《からふう》のつくりで、ギャップはあるもののこれもまったくないものとはいえない。しかし、問題は塔屋部だ。階高をやや高く取り、窓には色とりどりの色ガラスが用いられている。これは、横浜などに作られた西洋館をイメージしたものだろうか。さらにここには鐘楼が取り付けられているという。これは教会やキリスト教系学校建築におけるチャペルをイメージしたものなのだろうか。やや不恰好なそれぞれの階高とともに棟やキーストーンなど要所要所に加賀藩の梅鉢《うめばち》紋が配置されており一種のアクセントとなっている。違和感が多すぎると、かえって全体的に絶妙なバランスの上に整った建物のように見えてしまうから、不思議だ。是非表通りから見る社殿や鳥居とのコントラストを見ていただきたいと思う。

【上右】1層目石造アーチの要石部分には梅鉢紋
【上左】3層目の窓には色ガラスが配されている
【下】唐破風と千鳥破風を組み合わせた社殿

032
商船三井《しょうせんみつい》ビルディングと海岸ビルヂング

神戸市中央区

20150116

巡礼8

大規模な近代建築の商船三井ビルディング

国登録文化財の総件数が1万件を超えたことを記念して、神戸《こうべ》大学でシンポジウムが行われた。ここでは日本各地で建築を通じたまちづくり活動を行う団体同士のポスターセッションなどを通じ各地の問題などが話し合われ、筆者も北九州《きたきゅうしゅう》地域の近代建築管理団体関係者として金沢《かなざわ》からの帰り道に参加してみた。その翌日、さらに兵庫県の主催する市街地町歩きイベントが行われるということで、ここでは研究者との交流も兼ね参加した。ここでの見学コースは、まず市内の海岸線沿いにある旧居留地建築と後年建てられた商業ビルなどを巡った。大阪商船神戸支店として建てられた商船三井ビルは、大正時代の竣工にして7階建てという高層化を成し遂げた、日本の技術史における記念碑的施設であり、また神戸においても海岸通の代表的な景観として外せない建物である。海岸ビルヂングはそれよりさらに古く、1911年に竣工した煉瓦造の商業ビルでドイツ風の作風を得意とした河合浩蔵《かわいこうぞう》の設計による希少な作品である。一階部分から最上階まで一気に駆け上がる形式の大階段が特徴的だ。どれも何度見てもよい建物で、使用され続けているところが古さを感じさせせない。

【上】煉瓦造3階建の海岸ビルヂング
【中右】商船三井ビルディング側面意匠
【中左】角部に玄関を置く姿は商業建築に多い
【下】玄関から3階までを一気に貫く階段

033

第一銀行神戸支店
（神戸市営地下鉄みなと元町駅）

神戸市中央区

20150116

巡礼8

マンション建設後の第一銀行神戸支店（2017年7月撮影）
【見出下】表面は小口の化粧煉瓦が施されている

1995年1月17日午前5時46分、マグニチュード7・3の揺れが神戸都心部を直撃した。阪神・淡路大震災である。そのときの様子を、中学生の私はテレビ伝いに見ることとなったが、町の至る所に火の手が上がっている様は、一種現実のものとは思えない光景であった。山陽新幹線がしばらくの間運行できなくなり、また日本最大の港湾であった神戸港も甚大な被害を受け退潮を余儀なくされた。その中で近代建築の中にも有名な建物が喪われていったことも事実である。第一銀行神戸支店は、辰野《たつの》金吾《きんご》設計による神戸市栄町通の金融街を代表する建築のひとつであったが、阪神大震災で外壁にクラックが入るなどの大きな被害を受けた。当時所有していた大林組社長による英断で、煉瓦造の外壁だけは遺す形で現在見られるような整備が行われた。かくして、辰野建築は現在まで遺り、この時点では神戸市営地下鉄の駅入り口部分としての機能がこの建物に付加された。この見学会の後空いていた裏手空地にマンションが建設され、2018年現在ではこの建物はマンションの玄関としての機能をも受け持つ格好となった。

034

小《お》橋《ばし》屋《や》呉服店神戸支店（松《まつ》尾《お》ビル）

神戸市中央区

20150116

巡礼8

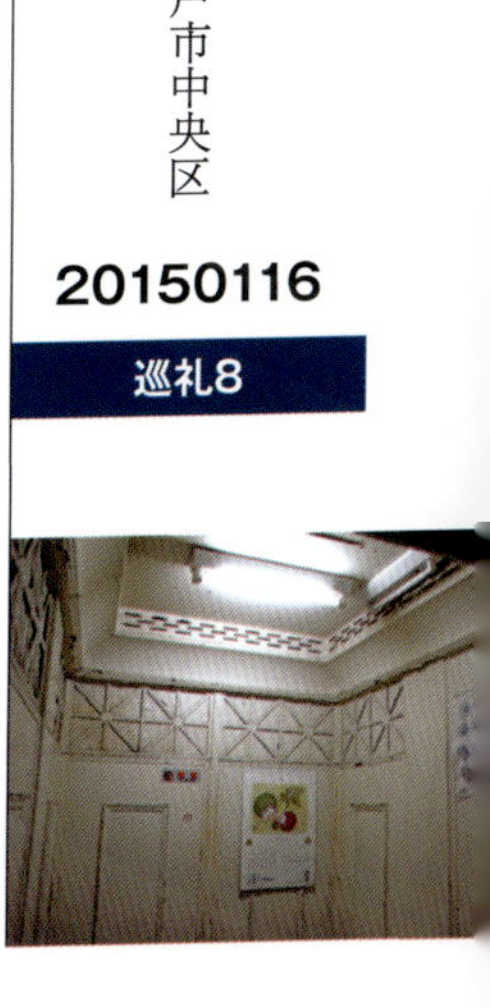

裏側からアプローチして、すぐ大規模な建物であることはわかるが、これもまた商業建築として建てられたことにしばらくの間気がつかなかった。この建物の特徴は当初からエレベータが配置されていたことだが、なんと国産エレベータ会社として最古級の設備である内外《ないがい》エレベータ製の昇降機が現在も使用されている。国登録有形文化財としての価値は、建物の外観部分に多くを置いているが、こちらの施設に関しては、このエレベータの機械技術史的な価値ももう少し加味されても良いのではと思えてならない。いまは繁華街の外れといった色合いを持っている周辺地域が、建物竣工当時百貨店が建ち並ぶ商業の中心地であったことを建物の規模と設備で今に伝えてくれる。よくよく見てみると、正面入り口に入居しているドラッグストアの上部には竣工時のアールヌーヴォー的デザインを使用した三連アーチが確認でき、建物それ自体には入れなくても戦前期の商業建築としての価値を垣間見ることが出来る。

連続アーチが印象的な小橋屋呉服店神戸支店
【見出下】竣工当初の内外エレベータ製意匠が一部遺る

ハタフライ形式の屋根を持つ(2008年1月撮影)
【見出下】与那原カトリック教会側面

035 与那原《よなばる》カトリック教会

沖縄県島尻郡与那原町

20150123

巡礼9

日本建築学会では、2014年度から2年間にわたり国立近現代建築資料館からの受託事業として、近代建築のアーカイブ調査を行ってきた。筆者は事業2年目に九州地区幹事という役名を受け、各地の建物関連資料について出張調査を行ってきたが、沖縄と宮崎県に関しては、調査員が少ないことなどから、地区幹事を中心とした調査チームを組んで調べることとなった。沖縄本島には、戦後アメリカ軍の設計集団によって作られた建物がいまでも多く遺されている。実際の建物とその図面を確認する作業のため訪れたのが、与那原地区の丘の上に立つカトリック教会である。開放的な造りは沖縄ならではと言ってよく、ステンドグラスからこぼれる光は優美である。かつては畳敷きになっていた会堂自体は板張りに改装されたものの設計当時の姿がほぼそのままの形で残り、建物奥に入ると中庭を巡るように修道士向けの宿泊施設も残っていることも大きな特徴である。今回の調査で「黒図」と呼ばれる複写図面が発見され、片岡献《かたおかけん》の設計作品であることが確認できた。

【上】丘の上の傾斜地に造られ特徴的な姿を持つ
(2008年1月撮影)
【中右】聖堂に光を取り込むステンドグラス
【中左】畳敷きだった頃の聖堂(2008年1月撮影)
【下】回廊式の修道院設備を兼ね備えている

036

大宜味《おおぎみ》村役場庁舎

沖縄県国頭郡大宜味村

20150124

巡礼9

大宜味村役場庁舎外観

【見出下】2階部分外観

沖縄本島はそのほぼ全域が第二次世界大戦において地上戦を経験しており、地上に遺る構造物はわずかな民家と土木構造物ばかりで、戦前期から現存する公共建築物がほぼない。そのような状況下稀少な大正時代の鉄筋コンクリート造建築が沖縄本島北部の大宜味《おおぎみ》村に現存する。最初に訪れた際ちょうど竣工90年を記念した各種行事が行われたあとで、関連する資料などを頂くことが出来たものの、原図面を発見することは出来なかった。モルタルで白く仕上げられた建物は、緑や青の色彩が強い沖縄という土地の中でひときわ映えて映る。現在1階部分は、村立の図書閲覧室と村史編纂室として使用されている。階段を上りかつて村長室として使用されていた2階部分は八角形の特殊な平面構成をしており、ここから東シナ海を望むことが出来る。設計者である清村勉《きよむらつとむ》は熊本県でも技師をしていたようで、また大宜味村饒波《ぬうは》出身者で構成される大宜味大工は、この建物の施工で沖縄県でも名をはせたという。彼らが鉄筋コンクリートの施工技術をどのようにして取得したかなど詳しい研究に関しては、これからの研究者調査に委ねるところが大きい。

【上】執務室が縦長に伸びた形を取る
【中右】村長室があった2階内部
【中左】建物の一部は図書室として転用
【下】かつての村役場庁舎扁額が今も遺る(2012年8月撮影)

沖縄的デザインを決定づけた名護市役所庁舎
【見出下】沖縄特有の「花ブロック」を多用した外観
(2012年8月撮影)

037 名《な》護《ご》市役所庁舎

沖縄県名護市

20150124

巡礼9

どこを見ても正面のようでもあり、あるいは裏口のようでもあり。市街地側に面する部分では比較的フラットな立面と角々にはシーサーがお出迎えしてくれる。反対側はなだらかな立ち上がりと屋上緑化が印象的だ。有孔《ゆうこう》コンクリートブロックの多用は、今の沖縄地域に見られる典型的な姿であるが、それを地域の特徴として捉え、近代建築としての代表的作品へと昇華させた。自然風の積極的な採用に関しては、書類を回す決済仕事が多い役所で書類が飛びかねないという意味でやや難があるものの、近代建築が持つ手仕事のよさをこれでもかと見せ付けてくれる。これで1981年の竣工というから、さらに驚きだ。築50年に満たない建築に対して産業遺産として紹介するのはどうか、などと言われるかもしれない、また行政建築は産業のカテゴリに入らないという意見を持たれる方もいらっしゃるだろうが、この建物は沖縄の建物というイメージを決定づけた建物として、既に重要文化財たり得る作品と断言できる。

038

平敷屋《へしきや》製糖工場煙突

沖縄県うるま市

20150125

巡礼9

沖縄で行っていた調査でまる1日時間が空いた。どこを見に行くか前々から考えていたのだが、とりあえずは今まで見たことのない産業遺産が見たいと思い、うるま市へと移動した。世界遺産に登録されている勝連《かつれん》城の近くにかつて製糖工場で使用された赤煉瓦造の煙突が残っているという情報を聞き、路線バスを駆使して何とか訪れてみた。市街地の外れ、丘の上にある展望台に製糖工場の歴史を伝える案内板があった。そこからしばらく林の中を歩き、赤煉瓦の煙突が見える。ここには煙突のほかに鉄筋コンクリート造の水槽などが残っており、沖縄本島における貴重な工業発展の歴史を今に伝えている。しかしながら、赤煉瓦の煙突にはところどころ沖縄戦時の機銃掃射の跡が残り、また海側を見やると沖縄駐留米軍の艦船が見える。この丘の上に立っていると、現在日本国内において沖縄という地域が置かれている立場の複雑さとその原因を垣間見ることが出来、なんとも言いようがない気持ちになってしまう。

周辺は草むらに覆われている

【見出下】機銃掃射の跡も遺る平敷屋製糖工場煙突

コラム

南北大東島《だいとうじま》と西表島《いりおもてじま》

沖縄県島尻郡・八重山郡

北大東島の燐鉱石貯蔵庫
【見出下】西表炭鉱ベルトコンベアの痕跡

同じ沖縄県という名が冠されているが、島尻《しまじり》郡南大東村と北大東村は、直線距離で言えば沖縄本島よりも小笠原諸島のほうが近いという。大東諸島自体が八丈島などから移り住んできた移民によって開発された経緯を持ち、大正期には大阪の新興財閥である鈴木商店の関連会社である東洋製糖が大規模なプランテーション化によるサトウキビを栽培し、運搬用の鉄道の痕跡が島内のあちこちに散在する。また北大東島では燐鉱石が採れたことから、市街地の近郊に燐鉱石の採掘関連の石造工場関連施設や生活に縁深い施設などが今も多く現存している。一方同じ離島部でも既に観光地として著名な西表島ではかつて石炭が採掘されていた。西表炭鉱は島の東部で明治期から採掘が行われており、マングローブ林の一角に環境省が産業遺産見学デッキを設けているので、容易に痕跡を見ることができる。日本離れした各種の景観は現地の日本的風習とともに、実に面白く、産業遺産好きであれば是非とも訪れて欲しいところのひとつと言えよう。

【上左】ドライヤー遺構から港を見やる
【中左】煉瓦造の遺構がマングローブ林の中に遺る
【下左】サトウキビ運搬に活躍した蒸気機関車(上部は復元)

【上右】燐鉱石乾燥用ドライヤーの煉瓦造遺構
【中右】東洋製糖北大東出張所跡
【下右】石灰岩で造られた南大東島の倉庫

日本窒素肥料延岡工場事務所

039

日本《にほん》窒素《ちっそ》肥料《ひりょう》延岡《のべおか》工場事務所

（旭化成《あさひかせい》愛宕《あたご》事業所）

宮崎県延岡市

20150220

巡礼10

銅鉱山から得る富で水力発電などの電源開発に乗り出した延岡地域は、1923年に野口遵《したがう》率いる日本窒素肥料による空気窒素固定法に基づくアンモニア製造工場建設を機に人口を激増させた。野口は自らが率いる企業群を日窒コンツェルンへと発展させ、人工繊維であるベンベルグの製造工場や火薬工場を建設するなど延岡市の発展に大きく貢献した。戦後の財閥解体に伴い旭化成グループの施設となった多くの建物は、しかしながら工場と関連施設として今も使用されており、工業都市としての景観を成形している。その際初期の建物が現在の愛宕《あたご》事業所として現存する。工場の入口と建物地が一体化した、さしづめ鉄筋コンクリート版長屋門的なつくりとなっており、たたずまいとしても特殊だが、残念ながら設計者などはつまびらかになっていない。事務所から少し入ったところに屋外保存されている機械は、窒素の空気固定法としてフランスから特許を買い取り導入されたカザレー式アンモニア製造機であり、この工場の始まりを象徴するモニュメントとして日本機械学会から機械遺産に認定されている。

向陽倶楽部として使用されている旭化成延岡支社（2009年8月撮影）

カザレー式アンモニア製造機保存機械（2009年8月撮影）

旭化成工場内には煉瓦造の施設も遺る（2009年8月撮影）

040

内藤《ないとう》家墓所境界壁

宮崎県延岡市

20150220

巡礼10

銅からみ煉瓦製の内藤家墓所境界壁
【見出下】赤煉瓦と同サイズのからみ煉瓦は希少

墓地の境界壁がなにゆえ産業遺産と言えるか、その理由は極めて簡単。028の項目でも紹介した銅鉱滓《こうさい》を鋳造したからみ煉瓦を使用した産業の落とし子たる壁であること、なおかつここで使用されているからみ煉瓦は、赤煉瓦とほぼ同じくらいのサイズに鋳造された、極めて特殊な事例だからだ。持ち主の内藤家は、もともと延岡《のべおか》周辺を治めていた藩主の家柄で、延岡市に隣接する日之影《ひのかげ》町にあった見立《みたて》鉱山を経営していた。ここで採れた銅鉱石は、延岡で製錬されていたことなどから、延岡市にはここの他にも内藤記念館や民家の塀などに赤煉瓦サイズのからみ煉瓦境界壁が点在している。ここ延岡においては、からみ煉瓦の壁面が市街地景観の一要素になっていた時期があるようで、大正期に内藤家が見立鉱山の所有権をハンス・ハンターに譲り渡すまで、延岡は日本有数の「からみ煉瓦のまち」であった。それを示す重要な証拠であるこの墓地の壁面は、地域の産業遺産としてはもはや文化財級である。

041

延岡《のべおか》市公会堂野口記念館

宮崎県延岡市

20150220

巡礼10

旭化成の寄附により建てられた野口記念館
【見出下】片持ち梁の形を取った玄関車寄せ

戦前期に財閥を形成した日本窒素肥料は、戦後財閥解体によって現在のチッソや積水《せきすい》化学などに分社化されたが、ここ延岡においては化学繊維事業を受け持つ旭化成工業が設立した。この会社が地域貢献の一環として、１９５５年に建設費用の全額を受け持ち、竣工後延岡市に寄付する形で作られたのが現在の野口記念館である。建物としては玄関ポーチこそ非常に特徴的な逆アーチ形状を持っているが、全体としては日建設計の作品として手堅く仕上げられている。当時としては大規模なホールは年代を感じさせる落ち着きを見せており、２階部分の待合空間は窓が広くとられ、非常に明るい。楽屋側に入ると、映写室には竣工当初のものと思われる撮影機材が残されており、階段の手摺部などに戦後復興期の創意工夫を見ることが出来る。竣工60年を過ぎ現地建替えが決定されており、モダニズム建築としての姿を見る時間は限られている。早めの訪問をお勧めしたい。

042

岡山孤児院施設（石井記念友愛社静養館・方舟館）

宮崎県児湯郡木城町

20150221

巡礼10

現在は石井記念友愛社事務所の方舟館

宮崎《みやざき》市内での調査の後、やや時間に余裕が出来たので思い立って木城《きしろ》町にある石井《いしい》記念友愛社を訪れた。ここには、児童福祉の先駆けとして石井十次《いしいじゅうじ》が設立した岡山孤児院の施設が移築されており、それぞれ方舟館《はこぶね》・静養館《せいよう》と名づけられ、社会福祉法人の事務所や記念的施設として管理保存されている。塔屋部を持ちインパクトのある方舟館は、その名のとおり正方形の平面構成を持っており、典型的な和のたたずまいだが、静養館は平屋建てに改装されているものの、もともと外国人宣教師の建物で洋風建築であった。竣工当初ヴェランダコロニアル様式であった名残を縁側《えんがわ》部分の柱や網代《あじろ》天井などにとどめている。現在は研修などに時折使用されているようだが、洋風建築の時代に応じた改修のあり方を見ることが出来、一見の価値がある。木城町の建物近くまではわずかに宮崎《みやざき》交通のバスが出ているのだが、明らかに本数が少なく、今回高鍋《たかなべ》駅からのレンタサイクルで訪れた。これは現地の方からあきれられるやり方なので、普通の建築好きにはまったくお勧めできない。

【上】方舟館の特徴的な3層の外観
【中】「静養館」扁額の書は大原孫三郎によるもの
【下】擬洋風の宣教師館を改修した静養館
【見出下】大原家と石井家との絆を示す大原館

043

宮崎神宮徴古《ちょうこ》館

宮崎神宮東側にたたずむ徴古館
【見出下】なまこ壁ながら縦長の窓が設けられている

宮崎市

20150303

巡礼11

周囲に建物が無いため、そのスケール感が測りにくいが、大規模かつやや珍しい平入りの玄関であるものの、基本的には日本古来からの建築様式である土蔵造の建物である。ここまでは神社にもよくある造りと言える。しかし建物全面がなまこ壁で縦長の上下窓を持っており、最大の違和感として見る者に問いかける。これは江戸期までの日本にはない考え方である。このような大工の手によって見よう見真似で作られた、洋風建築を真似た建物を、総称して擬洋風建築と呼ぶことがある。徴古《ちょうこ》館とは、いわば博物館の前身である。江戸時代までの社寺仏閣においては、ご開帳といった形でご本尊を見せることは慣習として持っていたものの、宝物を展示するための施設という考えがなかった当時の日本において、収蔵庫である土蔵を基調としたことは、ある意味理にかなったつくりであるといえよう。前面に平瓦を貼り付けたなまこ壁は、火災を予防するためのもので、これもまた神宝を未来に伝えるための重要な工夫である。

044 宮崎県庁

【上】観光地にもなっている宮崎県庁
【下】階段手摺りの丸穴は当時の庁舎建築に共通する意匠
【見出下】階段室上部に設けられた丸窓

大規模な近代建築で現役の行政機関施設。外観は昭和初期における大学建築などでも流行した、縦軸を強調したネオゴシック様式の典型であり、茶褐色のスクラッチタイルの使用も帝国ホテル本館から始まった当時の流行に則したものである。戦前における大規模な行政機関によく見られた「日」字の平面構成で、採光とゆとりある部屋構成とを両立したプランで配置されている。中に入ると装飾こそ明治大正期のそれと異なりややあっさりとしているが、地元県内五ヶ瀬《ごかせ》産の大理石をふんだんに使用した階段周りの手摺りや丸窓に配置されたステンドグラスなど、今では見ることがまれな豊かな建築を満喫することが可能だ。一時期宮崎県における観光スポットとして注目され、２０１７年に国の有形文化財にも登録されている。九州において、戦前期からの県庁建築が現存する事例としては、ここのほかにはわずかに鹿児島県庁の正面部分が残るのみであることから、今後宮崎県庁の価値はますます高まってくるといえよう。将来の重要文化財候補と断言できる。

宮崎市

20150303

巡礼11

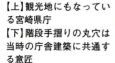

045
吉松《よしまつ》家住宅

宮崎県串間市

20150303

巡礼11

旧吉松家住宅裏口
【見出下】杉戸板に描かれた竹林画

鹿児島《かごしま》で行う会合に参加するため、前日から北九州《きたきゅうしゅう》を出て日豊本線周りの「寄り道の旅」を行った。その中でも北部九州から公共交通でもっとも行き難い串間《くしま》市へ伺うことは、ある意味自分自身への目標でもあった。あいにくの雨模様であったが、串間駅に到着すると、次の列車が来るまでの間、隣駅までのしばしのまちあるきに勤しんだ。

串間の市街地は非常に小振りの町並みであるが、そのなかでもひときわ雄雄しい石壁を持つ建物が見えたので、入ることにした。吉松《よしまつ》家は近代に入り林業で大きく栄え、周囲の市街地である日向福島《ひゅうがふくしま》地域で三代に渡り自治体の長を務めた家柄で、なるほど建材の質はかなり高い。とりわけ障子の杉板に描かれた竹林の絵画にひときわ目が奪われる。建物内部の洋間は、少しおとなしめな造りをした折上げ格天井であり、洋間と称しているが、和のテイストが強く、建物全体としては近代和風建築の傑作といえよう。なかなか伺うことが難しい位置関係であるが、伺うだけの価値はある。

046

東郷《とうごう》医院

鹿児島県志布志市

20150304

巡礼11

志布志市随一の洋風建築である東郷医院
【見出下】角部ペディメントに設けられた洋風意匠

串間《くしま》からさらに南下、西に曲がる形で志布志《しぶし》に宿を取り、翌日午前中は志布志市街をめぐる。ここもまた北部九州からはアクセスしにくい遠いエリアであり、九州の他の都心部から志布志の市街地へ行くよりも、関西方面からフェリーで伺うほうが便利がよいかもしれない。市街地には、第二次世界大戦時の本土上陸決戦に備えた防衛施設の跡や石造の倉庫などが点在するが、それらの中でも市街地の中心に位置し凛とそびえる洋館が東郷《とうごう》医院である。鹿児島《かごしま》における洋風医院建築としては県内最大規模といえよう。窓を大きく広くとりながらもモルタル洗出し仕上げで石造のように見せた外観は、ある意味西洋では見かけないタイプの造りであり、建物の規模からはここ志布志の地が遠洋漁業などで大きく栄えていたことを教えてくれる。今でも鹿児島と大阪《おおさか》とを結ぶフェリーがここ志布志に寄港しており、南九州の玄関口のひとつとしての機能を今もなお維持している。海の玄関口にふさわしい風格を持つ「よそ行きの建物」だと言えよう。

047 集成館《しゅうせいかん》機械工場と反射炉《はんしゃろ》

集成館施設近くにある旧島津邸、対岸には桜島（2011年7月撮影）
【見出下】集成館機械工場基礎部の石垣

鹿児島市

20150304

巡礼11

鹿児島《かごしま》は日本の南端にあるがゆえに、日本国外からの船舶の来訪を受けやすい。アヘン戦争以降発生した欧米列強からの侵略という脅威にあって、彼らは西洋からもたらされる技術の導入に貪欲に取り組み、その成果がここ集成館の反射炉基礎や機械工場として現在を生きる私たちにその有様を伝えてくれる。もう既に何度訪れたか分からない。集成館機械工場は、現存日本最古の西洋式工場建築であり、また石造の工場建築としても唯一の国重要文化財である。加工の容易な溶結凝灰岩《ようけつぎょうかいがん》は熱に強く、機械工場の壁面に使用される他、現存する反射炉の基礎部にもふんだんに用いられている。無論、今でも接合部に歪《ゆが》みなく残っている背景には、中近世から脈々と受け継がれてきた石工の技術力があることも忘れてはならない。1915年に集成館事業が廃止された後、いち早く1923年には尚古集成館《しょうこしゅうせいかん》が開館。工場の建物それ自体もまた博物館施設として利用されることとなった。産業遺産のリノベーション活用事例としても日本の先端を歩んでおり、世界遺産の名に恥じない日本の技術史を代表する施設だと言えよう。

【上右】集成館機械工場は博物館尚古集成館として一般公開
【上左】玄関部分は後年の改造（設計：山下啓次郎）
【中】基礎部が現存する鹿児島の反射炉（2011年7月撮影）
【下右】反射炉内部（2011年7月撮影）
【下左】反射炉が稼働していた当時の縮小復元模型

048

鹿児島紡績所技師館

鹿児島市

20150304

巡礼11

世界遺産の構成資産である鹿児島紡績所技師館
【見出下】内部は改変が著しく意匠が少ない（2007年9月撮影）

２０１５年春、「明治日本の産業革命遺産」の世界遺産登録に向けた準備が進められる中で、ややもすれば行政が先走りぎみである現状を改善すべく、鹿児島《かごしま》のＮＰＯ法人が音頭をとり、それぞれの地域で報道の前線を担っている地域ミニコミ誌などと連携し、それぞれの地域が抱える課題を話し合い今後の地域連携をとるための会合を尚古集成館《しょうこしゅうせいかん》内で開催した。北九州《きたきゅうしゅう》の民間団体代表として、下関《しものせき》地域のミニコミ誌編集長に声掛けし、串間《くしま》・志布志《しぶし》経由でここまでやってきた。会合までの間、わずかであったが改修工事が終わったばかりの鹿児島紡績所技師館を拝見した。内装があっさりとしたこちらの建物は、外国人技師の住居として使用されたのち、移設の上旧制第七高等学校の施設としても転用されていた経緯も持つ。さまざまな意味で鹿児島地域の近代化に大きく貢献した建物で、世界遺産の構成資産にも加えられ、竣工１５０年を越えにわかに脚光を浴びつつある。

049
鹿児島食販組合（豊産業社屋）

鹿児島市

20150305

巡礼11

鹿児島食販組合を転用した豊産業
【見出下】石造で表面は煉瓦風タイルで覆われている

最初にこの建物を拝見したのは、まだ大学学部生時代のことであったと思う。裏手には地ビール生産を行う鹿児島ビールの石造倉庫があり、しかしながら、石造と思わせない小口積煉瓦風タイルで覆われた外観は異様で、目が離せない。しかもどうやら2階部分はバー営業もしているようだ。この建物は、ある意味鹿児島県の近代を象徴する建物ではないかと考える。これまでの伝統に基づいた石造を採りつつもタイルやアーチ窓で、煉瓦造であるように思わせることで西洋建築への憧れを示している。側面のモルタルや瓦屋根との対比も興味深い。表面のタイルとあわせた帯部分は、思わせぶりなモルタル洗出し仕上げで、ことごとく石を見せない手の込んだつくりだ。しかしながら、何度か訪れるたびに周囲が変化していくことが気がかりでならない。現在は周囲が医療機関の建物で囲まれており、周辺の石造倉庫は次々と喪われている。角地にあり、象徴的な建物でもあるので、長く維持していただきたいものだ。

鹿児島無尽鹿児島支店俯瞰景（2011年1月撮影、2点とも）
【見出下】下層階の古典調とは対称的なアーチ窓

050
鹿児島無《む》尽《じん》鹿児島支店（南日本銀行本店旧館）

鹿児島市

20150305

巡礼11

戦前期の鉄筋コンクリート造建築としては、かなりのボリュームを持っており、大規模な建築ながら、リズミカルさを維持している。その大きな理由には、上層と下層で色合いの異なるデザインを用いているからに他ならない。人が多く通る下層部外観は、古くからの銀行建築ならではのコリント式オーダーを採用した古典主義でまとめられているが、上層部ではデザインの抽象化がなされ、セセッションからアールデコに続く工業化に適したシンプルな意匠を採用している。下層部より階高のある4階部分の連続アーチは、下手を打てば全体のバランスを崩しかねないところを壁面後退と併せることで見事にまとめており、左右非対称で片側に寄った塔屋部もやはり群を抜いて奇抜だ。もともとは現在の霧島市国分に本店を持つ鹿児島無尽《むじん》が地域一番の市街であった鹿児島市街に店舗を構えた際に作られた建物であり、市街地ながら本店として建てられていないことが、かえって大胆なフォルムを生み出すことに繋がったのではないか。

コラム

寺山炭窯《てらやますみがま》と関吉《せきよし》の疎水溝《そすいこう》

鹿児島市

「明治日本の産業革命遺産」では、日本各地に現存する造船、製鉄・製鋼と石炭産業に関する構成資産が登録されているが、鹿児島での構成資産の多くは製鉄に関連するものである。反射炉で使用する燃料材の木炭（白炭）を作る施設であった寺山炭窯と反射炉送風用の水車に水を送り込むために作られた、いわば「鹿児島の琵琶湖疏水」ともいえる関吉の疎水溝は、ともに世界遺産に登録されるまで人々の関心を集めにくい遺構でしかしながら、集成館事業に貢献した両施設の功績は大きい。「穴場」的な世界遺産として技術史好きな方にお薦めしたい（撮影はともに2008年8月）。

寺山炭窯跡（2008年8月撮影、2点とも）
【見出下】関吉の疎水溝

炭窯の石組みも石工の確かな施工技術が生きづいている

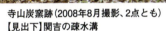

051

住友倉庫（築港《ちっこう》赤レンガ倉庫）

大阪市港区

20150307

巡礼12

天満屋《てんまや》ビルで毎年春に行う写真展の設営及び片付けの前後に、慣習的にまちあるきを行う。まちあるきが好きなメンバーでまとまって行うこともあるし、その前後にひとりで大阪府周辺をうろうろとすることも多い。その中で何度も訪れている建物が、会場近くにあるこの赤煉瓦倉庫である。第一次世界大戦を挟み、世界の物流量が飛躍的に増大する中で、大阪港の港湾設備は逼迫《ひっぱく》していた。そのため公的機関が整備すべき港湾上屋を民間が建設することによって、港湾での優先的な使用権を得ようとした。その一環として作られた大規模倉庫として大阪に拠点を持つ住友財閥が建設した倉庫のひとつがこの建物である。港湾機能が大阪南港地区に移り変わっていく中で、1999年に共用停止、以降アートスペースとして使用されていたこともあったが、現在はクラシックカーの展示即売場を併設した資料館となっている。かつて掲げられていた住友マークの紋章は喪われ、やや大仰な鉄骨補強も目立つが、大阪港の港湾機能を考える上でも赤煉瓦の大規模施設としても、重要な存在であることは間違いない。

【右頁】改修前の倉庫妻部に住友の社章
（2011年3月撮影）
【左頁上】築港赤レンガ倉庫
（2016年3月撮影）
【同中】展示場にはジーライオンミュージアムを併設
【同下】自動車展示場に活用後の倉庫
（2016年3月撮影）
【見出下】両倉庫を繋ぐ通路はかつて引込み線が通っていた

052 天《てん》満《ま》屋《や》回《かい》漕《そう》店（天満屋ビル）

天満屋ビル（2013年3月撮影）
【見出下】3階部分の内部

ここ数年ほど3月第一週からのおよそ1ヶ月間、大阪港駅から徒歩数分のところにある天満屋《てんまや》ビルを会場にして、まちあるきの有志で写真を持ち寄り「まちかどの近代建築写真展」という名の写真展を開催している。写真展の回数・期間ともに一番頻繁に開催している会場の天満屋ビルは、元々は大阪港で海運業を営んでいた天満屋回漕店が天保山《てんぽうざん》周辺エリアに新たに開発された港湾用地に進出、店舗兼住宅として建てたものだ。丸窓やスクラッチタイル、3階には内窓にステンドグラスが配置されるなど、当時の流行が色濃く反映されており、内装外装ともに見飽きない。入口部分から半地下のように見える階下は、もともとは2階であったが、洪水対策のために施されたかさ上げ工事によって、1階部分が半分埋まったような格好となっている。アールを取った角部2階にはカフェが入居しており、写真展の共催ともなっているのだが、ここでは歴史的な空間でいただけるハヤシライスがお勧めである。

大阪市港区

20150307

巡礼12

053 鴻池《こうのいけ》本店

大阪市此花区

20150307

巡礼12

鴻池本店洋館（2007年1月撮影、2点とも）
【見出下】ステンドグラスと組合わされた鴻池組の社章

いったい何が楽しくて、というほかない雨脚《あまあし》の中、写真展設営後のまちあるきを行う。久々に大阪市伝法《でんぽう》地区を歩き、古くからの商家が遺る一角にたどり着くと、見えてきたのは重厚な和館と並び大きなインパクトを与える白漆喰《しっくい》の洋館。ゼネコン中堅の鴻池組を抱える鴻池本店として建てられた建物である。和館は屋根部分の出桁に漆喰が施されている、丁寧な商家建築となっており、連子《れんじ》窓は広く取られており屋根高も高く、往時の隆盛を雄弁に物語るが、洋館は日本国内にはあまり見られない、特異な色彩を持っている。白漆喰の一定部分の高さごとに帯状に配されたタイルは、見るものにアクセントを与えている。外観で確認できる木部が窓周りの建具しかないところには、作り手が和館との対比を強調させたいという思いがあったのだろうか。北九州地域とも縁深い建物で、建物自体の設計は松本健次郎邸の現場監督を担当した久保田小三郎《くぼたしょうさぶろう》、内装のデザインは相原雲楽《あいはらうんらく》が行ったといわれている。アールヌーヴォー様式の内装は通常非公開であり、今後の公開が待たれる。

玉名中学校本館

【見出下】建物の中でとりわけ象徴的な尖塔部（階段室）

054

（旧制）玉名《たまな》中学校本館

熊本県玉名市

20150329

巡礼13

近代につくられた身近な建物や土木機械類を紹介し、その価値を知ってもらうべく、２００６年から刊行を続けている九州の近代化遺産シリーズの中で、２０１３年と翌２０１４年に出版した『熊本の近代化遺産』が熊本日日《くまもとにちにち》新聞社の「熊日出版文化賞」を受賞した。そのお祝いパーティに出席することとなり、やや久々に熊本を訪れた。ついでにいろいろな建物と桜の写真を撮りたいと思って、一眼レフカメラを持っていくのは、これは性分だから仕方ない。途中玉名駅で下車し、まずは訪れたのが旧制玉名中学校本館。現在は玉名《たまな》高校の本館として現役の建物だ。系譜としては正面部分にポイントとして取り付けられた意匠にネオゴシックの影響が見られるが、白亜《はくあ》の殿堂、という名にふさわしい皎々としたたたずまいがとかく印象的だ。校舎の鋭角な造りと対照的な正門は、同じ白を基調としながらも曲率を変えたアーチで構成されており、ここにもアールヌーヴォーの影響が垣間見える。対比してみると、塔屋がとかく印象的に見えてくるから実に不思議だ。

055

（旧制）第五高等中学校校舎群

熊本市中央区

20150330

巡礼13

【上】熊本高等工業学校機械実験工場
【下】第五高等中学校校舎（熊本大学五高記念館）
【見出下】夏目漱石像

桜に包まれたキャンパスを見たいと思い、熊本《くまもと》大学を訪れる。ちょうど新学期が始まる前、落ち着いたたたずまいを見せたキャンパスを散策しつつ、煉瓦造の建物と桜とのコントラストを純粋に楽しんだ。国立大学はそれぞれの歴史的経緯に応じる形で建物の形も様々だが、熊本大学の黒髪キャンパス北側地区には旧制第五高等中学校と呼ばれた時期に作られた明治中期の建築物群が数多く現存しており、キャンパス南側の旧制熊本高等工業学校の校舎とともに歴史的な景観が今も良好に保存されている。この保存の良さは九州大学の建物の多くが解体された現在、九州でも随一と言えよう。化学教室を抱えていながら致命的な火災に見舞われなかったことも幸いしている。後年に作られた多くの高等教育施設では、度重なる火災によって多くの建物が焼失し、また空襲の被害も受けた。そのような意味においても重要文化財に指定されていることは当然のことだろう。詳しい歴史的経緯については、共著『熊本の近代化遺産』の項目を是非とも見ていただきたい。

056

熊本回春《くまもとかいしゅん》病院研究所
（リデル、ライト両女史記念館）

横長の窓が印象的な熊本回春病院研究所
【見出下】広くとられた間口

桜にいざなわれるままに、熊本市内を散策する。リデル、ライト両女史記念館は、もともとイギリス国教会伝道師のハンナ・リデルの手によって設立したハンセン病患者を専門に診る病院である熊本回春《くまもとかいしゅん》病院内の研究所として建てられた。建物はのちに姪であるエダ・ハンナ・ライトによって引き継がれ、戦後はライト女史の住居として、また逝去後は老人ホームの事務所として使用されてきたが、1994年に熊本市に寄贈され記念館となった。建物としてみてみると、研究所としての機能的な要求からか、二階部分の窓周りがかなり広く取られており、建具回りのデザインは和の要素が強い。1935年に住居となった際に改修された影響があるのかもしれないが、ひと時代前に見られた擬洋風の宣教師館建築とも異なる不思議な外観となっている。訪れた際は定期休館日となっており、以降なかなか見学の機会に恵まれていないことは、途中災害の影響があったとはいえ、残念というほかない。

熊本市中央区

20150330

巡礼13

057

本宮《もとみや》映画劇場

福島県本宮市

20150419

巡礼14

娯楽施設ならではの外観を持つ本宮映画劇場
【見出下】現役でフィルムを回し続ける映写機

面白い建物を見に行きませんか、という誘いに乗せられて、まちなみ巡りのなかまたちとともに福島へ。最初に訪れた本宮《もとみや》市は、土地に不案内のため全く予備知識がなかったところのひとつで、在来工法の建物の正面部分のみ洋風のたたずまいを配したいわゆる看板建築が多く遺り、面白いところであった。その街なかに古色蒼然とした映画館建築が屹立している。店主の方に許しをいただき中に入ると、衝撃はさらに増していく。戦後復興期、映画が娯楽の主役であった頃の空気が今もなお遺り続けている。当時の映画予告編を拝見することが出来、みんなで鑑賞したのだが、時折私たち以外にも観衆がいるような錯覚を覚えた。それは薄暗い映画館の中というだけではない。戦後復興期から使用され続けているフィルム式映写機や木製椅子、天井周りのデザインなど映画館が持つ総合芸術を今もなお維持しているここでしか出来ない雰囲気であり、かつてどこの映画館も持っていた魔法仕掛けの装置かもしれない。

058

大越《おおごえ》娯楽場

福島県田村市

20150419

巡礼14

両端の切妻が特徴的な大越娯楽場
【見出下】右から左方向に読む昔ながらの表記

田村《たむら》市の中でも小さな集落である大越《おおごえ》地区、その沿線上に瀟洒な集会所建築が遺る。その名も大越娯楽場。建物としてはドイツ壁に入母屋《いりもや》形式で正面のデザインを重要視した施設で、芝居小屋建築の流れをそのまま洋風にカスタマイズしたようなつくりをしている。ならばと側面や背面に回ったが、応急補修のための改装が著しく、一見して近代建築かどうかすら分からない。現在は内部空間を広く取るつくりをうまく活用する形で、武道場として使用されている。建物の姿とともに設計者が面白い。現代社会を文献資料に頼らず自らの対象物への入念な観察と分析によって研究する学問を考現学として編み出した今和次郎《こんわじろう》の設計による作品だという。今和次郎の思想は広くさまざまな形で普及しているが、建築設計者としての現存作品は極めて少ない。そうやって見てみると、2階窓上部に取り付けられた鎧戸風の通気口が氏の作風を思わせ、このような公共建築の範疇から半ば外れた集会所を設計したのかと意外な印象を受けた。

059

米子《よなご》専門大店《せんもんだいてん》

鳥取県米子市

20150424

巡礼15

縦長の商業ビルである米子専門大店
【見出下】ややアールを取って強調させた玄関上部

山陰本線沿線は、公共交通で巡ると非常にアクセスが難しい地域のひとつであるが、雪国の厳しい気候にも負けず質感を持った建物が多い。米子市は陰陽連絡線である伯備線と山陰地区初の鉄道路線である境線とを結ぶ拠点的存在で、戦前期に建てられた商業建築がこちらの他にも多く遺っている。中でも米子専門大店は駅と市街地との結節点に位置しており、町を訪れる際には必ず見に行く建物のひとつでもある。縦長のプロポーションは地方都市の中でかなり特異な存在で、1階部分からわずかにセットバックしている2・3階はかなりシンプルな意匠で構成されている。角部部分に玄関を設けるさまは商業建築によく見られる形態であるが、両側の柱は様式から既に脱却しつつある形を取っており、建築デザイン上のいわば過渡期にある作品だと考えられる。都市部にありがちな建物とも言えるが、米子の町にとってはまだまだ主役が張れる、一線抜け出たセンスを持った、町の顔と言っても良い施設だと勝手ながら思っている。

060

周《す》吉《き》外《ほか》三《さん》郡《ぐん》役所（隠岐郷土館）

赤瓦と白ペンキが特徴的な周吉外三郡役所
【見出下】妻部に丸く縁どられた換気口

島根県隠岐郡隠岐の島町

20150424

巡礼15

早朝のバスを使い境港《さかいみなと》を経由して隠岐《おき》行きの汽船に乗る。目的は、旧郡役所建築だ。西郷港に到着し、市街地周辺の建物を一通り散策した後、レンタサイクルで北上。永遠に続くかと思うような坂を越えた先に、目的の隠岐郷土館がある。木造瓦葺ながら、下見板張りの堂々たる洋館建築は、もともと西郷地区にあった周吉《すき》郡に加え、穏地《おち》・知夫《ちぶ》・海《あ》士《ま》の四郡を兼ねていた役所建築にふさわしいものであるが、近代における島嶼《とうしょ》部行政の仕組みが変わっていく中で、郡役所の廃止や業務内容が拡張し、用途も代わっていった。戦後に入り存廃の議論が起こり、結果保存のため現位置に移築された。内部は比較的ゆったりと作られており、バルコニーが設置されている2階部分を含め、隠岐諸島の郷土芸能や自然、竹島のことなどを紹介する資料館として使用されている。見学時間ギリギリに訪れてしまったため、ちょうど閉館作業を行っていた職員の方に大変迷惑をかけてしまったが、何とか見学させていただいたご厚意に感謝しきりである。

下見板張りに上下窓の組合せ

玄関すぐに階段を設ける典型的な官公庁建築

玄関廻りは和風のたたずまいを見せる

訪問時は現役理容室であった理容石田
【見出下】少し奥まって扉があるのもレトロ理容室の特徴

061

理容《りよう》石田

島根県隠岐郡隠岐の島町

20150425

巡礼15

日本各地をくまなく見ていこうとすると、どうしても物理的に行きにくいところがあまた存在するが、離島はその典型例である。しかしながら、人間も行きにくいということは建物資材も運びづらく、建築としての寿命を迎える前に経済効率的な事情で建替が起こりにくい地域とも言える。その意味で隠岐《おき》諸島は興味深い建物が多く現存しているところといえよう。西郷《さいごう》地区の中心部には、その名も目貫《めぬき》通りという中心市街地としてにぎわっていたことを示す通りがあり、ここを歩いていると趣がある建物がそこかしこに残っているが、それらのなかでもとびきり味わい深く存在感を際立たせている理容室がある。なんといっても正面看板のおしゃれさは格別だ。理容室ならではの床回りのタイル、当初からのものがそのまま使われていると思しきガラスなど、一時代を象徴するきらびやかさも今もなお湛えているようだ。これで映画のセットではなく、現役理容室というから実に痛快。訪問後閉店の知らせを受けたことが残念でならない。

062

西ノ島《にしのしま》町立美田《みた》小学校

島根県隠岐郡西ノ島町

20150425

巡礼15

隠岐《おき》諸島は現在隠岐の島町となっている島後《どうご》の他に、大きく3つの島で構成される島前《どうぜん》地域に大分されるが、島前の中でも西ノ島は大正時代に作られた運河が現役であることをはじめとして、近代建築もほどよく現存しており、レンタサイクルで一日巡るにはちょうど良いところである。なかでも訪れておきたいところが船着場からしばらく内陸部に向かったところに位置する旧美田《みた》小学校だ。ここは大正時代に竣工した木造の小学校舎として2011年まで現役であったもので、現在は活用方法に関する議論を経て地域のコミュニティセンターとして使用されている。保存状態はかなり良好で、下見板張りの外観に特に傷みは見られず、樹木の手入れも行われていて「現役感」が濃厚だ。かつて校庭であった建物前の空間は、その半分ほどが駐車場として舗装されているが、広さで往時の姿を想像することが出来る。使用方法に歴史に対する愛情を感じさせる、よい施設になっているのではないか。

公民館的に使用されている美田小学校

【見出下】かつての校章が解けられた玄関部分

祝島の街路を彩る石垣
【見出下】石積みと白漆喰の組合せは印象的

063

祝島《いわいじま》の石垣

山口県熊毛郡上関町

20150427

巡礼15

隠岐《おき》から岡山県新見《にいみ》と広島県三次《みよし》を経由して、岩国《いわくに》へ。普段巡りづらいところへと足を伸ばして上関町《かみのせき》の近代建築を見学した。船を経由してたどり着いた祝島には、和風の母屋から独立した洋館といったものは存在しなかったが、ここは狭い居住適地を有効に活用した建物群とそれを取り囲む石垣が実に印象的だ。かろうじて近代建築の要素を備えた建物としては、海岸沿いにＪＡの事務所があるのだが、やはりメインは路地の奥にある。道幅が狭く、寄り添うように建てられた住宅群は下見板張りのものが多く、中庭を取り囲むようにロの字の構成を取りいわゆる長屋門《ながやもん》風の玄関を持った家が目立つ。これらが海風の強い一帯ならではの造りなのかどうか、詳細は分からないまま数時間巡り戻ったのだが、島の中にある独自の時間感覚とともに、近代という時代にどこまで影響を受けたのか判然としない集落としてのたたずまいには、不思議な印象を覚える。自分自身の思考が未だ迷路のような細い路地にまだ入ったままなのかもしれない。

064

四階楼《しかいろう》

山口県熊毛郡上関町

20150427

巡礼15

木造4階建漆喰塗の四階楼
【見出下】4階軒下の雲形意匠

昔見た近代建築関連の書籍で、山口県西南部には、漆喰《しっくい》壁の木造4階建の建物があることを知り、一度は見てみたいと思った。ただ、立地する場所が最寄り駅から遠く、普段車を運転しない人間にはなかなか思い切らないと伺いづらいところであったが、今回祝島《いわいじま》と組み合わせることでようやく訪れることが出来た。かつて見た写真の印象からはかなり突飛で浮いた建物という印象を持っていたが、意外としっとりとしたたたずまいは、この建物もまた地域景観の一部であることを改めて確認できた。外観は白漆喰とコーナーストーンに擬した鼠漆喰《ねずみしっくい》部分との組み合わせがいかにも洋風のように見せようとした、地元大工の苦心の様が見て取れて印象的である。木造4階建という高さの割に威圧感を与えないのは、両側に取り付けられている和館との取り合わせがうまくいっているから、なのかもしれない。惜しくも内部を見学できなかったことが悔やまれるが、これは次の課題として残しておきたい。

コラム

萩《はぎ》反射炉と恵《え》比《び》須《す》ケ《が》鼻《はな》造船所

山口県萩市

萩反射炉（2005年2月撮影）
【見出下】基礎は石積みだが、先端部分に赤煉瓦を使用

2015年に世界文化遺産に登録された「明治日本の産業革命遺産」の中でも、山口県内の各種構成資産はかなり挑戦的なものが含まれている。その中でも未だに謎の多い施設のひとつが萩《はぎ》反射炉である。韮山《にらやま》の反射炉よりも小規模で、なおかつ現在の学説では満足な金属溶融が行えなかったのではないか、との見解が一般的となっている。しかしながら生産施設として失敗したから価値がない、と見なすのは早計に過ぎる。外国からの技術導入に際しての日本人の試行錯誤の軌跡として、今回の世界遺産では構成資産として数えられているのだ。

萩反射炉から比較的近い位置にある恵《え》比《び》須《す》ケ《が》鼻《はな》造船所もまた構成資産に位置づけられているが、こちらの施設に関しては、全体像がはっきりとしていない。造船所の部分が埋蔵文化財となっており、本格的な発掘による調査が行われていないことが一番の原因であるが、こちらについては民有地も多く含まれているため、作業がすぐに進展しないのが現状の課題となっている。世界遺産にふさわしい整備が進むことを期待するばかりだ。

065

秋田銀行本店本館（秋田県立赤れんが郷土館）

秋田市

20150516

巡礼16

秋田銀行本店本館外観
【見出下】角部に設けられた尖塔（タレット）

「明治日本の産業革命遺産」のユネスコ世界文化遺産登録を直前に控えた釜石《かまいし》を訪れたいと思い、現地に住んでいる知人を頼りに東北を訪れた。九州で仕事を終えてからの当日便で羽田《はねだ》空港乗換えを経由しても22時には秋田の市街地に到着できる。一泊ののち寄り道の旅に出る前に朝の秋田の建物散歩に興じる。秋田には比較的大規模な近代建築が良好に遺っているが、とりわけ早期に重要文化財に指定されたものがかつての秋田銀行本店で、遠目からでも目立つ赤煉瓦造2階建のかつての銀行建築である。建物としては白色小口タイルと砂岩系の石とが交互に配置された造りで二階部分の化粧煉瓦と好対照な色合いをしている。角部分の小塔など所々に辰野金吾《たつのきんご》の建築を思わせるデザインの引用が試みられており、ルネサンス風の外観を採用していながらも、日本国内の建築の潮流にどこかしら呼応している、味わい深い造りとなっている。秋田界隈にはこの建物の他にも旧九十銀行本店など、併せて見ておきたい近代建築が多く現存している。

066 阿仁《あに》鉱山外国人官舎

秋田県北秋田市

20150516

巡礼16

阿仁鉱山外国人官舎
【見出下】屋根裏部屋と煙突

北秋田市、という名前になってしまいわかりにくいがこれはいわゆる「平成の大合併」によって出来た自治体名で、元の地名は阿仁合《あにあい》町である。ここにあった阿仁鉱山はかつて銅鉱石を産出し、釜石《かまいし》で活躍した大島高任《おおしまたかとう》が赴任したところとしても知られる。ここにかつて外国人技術者が住んでいた建物が遺されている。明治という時代にふさわしく、煉瓦造のかわいらしい洋館だ。外観からはどのような内装か想像しづらいが、漆喰などで白く塗り込められた内部は、なかなかしっかりとした官公庁建築のたたずまいを持っている。このような煉瓦建築が遺される背景として、いわゆる「日本人の煉瓦に対する憧れ」とも称するものがあり、外国からもたらされる技術や社会制度への憧れを色や形で具現化したものではないかと考えてしまう。これは博士論文でも採り上げたテーマでもあるが、事務所建築などが取り壊されてもなお、このような煉瓦建築が現存するのは、赤煉瓦そのものがかつて近代化を表す象徴であったからかもしれない。

067

遠野《とおの》駅

岩手県遠野市

20150517

巡礼16

釜石《かまいし》の橋野《はしの》高炉跡へは、直線距離で言えば釜石市街地よりも遠野《とおの》からの方が近い、ということで現地の方の協力を得たのだが、なるほど市境に近づくほどに道が悪く、行きも戻りも運転に技術力が要るような状況であった。遠野地区には釜石鉄鉱山のもうひとつの高炉として佐比内《さひない》高炉がかつてあったため、私にとっての遠野のイメージは、民俗学的な聖地でも遠野物語でもなく、製鉄遺跡があるところ、という印象が強い。その遠野の玄関口である駅舎は、近年ではほとんど現存していないコンクリートブロック造の建物である。いまだ保存か解体建替か、で揺れている駅舎を拝見すると、横長の窓とコンクリートブロックの取り合わせは完全に現代の流れにある建物なのだが、それに瓦が載るだけで、周囲の市街の雰囲気からか地元ならではの景観を未だに維持しているようにみえる。例え建替えられるとしても茅葺きの民家風といった安易な形ではなく、これまで地域の顔であり続けたこの駅舎への敬意を払った姿が出来てくれることを希望しておきたい。

建替えで賛否が割れている遠野駅舎

【見出下】コンクリートブロック積みの特徴的な外観

改修工事で補修済みの一番高炉
【見出下】改修を行っていない二番高炉

068

橋野《はしの》高炉跡

岩手県釜石市

20150517

巡礼16

工業都市に生まれ育つと、高炉といえば堂々とそびえる鉄の塊《かたまり》を想像するが、こちらの施設はまるでストーンヘンジのようなたたずまいを見せる。ここが日本最初の近代製鉄遺構として保存されている橋野《はしの》鉄鉱山の高炉跡で、かつては現在も遺る基礎部分に加えて煉瓦造の炉体を持ち、高さ12mほどのなかなか大規模な施設であった。ここでは木炭を燃料に上部から投下する鉄鉱石を中にこもった熱で熔解させて銑鉄を取るという工程が行われており、現在は基礎部分のみが姿を保っている。明治初期における鉄生産の中で重要な役割を担っていたが、近代製鉄における鋼鉄の生産がなかなかうまくはかどらず、橋野での官営製鐵所による生産は終了。設備は民間会社である田中《たなか》製鉄所に売却し、のち三井《みつい》系資本へと移り変わりながらも現在の日本製鉄へと繋がっている。かつて川から水を引き込み、水車動力を用いていた痕跡などが周辺の発掘調査によって明らかになるなど、近代製鉄の考古学的研究が進められており、世界遺産登録後の調査進展に期待したい。

橋野鉄鉱山三番高炉

高炉に風を送り込むための水車用水路跡

高炉と水路の位置関係から往時の作業がわかる

069

東京砲兵工廠《ほうへいこうしょう》銃砲製造所薬莢《やっきょう》工場
(北区立中央図書館)

東京都北区

20150524

巡礼17

建物の写真だけを見ると赤煉瓦造の図書館建築とは珍しい、と感じてしまうのだが、その立地関係を見ると赤煉瓦建築が図書館となっている理由が分かる。隣地には自衛隊十条《じゅうじょう》基地があり、この建物ももともとは陸軍工廠の工場として使用されていた施設なのだ。倉庫ではなく工場であったことが幸いし、比較的大きく取られた窓周りは転用の際に内部採光にも役立ち、全面的な活用は出来なかったものの、煉瓦造の空間を体感させるには十分な広さを確保している。内部には官営八幡《やはた》製鐵所の鉄骨も保存されており、図書館という場所柄あまり大きなリアクションは取れないが、改装にかかる旧施設への愛情によろこびは隠せない。周辺の十条一帯は軍のお膝元として栄え、ここの他にも煉瓦造の変電所関連遺構や鉄道引込線の痕跡、または黒色火薬製造に使用された圧磨《あつま》機を転用した記念碑なども散在している。このような産業遺産を巡るまちあるきコース設定もされており、産業考古学《さんぎょうこうこがく》という学問の先駆的な地域のひとつと言えよう。

【右頁】砲兵工廠の薬莢工場を北区中央図書館として転用
【左頁上】工場建造時のフィンクトラスを一部遺す
【同下右】官営八幡製鐵所製の鉄骨と刻印
【同下左】自衛隊施設に遺る変圧所モニュメント

【右】小銃などの弾速を測定する設備であった弾道管
【左】理化学研究所が戦後宇宙線研究に使用していた煉瓦造施設
【見出下】推薦産業遺産の圧磨機圧輪記念碑

070 東京陸軍第二造兵廠《ぞうへいしょう》火薬研究所（野口《のぐち》研究所施設群）

東京都北区

20150524

巡礼17

産業考古学《さんぎょうこうこがく》会年次総会見学会の中で東京都北区《きたく》の産業遺産・戦跡を巡るツアーに参加した。徒歩による散策の中で紹介はされたものの、きわめて全容が分かりにくい施設が造兵廠の研究所施設群である。研究所として転用されている建物を含め、煉瓦造の図書館などと比較すると鉄筋コンクリート造の外観は素っ気ない印象を覚えるが、公園から望むことが出来る弾道検査《だんどうけんさ》管の遺構、庇《ひさし》と窓にモダニズム的なセンスが見られる建物に時代性を感じさせる。施設の大部分は東京陸軍第二造兵廠として建てられ、戦後は旧日《にっ》窒《ちっ》コンツェルンの野口研究所が長く研究施設として使用し続けてきた（詳細は報告書が発行されている）。野口研究所の建物更新とともに余剰が生じた敷地の売却に伴い、かつての軍研究所である広大な敷地を利用する形で、今後公園整備が予定されており、報告書にて確認できる施設の整備と公開がこれから行われる。

年一回程度しか公開されない市川赤レンガ倉庫
【見出下】フランドル積みの特徴的な外観

071

旧陸軍武器庫

（千葉県血清《けっせい》研究所倉庫→市川《いちかわ》赤レンガ倉庫）

千葉県市川市

20150525

巡礼17

ふとした縁で関わることとなった市川《いちかわ》市の建物保存団体と打合せを兼ねて、東京に出たついでの用事で和洋《わよう》女子大学を訪れる。しばしの面談ののち、隣地にある筑波《つくば》大学附属聴覚特別支援学校の運動場から赤煉瓦造の倉庫を視察した。和洋女子学園を含めた敷地一帯はかつて陸軍の施設として利用されていた地域で、この煉瓦の建物は、明治10年代に陸軍教導団が建設した武器庫と目されており、施設自体が閉鎖されている関係もあって、年一回の特別公開の他は敷地に入ることが許されず、詳細な調査はいまだ行われていない。戦後千葉県の所有に移り血清研究所の倉庫として使用されたのち、現在は県の所有のまま今後の用途が決まらない状態となっている。外観から見える特徴は、比較的小さめの窓とフランドル積みの赤煉瓦壁面にある。２０１８年に市川市による建物買取りが表明され、これからの進展によっては建物内部も容易に見ることができるのではないかと期待する。

唐津銀行本店
【見出下】小ぶりな暖炉と光反射用の鏡

072
唐津《からつ》銀行《ぎんこう》本店（辰野金吾記念館）

佐賀県唐津市

20150608

巡礼18

唐津には大学学部生時代からたびたび縁があり、近年では講演依頼で訪れることもある。そのときにお世話になる建物が、この唐津銀行本店である。竣工が1914年という歴史の重みもあるが、なんといっても周囲の大きめな建物をはるかに上回る存在感は、唯一無二のものだといえよう。タイルとモルタルとを併用した外壁と角部分の小塔、2階部分の大振りなアーチ窓といった外観の特徴もさることながら、内装の遺り方の良さは、これは銀行建築として長く使用され続けてきたからこそと言えよう。佐賀銀行唐津支店としての閉鎖以降、市に所有が移り活用に関する議論が行われた後、イベントホールとして、また地下は当初レストランがオープンし、文化財建築の有効な活用事例として紹介されることもある。後年の増補部分を撤去しトイレなどを増設しており、機能面の補強も抜かりない。2階部分の辰野金吾《たつのきんご》に関する展示は、地元保存活用団体の成果もあり、地元の施設に対する愛情を感じさせ、興味が尽きない。

【上】モルタルとタイルを組み合わせた外観（2019年1月撮影）
【中右】玄関に入ると吹き抜けの空間が広がる（2019年1月撮影）
【中左】かつての業務空間は多目的に利用できる
【下右】鋼鉄製の螺旋階段
（2014年9月撮影）
【下右】応接室排気口のデザイン
（2014年9月撮影）

073

厳木《きゅうらぎ》駅給水塔

佐賀県唐津市厳木町

20150608

巡礼18

厳木駅給水塔

【見出下】木造駅舎の厳木駅

九州のJR線と第三セクター線を含む各駅列車を丸一日乗り放題出来るという切符を買い、一日時間を作って唐津《からつ》まで往復した。唐津線は石炭運搬を主目的に作られた鉄道線で、時間に余裕があるときに乗ってみたかった路線である。沿線にはかつての炭鉱にゆかりを持つ設備が少なからず現存しているが、ここ厳木《きゅうらぎ》駅ではかつて蒸気機関車がこの路線を往復していた際に使用された給水塔の基礎部分が現存している。そもそも、この駅名を最初からすらりと読める方は鉄道マニアか炭鉱関係者くらいではないだろうか。厳木は唐津炭田の一角として貝島《かいじま》礦業岩屋《いわや》炭鉱をはじめとしたいくつかの炭鉱が操業していた。肥薩線などの観光路線であれば、ここで数分間休憩を取って外の沿線を眺める時間なども取られているが、ここは通勤・通学路線。停車した厳木駅からは近くの高校生がいっぺんになだれ込み、さながらスクールバスに紛れ込んだような状態となった。当然給水塔は車窓から撮らざるを得なかったが、生活に溶け込んだ産業遺産という言い方も出来よう。

コラム

高取伊好邸《たかとりこれよし》

佐賀県唐津市

洋間を併設した高取伊好邸
【見出下】陶器製の照明デザインフード

地元産の伊万里焼の豪勢なトイレ

唐津《からつ》炭田の炭鉱王として知られる高取伊好《たかとりこれよし》（1850-1927）は、藩を挙げて儒学の振興に努めていた多久《たく》の地に生まれ、その家屋も洋間を併設した大規模な炭鉱主住居である一方、能舞台を内包し禅宗《ぜんしゅう》の意匠を取り入れるなど、他の地方財閥の有力者が建設した住宅とは一線を画する独特のたたずまいを見せている。炭鉱産業の隆盛を今に伝える産業遺産として、当初期は世界遺産の候補として取り上げられていたこともあった。炭鉱主住宅のみが現存し一般炭鉱労働者の住居が現存してないことや生産現場とは離れていることなどから世界遺産の構成資産とはならなかったが、近代を代表する和風建築であることには変わりなく、国指定重要文化財として一般に公開されている。

074

(旧制)福島県尋常《じんじょう》中学校本館(安積《あさか》歴史博物館)

福島県郡山市

20150629

巡礼19

下見板張りの安積中学校本館
【見出下】2階講堂上部のシャンデリア

旧制中学校のなかで戦前期からの校舎を持っているところは、それほど多くない。高校の敷地に関する問題や建物の老朽化などそれぞれに抱えている事情は異なるが、そのような背景を踏まえた上で現存する明治期の校舎の多くは重要文化財に指定されている。福島県立安積《あさか》高等学校の前身である福島県尋常中学校の本館校舎もそれらのうちのひとつだ。現在は高校の広大な校地の中にあって公益財団法人が所有し、資料館及び展示スペースとして活用されている。建物内部は典型的な木造校舎としての雰囲気をよく留めており、高い天井は当然空調効率が悪いのだが、数少ない県立尋常中学校としての格式を表している。バルコニーを備え、往時は校長訓示などがここで行われていたのだろう。デザインの意図もあってか、このバルコニー部分は玄関上部に張り出すように作られており、下から見上げてしまうとこのような造りで多くの人は入れられないだろう、と心配してしまう。

片持ちの形をとった特異な玄関ポーチ

玄関を入ると内壁は漆喰で塗られている

往時の意匠を遺す黒板

大規模な猪苗代第二発電所
【見出下】第一発電所のレンガブロックモニュメント

075
丸守《まるもり》発電所・猪苗代《いなわしろ》第二発電所

福島県郡山市
会津若松市

20150629

巡礼19

福島県で世界遺産に関する講演会を行った翌日に、周辺の産業遺産を特別に見学する機会に恵まれた。福島県内で東《とう》京《きょう》電力の水力発電所として使用されている建物の多くは、古くからの建物が現役稼働しており、近年一括して土木学会の選奨土木遺産、また経済産業省の近代化産業遺産にそれぞれ認定され、その評価が高まっている。丸守《まるもり》発電所は安積疎水《あさかそすい》の水を利用する形で1921年に竣工した煉瓦造の発電所、また猪苗代《いなわしろ》第一発電所は東京駅などを設計した辰野金吾《たつのきんご》の手による発電所としての評価が高かったが、こちらについて惜しくも建替えられ、現在壁面の一部をモニュメントとして現地近くに遺している。近くにある猪苗代第二発電所は赤煉瓦造の姿を今に留めており、大規模な建築であるとともに水利施設としての産業遺産の美しさを堪能できる。

【上、中】煉瓦造の丸守発電所
【下右】水力発電用の圧力パイプ
【下左】稼働中のモータ

郡山市公会堂外観
【見出下】角部のアーチと花綱意匠

076

郡山《こおりやま》市公会堂

２０１０年まで東北には訪れたことのなかった私が、２０１５年には福島県に二回訪れることとなった。今回の目的は福島での世界遺産講演会とその後に企画された見学会だ。郡山《こおりやま》にも何度か訪れてはいるのだが、しっかりまちを歩いたことがなかったので、早朝散歩を兼ねて公会堂を訪れた。郡山の市制施行を記念して建てられた施設は、なんといっても塔屋部分に特徴がある。オランダ・ハーグの平和宮をモデルにしたと言われているが、構成こそ似ているものの、そこはかなり時代の変遷を感じさせ、オランダゴシックのそれというよりは、セセッションの色合いを持ったデザインに仕上げられている。建物としては様式の縛りからようやく解き放たれようかという大正期の施設であり、こなれた建築家が地域振興に瀟洒な建築をもって一肌脱いだと言うべき、なかなかの佳作である。近年順次改修工事が行われており、構造補強を踏まえた上で次世代に貴重な近代建築を伝えていくという姿勢を見せており、非常に心強い限りである。

福島県郡山市

20150629

巡礼19

II

「明治日本の産業革命遺産」世界遺産登録の頃

2015年7月

産業遺産全体の動き：世界遺産登録以降、全国的には観光の視点からの産業遺産に関連する本の出版が相次いだ。岡山では産業遺産研究の一般市民への普及目的で2015年から3年間にわたる「近代化遺産」シリーズ講演会が開催された。大牟田（福岡県）では三池炭鉱で活躍した炭鉱電車の保存移設に際してクラウドファンディングで資金を集めるなど、様々な手法で遺産の保存継承を図る動きも見られた。2015年9月にフランス・リールで開催された国際産業遺産保存委員会（TICCIH）本会議では、前事務局長でアイアンブリッジ渓谷博物館元館長、「明治日本の産業革命遺産」登録にも尽力したスチュワート・B・スミス氏への追悼企画が行われた。

077 柏崎《かしわざき》公会堂（柏崎市民活動センターまちから）

新潟県柏崎市

20151025

巡礼20

市民活動センターとして改修終了間近な柏崎公会堂
【見出下】特徴的な塔屋部

2015年の産業考古学《さんぎょうこうこがく》会全国大会は新潟県柏崎市《かしわざきし》で行われた。柏崎周辺といえば、石油に関連する遺産が多く現存しているが、別件と日程がかぶったため、研究発表大会が終わったのちの懇親会からの参加となった。翌日に行われた見学会では柏崎市の産業遺産を巡る途中で、少し寄り道して外観見学したのが、この建物である。設計者は後の大手ゼネコンとして知られる清水《しみず》組の幹部社員であった地元出身の内山熊八郎《うちやまくまはちろう》で、氏の作品としては現存する稀少な建物である。玄関車寄せ部分のドリス式オーダーは、かなり権威主義に過ぎる感じも見える。これ自体は戦前期の公会堂建築にはよく見られる形でとりわけ珍しいとは言えないが、全体のプロポーションは既に様式建築のそれを脱し、塔屋部を見やるとガラスを多用した透明感を湛えており、とても戦前期の建物とは思えない。1938年の竣工であることからモダニズム建築の先駆け的な作品と言えるだろう。

078

北陸本線旧線トンネル

新潟県柏崎市

20151025

巡礼20

立入禁止となっている米山第一トンネル
【見出下】米山第一トンネルの要石

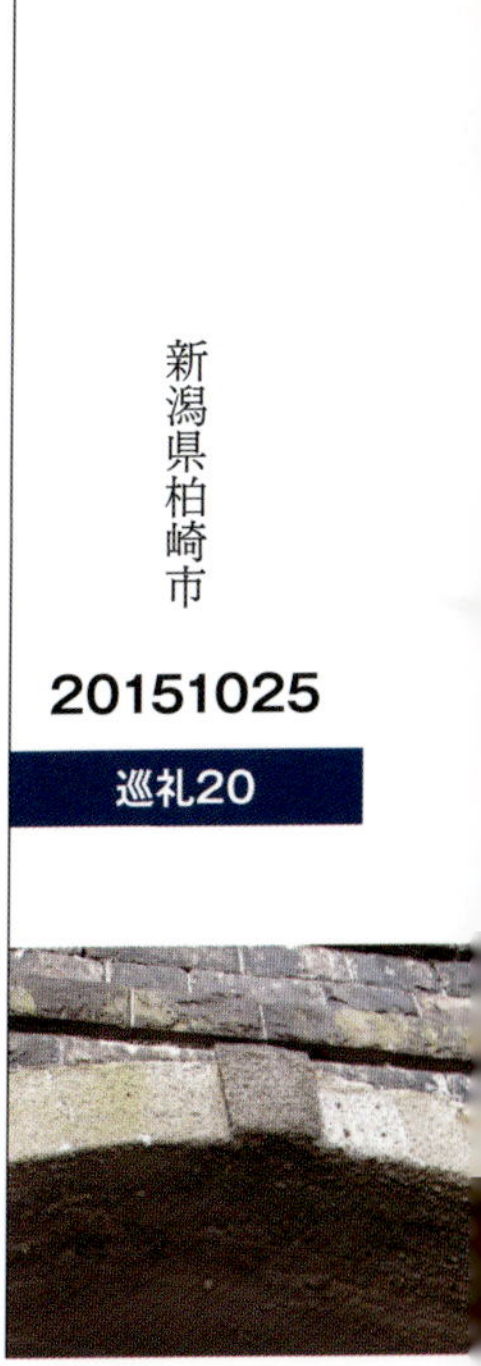

北陸本線はかつて大阪《おおさか》方面からの夜行列車が多く運行されていた路線として知られていたが、現在は北陸新幹線の開通に伴い路線の多くが第三セクターに切り替えられており、全線を通しで乗る人も少なくなった。さらに路線改良の前の旧線を知っているという方はマニアと地元の方以外には皆無、とはいいすぎだろうか。それほど人の少ない、波しぶきのかかるような所にある石造ポータルのトンネルが、一部中部北陸自然歩道内の自転車道として転用されていた。ここで過去形となってしまっているのは理由がある。２００７年の中越《ちゅうえつ》沖地震の影響を受け、かつての軌道敷のうち数ヶ所が土砂に埋もれたままとなっており、現在道路は寸断された状態となってしまった。どのトンネルも表面それ自体はしっかりとしており、煉瓦造や石造など様々な姿を見ることができる。遠くからこのようにトンネルを見やると近くから見学したいと思う反面、自然の力には勝てないというある種の諦めを覚えてしまう。

079

日本窒素《ちっそ》肥料旧工場
（株式会社江川水俣《えがわみなまた》工場）

日本窒素工業旧工場
【見出下】木製の建具が現在も一部遺る

熊本県水俣市

20151103

巡礼21

水俣《みなまた》市を代表する大企業であるチッソは、水俣病を引き起こした企業としても名が知られたが、その前身である日本窒素肥料が操業当初にカーバイド工場として使用した煉瓦造建築が、現在は金属加工業などを行っている株式会社江川の水俣工場として利用されている。地元との縁で水俣市での講演会の機会に恵まれ、その関連イベントとして煉瓦造の工場を見学した。大規模な煉瓦造施設にはひたすら驚くばかりであったが、見学会中一番の驚きは、銅製錬の際に発生する鉱滓《こうさい》を鋳造して造られるからみ煉瓦が工場内にあったことだ。通常、金属鉱滓を使用したからみ煉瓦は重さが60kg近くあるものがほとんどで、生産工場やそのごく近郊でしか見つからない。日本窒素肥料でからみ煉瓦を生産していたという話を聞いたことがないが、生産過程の中で銅鉱滓が発生したのだろうか、明治期の硫酸等を取り扱う化学工場ではからみ煉瓦を生産・販売したという記録もあるが、類例は極めて少ない。近代は未だに謎ばかりだ。

080

海軍機関学校学生舎（海上自衛隊第4術科学校）

京都府舞鶴市

20151115

巡礼22

自衛隊施設として現役の海軍機関学校学生舎
【見出下】2形式のスクラッチタイルが使用されている

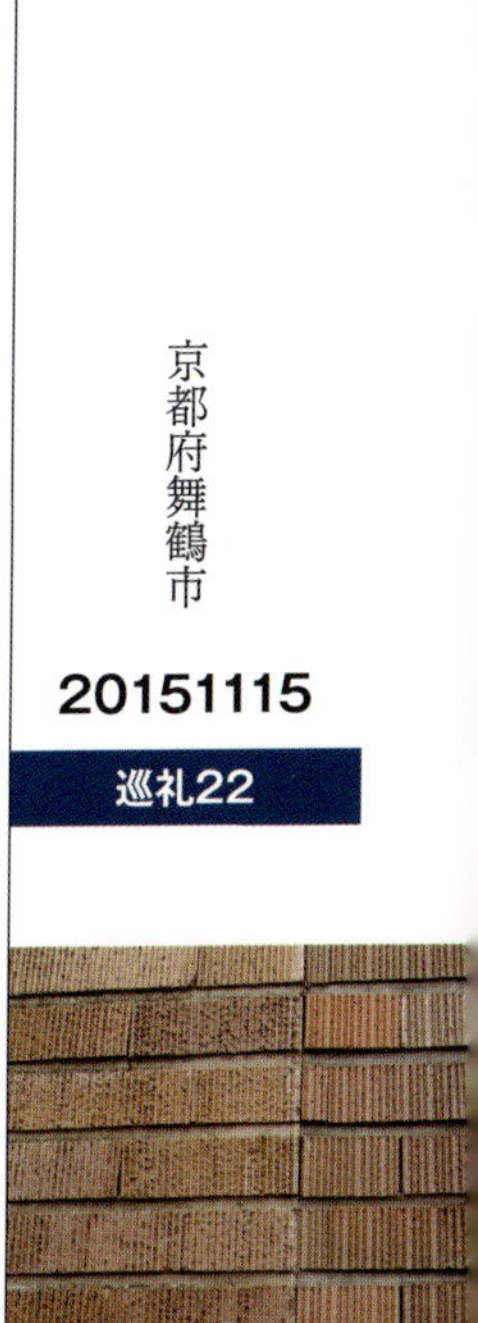

呉《くれ》や佐世保《させぼ》、横須賀《よこすか》など、日本において旧海軍を代表する都市は大都市から一定限度離れているところに位置しており、民間需要としての建替え圧力が少ないからか、現在でも多くの近代建築が現存、またその多くは自衛隊や工場施設として使用されている。２０１５年の赤煉瓦ネットワーク全国大会が舞鶴《まいづる》市で開催されたため、新幹線と特急を経由して赤煉瓦倶楽部舞鶴の案内の元、見学会へと誘《いざな》われた。バスで向かったのは西舞鶴地区の海上自衛隊基地で、舞鶴における海軍資料が展示されている記念館を見学、周辺施設の散策を行った。かつての海軍機関学校として使用されていた鉄筋コンクリート造建物群は、現在自衛隊の術科学校という名称に変わっており、自衛隊の補給部門を教育する機関としての役割が与えられた。これは災害派遣時に最も活躍する「裏方」を養成するための重要な機関となっている。全国各地で災害が頻発する中にあって、戦前の近代建築が人材供給の拠点として活躍する様は、実に心強く感じる。

081

舞鶴《まいづる》海軍鎮守府《ちんじゅふ》配水池

京都府舞鶴市

20151115

巡礼22

海軍鎮守府《ちんじゅふ》の配水池は、通称地名の字を取って北吸《きたすい》配水池と呼ばれている。半地下構造の外観からは少し丈の低い倉庫のようにしか見えないが、内部には現役施設時代、満々と水が湛《たた》えられ、軍関係の施設へと供給されていた。現在の常識から考えると、半地下構造の配水池は水自体に位置エネルギーによる圧力をかけられない分不思議な印象を覚えるが、水自体が非常に重量物であることや、保温・構造としての安定性からこのような施設は全国にまだ少なからず現存している。現在配水池としては使用されていないため今回、赤煉瓦ネットワークの見学会として煉瓦造の擁壁《ようへき》底部《ていぶ》を見学する機会に恵まれた。普段外観から見えるところからは想像できない、迫《せま》り来るような煉瓦壁は、水の浄化のために必要なものであったが、城郭の一部に紛れ込んだような感覚にも似ている。テレビゲーム上の迷宮に迷い込んだかのような錯覚を覚えて、他の産業遺産とは少し趣の異なる冒険心を喚起させる楽しさがある。

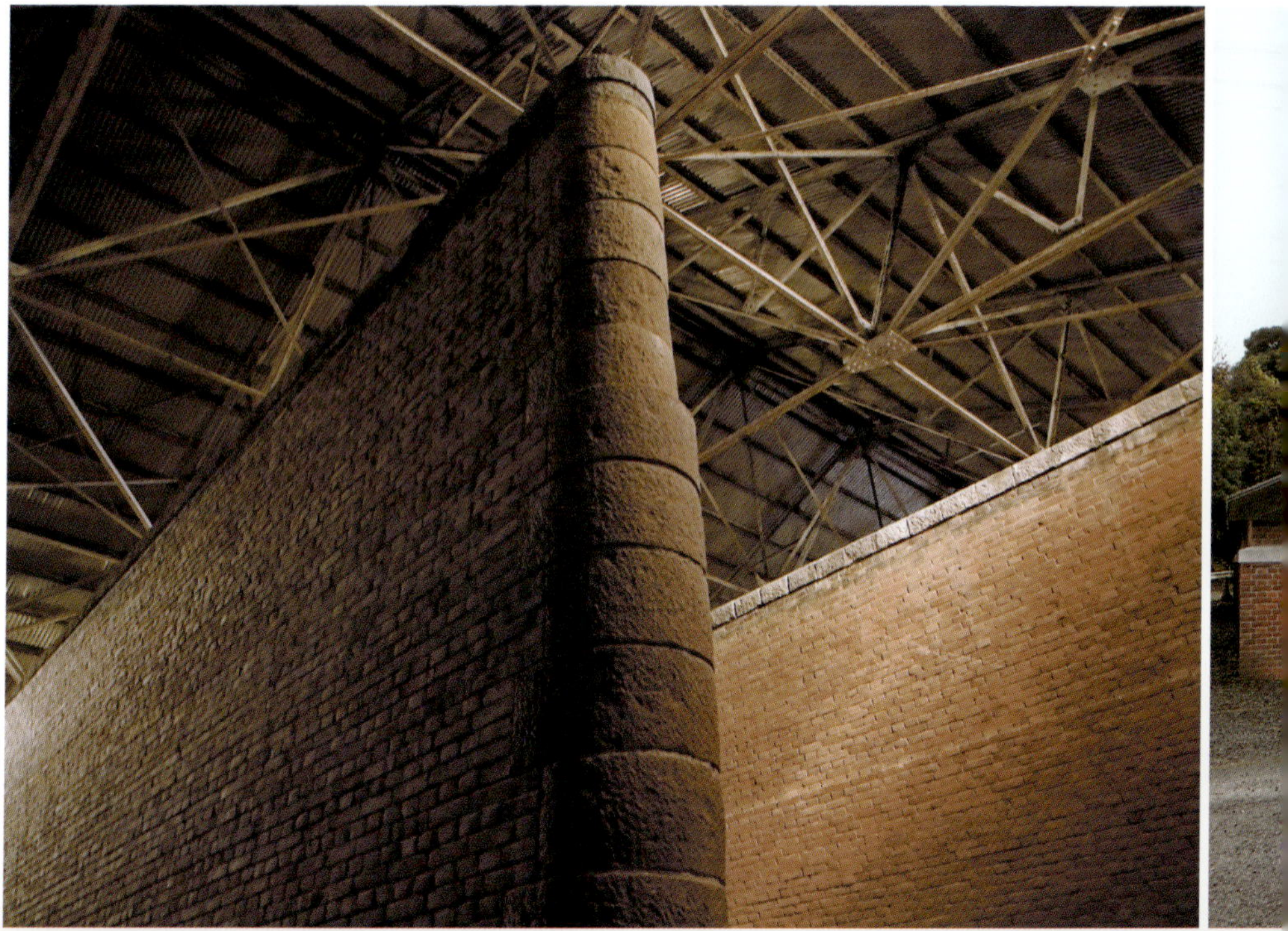

【右頁】北吸配水池の通称で呼ばれる舞鶴海軍鎮守府配水池
【左頁上】水流の負荷がかかる部分は花崗岩で補強
【同下右】現在水は入れられておらず煉瓦造の隔壁が目立つ
【同下左】ひとの背丈の2倍の高さを持つ重厚な隔壁
【見出下】北吸第一配水池と第二配水池が隣接している

082 舞鶴《まいづる》海軍兵器廠魚形水雷庫《へいきしょうぎょけいすいらいこ》（舞鶴赤れんが博物館）

京都府舞鶴市

20151115

巡礼22

舞鶴《まいづる》は赤煉瓦建築が多い地域であるが、これは海軍の拠点がここに設けられ、日本海《にほんかい》沿岸の防御を担っていたという経緯が影響している。軍が使用していた際に作られた赤煉瓦建築群は順次重要文化財に指定されており、それらの中でも早期の指定物件が、現在博物館施設に転用されている。建物としては構造体に赤煉瓦と鉄骨とを併用した建物であり、このような仕組みは地震災害の多い日本では少なからず普及したが、関東《かんとう》大震災とともに全国的な流れとしては鉄筋コンクリート造に置き換わることとなる。博物館の名称に「赤れんが」とついていることもあり、赤煉瓦に関わる仕事や研究をしている者にとっては、やはり一度訪れなければならない建物だと言えよう。日本各地のみならず、世界の煉瓦造施設に関する展示も充実している。１９９３年に開館したのち、煉瓦造建造物への評価はますます高まっており、近年は観光への活用に関しても注目が集まる。博物館の負う役割は今後ますます重要なものとなるだろう。

【右頁】移設された大阪麦酒会社の赤煉瓦壁
【左頁上】舞鶴赤れんが博物館に転用された魚形水雷庫
【同下右】往時の石造護岸が隣接する
【同下左】兵器庫の管理を厳重にするための二重格子
【見出下】韮山反射炉と那珂湊反射炉の耐火煉瓦

083

藤森《ふじのもり》湯(さらさ西陣《にしじん》)

京都市北区

20151115

巡礼22

和風の外観を持つ藤森湯
【見出下】内部は多種多様のタイルで彩られる

舞鶴《まいづる》からの帰りの電車に若干余裕があったため、京都《きょうと》で途中下車する。以前から寄りたい建物があり、夕食を兼ねて訪れたのが、京都市でも北区に位置するかつてのお風呂屋さんである。内装にこれでもかと配されたマジョリカタイルが際立って有名な建物で、廃業後はカフェとして営業されている。なるほど外観の京町家とのギャップにはただ驚くばかりで、営業当時のタイルのきらびやかさを今も良好に遺している様は、見ていて楽しいものである。銭湯業からの改装に際しては、凹凸の多い床面の改装が大きなハードルとなりがちであるが、ここではかつての使用方法に限りなく敬意を表し、鏡やお手洗いなど往時の用途が確認できる形で活用されている。当然やや狭くなりがちな内部はしかしながら、何が出てくるか分からないおもちゃ箱のような効果を持っている「見通せないことの期待感」がある建物で、タイルはそれらの中で重要な魅力要素として輝き続けている。見学というより「拝観」に訪れたいお店だ。

コラム

琵琶湖疏水《びわこそすい》

滋賀県大津市—京都市

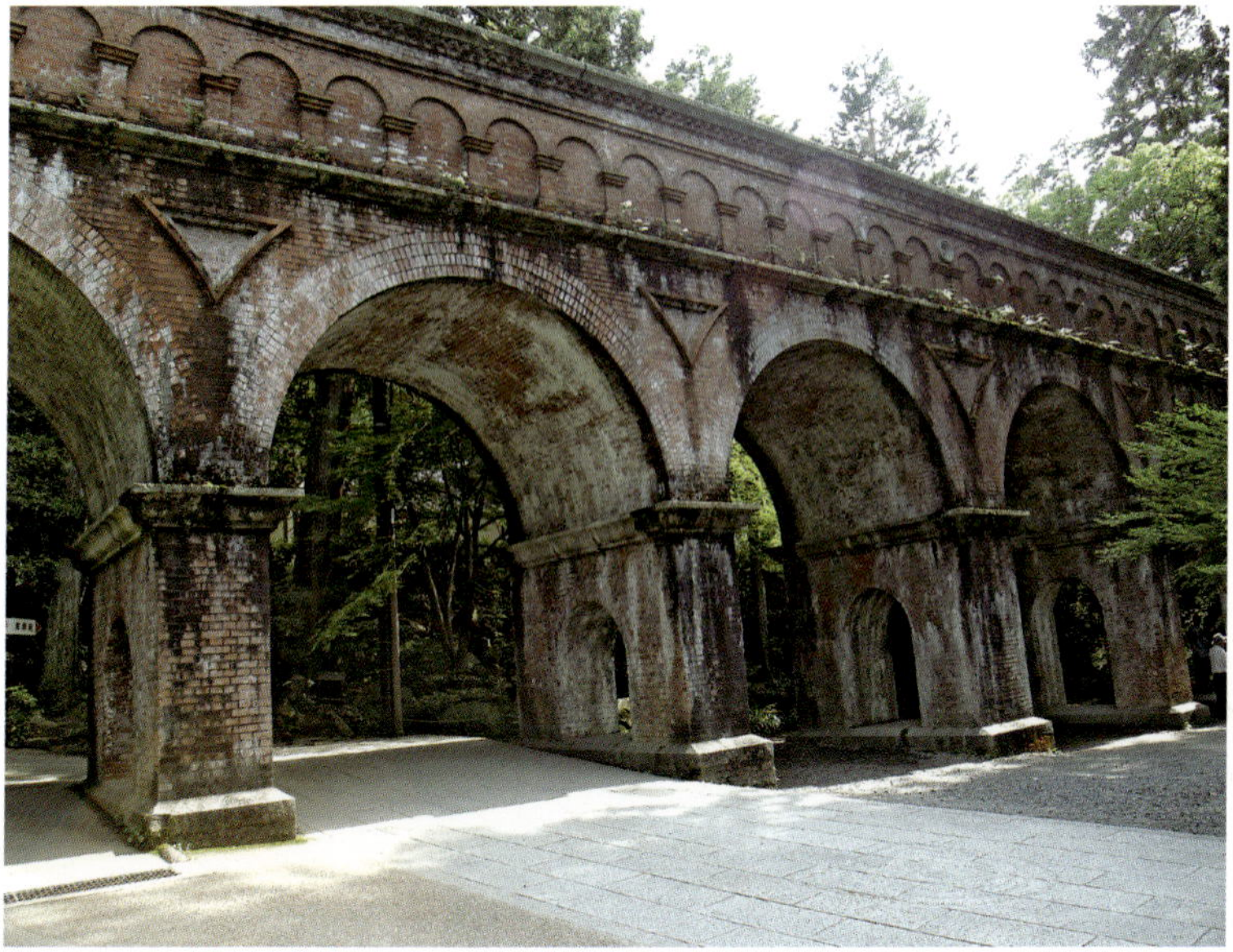

琵琶湖疏水・南禅寺水路閣（2010年6月撮影、2点とも）
【見出下】琵琶湖疏水・九条山ポンプ場

水路閣橋脚の連続アーチ

日本を代表する産業遺産のひとつである琵琶湖疏水《びわこそすい》は、観光都市京都にあってひときわ多くの観光客が訪れている。

産業技術史的には赤煉瓦造の構造物としても有名な南禅寺《なんぜんじ》水路閣や多くの水路用隧道《ずいどう》、インクラインなど数多くの技術が使用されており、沿線を歩いているだけでも非常に楽しい。疎水の建造に当たっては、若き土木技師・田邊朔郎《たなべさくろう》の名がとりわけ際立って有名であるが、大分県出身で福島県・安積《あさか》疏水の工事に携わった南一郎平《みなみいちろうべい》による基礎調査、また島田道生《しまだどうせい》による現地測量がなければ成し遂げることが出来なかった、土木構造物は技師たちによる総合作品として存在しうるものである。かつて大津《おおつ》からの物資を運ぶために、また水力発電による産業振興のために活躍し、現代においては水路を船で巡る観光資源としても再び用途を変え、京都の財産としてまだ脚光を浴び続けている。

084

諸岡《もろおか》邸門塀

茨城県龍ケ崎市

20151223

巡礼23

移築された諸岡邸門塀
【見出下】赤煉瓦造りの堂々とした門柱

東京で行われる産業考古学《さんぎょうこうこがく》会理事会の前後の日程をどこかの見学に充てることは、自分自身の勉強のためによく行っているが、今回は茨城県龍ケ崎《りゅうがさき》市にうかがった。わずかな区間を走る私鉄線の終点からしばし歩き、まず一番に拝見したものは神社の一角に移設されている煉瓦造の門柱である。かつて民家に使用されていた門柱は、赤煉瓦の相互を繋ぐ目地《めじ》材に覆輪《ふくりん》目地という扁平になりがちな壁面の凹凸を際立たせる工夫が為されており、学校建築にでも使用されていたのかと思うくらいの威厳を持っており、なるほど、9年間もの粘り強い住民運動があって遺されたという話の由来も納得がいく。唐突な保存のされ方は、住民による継続的な保存運動の中できわどく解体撤去を免れ、かろうじて残された証拠でもある。構造物を将来何かの形で活用するにしても、肝心のものが遺っていなければ活用のしようがない。そういった意味では、この遺産も国の有形文化財に登録されることにより、更なる活用の機会を待っているのかもしれない。

085

竹内《たけうち》農場

茨城県龍ケ崎市

20151223

巡礼23

保存に向けた議論が続けられる竹内農場
【見出下】煙突の痕跡

関東《かんとう》鉄道龍ケ崎《りゅうがさき》駅から歩いて牛久《うしく》に向かう道すがら、どうしても見たいところがあり、少し寄り道してみた。今はもうすっかり森の中に取り込まれてしまった龍ケ崎郊外に、かつて農場があって今もその遺構が一部現存しているという。痕跡の少ない道をたどり、ネット上のポイントをめがけて歩いていると、立入禁止の看板の奥に煉瓦造2階建の建物がぼんやりと見えている。敷地外から拝見する限りは、屋根が既に抜けているようであり、また窓も喪われているが、軒周りのデンティルなど煉瓦建築によくある意匠はそのままで、独特の雰囲気を保っている。この農場を経営していた竹内明太郎《たけうちめいたろう》は、佐賀に拠点を持つ竹内鉱業の鉱主であり、また石川県では遊泉寺《ゆうせんじ》銅山という鉱山をも経営していた。これら鉱山を系譜に持つ会社として上場企業としてのコマツ（小松製作所）、そして九州には佐賀県唐津《からつ》市の唐津プレシジョン（唐津鐵工所）が現存している。奇しくも九州からこの建物を見に来るということに価値があったのだろうか、今度は是非とももっと時間をとって拝見してみたいものだ。

086

神谷伝兵衛《かみやでんべえ》醸造所（牛久シャトー）

茨城県牛久市

20151223

巡礼23

改修工事中の神谷伝兵衛醸造所
【見出下】玄関上部のペディメントには葡萄の絵

神谷伝兵衛《かみやでんべえ》といえば、東京浅草《あさくさ》の神谷バーの名でもおなじみの、ワイン王として有名であるが、その醸造所として建てられた建物が国の重要文化財に指定されている。ここを目当てに延々歩いてきたものの、情報不足でたどり着いてから修復工事中であることを知ったという残念な状態であった。当然内部見学は出来なかったのだが、明色のモルタルで塗られた塔屋部の軽みや正面ペディメントに描かれたブドウの絵などに感心した後、時間が余った分、奥部にある醸造関連施設をじっくり見学することが出来た。巡礼したという足あとを残す意味では、取り上げないわけにはいかない建物だが、2015年末時点では工事中のためここでは裏手の関連施設も併せて紹介することに留めたい。
また公共交通を使うとやや行きにくいところで、今回は龍ケ崎《りゅうがさき》駅から歩いて向かったが、途中に見学すべきところが少なかったため、あまりお勧めできるものといいがたい。

087

太洋《たいよう》ビル

名古屋市東区

20160221

巡礼24

威風堂々とした太洋ビル
【見出下】パラペットに取り付けられたロンバルド帯

名古屋《なごや》市の宿泊地からすぐの所に、品格を持った建物がそびえていた。近づいてみてみると、意匠としては軒部分や玄関にわずかに施された程度でかなりおとなしめ。昭和初期の竣工という時代的な背景も影響しているのだろうが、彩度も抑えられ、凹凸も少なく造られていることから、見上げないとあるいは貴重な建物と考えない人も多いかもしれない。街並みに溶け込んでしまった建物の重要性は、なかなか理解されがたいものだ。そういった意味では、すぐ近くで近代建築としての名作であるエザキビルの建替えによる解体工事が行われていた。遺る建物もある一方で取り壊される建物も多い。かろうじてこの太洋ビルや愛知陶磁《あいちとうじ》器《き》センターなど近隣にはまだ魅力的な建物が多く残っているものの、今度建てられる建物は、他の建物の邪魔をするようなあくの強いばかりな建物ではなく、後年文化財たり得るような質感を持った施設であってもらいたいと願うところである。

088

愛知電気鉄道鳴海《なるみ》球場（名鉄《めいてつ》自動車学校）

名古屋市緑区

20160221

巡礼24

【上】一見して往時の用途が分かりづらい鳴海球場
【下】球場のスタンドや照明が自動車教習所に転用
【見出下】かつての玄関部はアーチの形を留める

今まで自分自身がよく分かっていない名古屋《なごや》周辺のまちなみの特性を掴むべく、地域のまちあるきイベントに参加した。そのなかで昭和初期に開発された郊外型住宅地などを徒歩散策したのだが、とりわけ不思議な遺構であったのが、この自動車学校である。一見して古びを帯びており、どこか不可思議なカーブを描いた建物であるが、なんと、この施設は球場として使用されていたのだという。今まで建築や土木の転用例をいろいろと見てきたが、野球場というきわめて用途が限定される大規模構造物を転用した例をほとんど見たことがない。所々に備え付けられた丸窓は当時からのものだろうが、使いやすさの面ではどうなのだろう。単なるもったいない視点に基づく費用面での転用改修以上の気迫を感じさせる。この自動車学校は、確かに所有する企業が変わっていないといういくばくかの有利な点は見受けられるが、それ以上に関係者の転用にかける熱い思いが伝わってくる。全国でも稀有な保存事例といえよう。

倒焔式角窯を内包する伊奈製陶工場（2013年12月撮影）
【見出下】「建築陶器のはじまり館」所蔵帝国ホテルのスクラッチタイル

089

伊《い》奈《な》製陶工場施設群（ＩＮＡＸライブミュージアム）

愛知県常滑市

20160221

巡礼24

「いな」という地名を聞くとどうしても長野県を思い浮かべがちであるが、伊奈製陶は創業者である伊奈長三郎《ちょうざぶろう》の名を取って設立された会社で、愛知県知多《ちた》半島の常滑《とこなめ》が発祥である。帝国ホテルで使用されたスクラッチタイルは、ここ常滑で生産され、これに伊奈一族が技術指導を行ったことから、会社の規模を拡大、現在は衛生陶器ＩＮＡＸのブランドを持つＬＩＸＩＬグループの一翼を担っている。世界のタイル博物館を中心とした現在の施設群は、かつての製陶工場跡地をベースに１９８６年から公開範囲の拡張を繰り返してきたもので、この中にシンボルとして保存されている製陶用煙突と両面焚倒焔式角窯《りょうめんだきとうえんしきかくがま》など大正時代から続く産業遺産が保存・公開されている。産業遺産好きにとっては土管製造の過程がわかりやすく展示されており、非常に興味深い施設であるが、それ以上にここにはかつてまちなかを彩っていた近代建築の外装タイルの一部を保存展示する「建築陶器のはじまり館」という施設が２０１２年にオープンしており、翌年の日本建築学会賞を受賞するなど近代建築好きにとっても必見の施設と言える。

見る角度によって建物の表情が大きく変わる大蔵省赤穂塩務局庁舎

090

大蔵省赤穂《あこう》塩務局庁舎

(赤穂市民俗資料館)

兵庫県赤穂市

20160312

巡礼25

一見する限り中の構造がよく分からない、左右非対称の面白い建物である。これは機能的なものというよりは、設計者のセンスにゆだねられたところが大きいのではないかと類推する。利用者向けの表玄関に入ると吹抜けになっており、ひとつ奥の部屋にカウンターが並ぶ。格式と実務的な要素を織り交ぜつつ、どこかしら遊び心を感じさせる建物と言えよう。日本各地に現存する塩務局関連施設は支署建築が多い中、塩の本場のひとつである赤穂に塩務局本庁舎が現存していることは、地域そのものが特産品に対して胸を張っているようでもあり、微笑ましい。資料館として使用されており、現地の知人に紹介してもらった中でも「お薦め」と言われることは、やはり近代建築好きにとっては嬉しいことだ。下見板張りの洋館背面にはかつての塩倉庫も現存しており、塩の搬入から卸への搬出までの一連の流れがつかめることも産業遺産として施設を見る際には大きなポイントと言えよう。

【上】左右非対称で多彩な窓構成
【中右】ハンマービームの屋根構成を持つ2階部分
【中左】玄関上部の瀟洒な吹抜け空間
【下】煉瓦造の書庫

091

赤穂《あこう》藩上水道

兵庫県赤穂市

20160312

巡礼25

上水道の一部は現役で使用されている

【見出下】江戸期の上水道施設を一部モニュメント展示

上水道の整備は江戸《えど》時代の玉川《たまがわ》上水を筆頭にして、いくつかの藩が行っていたものであるが、こちら赤穂《あこう》の上水道事業は、1616年から使用されているというから驚きだ。市街地から約7㎞離れた千種川から導水路を経由して城下町まで運び、赤穂市街地の水需要を江戸時代からなんと1940年代まで担い続けた。このように近世上水道の歴史を伝える痕跡として、播州赤穂《ばんしゅうあこう》駅から城跡まで続く道沿い、市街地の道路合流地点に、かつて使用していた陶管や石組みを活用する形で、モニュメントが設置されている。道路の合流地点にある空地を利用している側面は否めず、これだけを見ても使用状況が確認できないことはかなり残念というほかないのだが、このような事業を江戸時代に行うことは、藩の中でも裕福な財源を持っているところでなければおおよそ不可能だ。そこは瀬戸内《せとうち》の塩の名産地で潤っていた赤穂ならではの施設であり、より技術の側面に注力した展示も欲しいなと思うのは、少し贅沢《ぜいたく》な望みだろうか。

092

青《あお》井《い》阿《あ》蘇《そ》神社禊《みそぎ》橋

熊本県人吉市

20160319

巡礼26

人吉市最古の鉄筋コンクリート造アーチ橋（2018年5月撮影、2点とも）
【見出下】禊橋の先には国宝・青井阿蘇神社

大規模な神社の前には橋が架けられていることが多い。これは水の流れをもって人間の世界と神域とを隔てる意味で作られているが、青井阿蘇《あおいあそ》神社に見られるような美しい蓮が生けられた広い敷地にある橋を歩いていると、古代貴族が造営した寝殿《しんでん》造に見られた回遊《かいゆう》式庭園の名残を思わせる。青井阿蘇神社は、茅葺き屋根を持った神社建築で、日本最南端の国宝に指定された建造物でもある。その神社の正面には、鉄筋コンクリート造の禊橋があり、神社の静謐《せいひつ》さを保ち続けている。人吉《ひとよし》には、『肥薩線の近代化遺産』（2009刊）の執筆前後に何度か訪れたが、川線と山線を隔てる交通の要所にあって、かつての城下町という特性から、重要な施設が立地しやすい。神社もそのような施設のひとつと言えよう。橋の構造は太鼓橋とも呼ばれるアーチ橋であるが、上部の緩やかなアーチと比べ水面に近い下部は3連アーチとなっている。橋としては、床面は水平でも問題ないつくりではあるのだが、そこは神社の神域を確定するための用途も兼ねており、構造以上の意味合いを持つ。

093

新《しん》温泉

熊本県人吉市

20160319

巡礼26

風呂場は古くからの雰囲気を濃厚にとどめる(2018年5月撮影、2点とも)
【見出下】昭和初期の木造建築としても貴重な新温泉

業務疲れが蓄積した自分へのご褒美として、湯治をメインに、九州東西の温泉につかることを目標に掲げた。ここ人《ひと》吉《よし》に泊まることとなり宿泊場所以外で入っておきたいお風呂はどこかと言われると、こちらの新温泉を挙げたい。建物に着いた頃は既に夜の帳《とばり》が降りた後で、看板だけが煌々《こうこう》とその存在を知らせてくれる。昭和初期に作られた頃の形をほぼそのまま遺しているところがこの建物の特徴であり、それゆえに、建物をより深く堪能《たんのう》するために、ここでは必ず湯に浸かる。やや浅めの湯船に浸かり天井を見上げると昔ながらの木造の架構が見える。竣工時から建て替えられることなく往時の雰囲気を遺しているという意味では浴場という名のタイムカプセルと言っても過言ではないだろう。人吉温泉のもうひとつの特徴は、多くの泉源で飲用可能だということだ。成分的な問題もさることながら、源泉掛け流しの新鮮な湯源でなければこのような使用方法はあり得ない。九州はこのように、荒々しい自然の中にも豊かな資源が多く遺されており、私含め多くの人を惹きつけてやまない。

094 明導寺《みょうどうじ》本堂

熊本県球磨郡湯前町

20160319

巡礼26

マンサード屋根を持つ明導寺
【見出下】洋風の外観に梵鐘のコントラストにも注目

温泉以外の目的として、湯前《ゆのまえ》町を訪ねることも一応の目標であった。湯前といえば、温泉やマンガ美術館が有名なようであるが、私にとっての目的は、建物がメインとなる。駅からののどかな道をしばらく歩き、住宅街の外れにひときわ大きな瓦屋根の建物が見えてきた。市街地のほぼ外れにあり高い屋根を持つことから、ただでさえ目立つ外観であるのだが、その中でも際だって見える特徴は腰折屋根で、下見板張りの洋風建築であることだ。近代に入り、キリスト教の日本国内での布教が解禁され、洋風建築も各地方都市に普及するに伴って、仏教系でも浄土真宗の流れをくむ寺院の中に洋風のたたずまいを持つ建物を作るところが現れてきた。東京の築地《つきじ》本願寺はそれらの中でも最も著名な例であるが、地方都市にも創意工夫をこらした造形を持つ寺院が建てられており、明導寺もこの流れにある建物と言える。設計は住職の息子が行ったと伝えられている。キリスト教建築では、伝統的に宣教師が未開の地における布教のために教会設計の訓練を受けることがあるが、仏教でも同様の教育を行う時代があったのか、やや気にかかるところである。

095

大塚《おおつか》病院旧診療棟

宮崎県西都市

20160319

巡礼26

大塚病院診療棟は現病院に隣接し保存
【見出下】二階軒部分の換気口

湯前《ゆのまえ》町から西米良《にしめら》村営バスに乗り、中継地点の村所《むらしょ》駅でさらに西都《さいと》市行きのバスに乗り換える。かつて中九州の東西を横断する鉄道路線として計画され、結ばれることなく終わった鉄道線を思いつつ、西都市の医院建築へと向かった。終点の西都市バスターミナルから歩いて程ないところに、古くからの地域医療機関である大塚病院があるが、その広い敷地の一角にかつての診療棟が記念館として現存している。木造瓦葺の外観から見てみると、2階部分にはバルコニーを設け、全体的にはほぼ左右対称のつくりをしている。これらの特徴は長崎や熊本から九州各地に派生していった擬洋風建築からの流れを髣髴《ほうふつ》とさせる。戦後に取り付けられたのだろうか、2階上部の看板が妙に親近感を抱かせる。長らく病院を続けているうちに改変が行われたからか、あとから取り付けられた設備で古さを感じさせないところもあるが、これは旧状が分かれば特に気に掛かるところとならないだろう。うまく内部公開の機会に恵まれることに期待してしまう。

096

日本海軍発祥之地碑

宮崎県日向市

20160320

巡礼26

神社敷地内にそびえる日本海軍発祥之地碑
【見出下】特徴的なデザインは日名子実三の手による

日向《ひゅうが》市の中でも美々津《みみつ》地区は、そのまちなみが国重要伝統的建造物群保存地区に選定されている。通りにはかつての郵便局をはじめ伝統的な家屋以外にも洋風建築がいくつか遺されているが、通りの奥部分にひとつ風変わりな石碑も遺されている。耳川《みみがわ》の南岸に面した美々津の港は、神代の昔に神武天皇が東征に向かった地であると言われ、戦時中には国威発揚の一環として大規模な石碑「日本海軍発祥之地碑」が設けられた。戦後の一時期碑文が塗りつぶされ、他の構造物と同様に歴史から抹消されていた時期もあったが、現在は自衛隊OBなどの支援によって旧状に復している。このような、ある意味石碑のカテゴリを上回るような構造物をまのあたりにすると、かつて戦時期にあった宮崎における「熱狂の時代」を感じざるを得ない。宮崎の建物は戦前から戦後復興期、あるいは現在に至るまで常に歴史を抱えながら、それ、それらとこれからの時代がどのように折り合っていくか問われているような気がする。

097

小手川《こてがわ》商店社屋（フンドーキン醤油本社事務所）

大分県臼杵市

20160320

巡礼26

造船会社の社長宅を移設したという本社事務所
【見出下】臼杵の特徴的な景観となっている醤油槽

大分県南部では、古くより醸造業が盛んであるが、近年はキリスト教布教初期の関連遺跡や大分地域全般に見られる石仏が多く遺る地としても注目を浴びつつある。産業遺産を研究している私としては、これらに加えて注目したいのが、醸造業関連の施設だ。臼杵《うすき》市には、可児《かに》醤油や小手川《こてがわ》酒造などの建物が国の登録文化財となっており、国内各地と、時には海外との交易の中で、長期貯蔵の可能な調味料として地域が醤油を取り扱い、そこで得た富が建造物となって今に伝わっている様は、実に興味深い。現在のフンドーキン本社事務所として位置づけられた社屋は、一見してわかるくらいの古い建物であるが、ハーフティンバーのスタイルを一部取りながらも西洋館と言うにはやや和のテイストが強い。造船会社の社長宅と小学校の講堂とを組み合わせた建物といわれ、詳しいことは分かっていない。そういわれてみると継ぎはぎしたようなたたずまいにも見え、非常に興味深い。臼杵の市街中心部からは川を隔てて少し歩くことになるが、見ておいて損のない建物と言えよう。

098

駅前高等温泉と竹瓦《たけがわら》温泉

大分県別府市

20160320

巡礼26

ハーフティンバー調の駅前高等温泉（2019年3月撮影）
【見出下】竹瓦温泉玄関部分

別府《べっぷ》の町はいたるところに温泉の泉源を有する。その中でも駅に近い建物として、駅前高等温泉はとりあえずひとっ風呂浴びるには、実にうってつけの建物といえよう。ハーフティンバー（木骨真壁）の外観は北欧などに見られる洋館の特徴であるが、同時期に作られた嬉野《うれしの》温泉本館の影響も考えられる。大正期に作られた建物が現在もなお現役の公衆浴場として使用され続け、宿泊も出来るということに感謝するほかない。竹瓦《たけがわら》温泉はより市街地の中に入った位置にあるが、市営の共同浴場として価格も低廉なことから常に多くの客が行き来している。こちらは風呂場といった雰囲気を感じさせない大振りな入母屋《いりもや》造の外観で、湯気抜きのための越屋根なども外観から見ることが出来ない。遠くから見ると寺院建築とも勘違いしてしまいそうだ。産業遺産として公衆浴場を捉えると、周辺住民をはじめとした人々と公衆衛生、伝染病防止の観点から銭湯が都市の中で必須不可欠なインフラとして求められていた時期があり、今は観光の重要なコンテンツとして重要な位置づけにある。その機能をより深く知るために、入浴することは非常に重要な体験だ。

コラム

熊本大学黒髪《くろかみ》キャンパス

20160504

熊本市中央区

２０１６年４月14日及び16日に発生した熊本《くまもと》地震は、筆者の居住する北九州でも長時間の家のきしみを体験し、九州での地震に対するある種の油断を見直すきっかけとなった。翌月早々に訪れたかつての旧制第五高等学校施設である五高記念館と化学教室はそれぞれ煙突部分が傾き、一部が崩落するなどの大きな被害を受けていた。向かい側にある旧制熊本高等工業学校実験室も立入りが禁止され、内部にある機械類は被害報告がなかったものの、詳細がなかなか情報として入ってこず、こころの焦りから訪問したといっても過言ではない。これら煉瓦造の重要文化財施設は、訪問時修復にむけた調査が本格化する前に相当し、一部建物には足場もかかっていたが、多くのエリアに入ることが出来ず、地震被害の深刻さがうかがえる。とはいえ近郊に移築保存されていた木造のジェームズ邸のように2階部分もろとも完全に倒壊している施設はなかったため、再び私たちに公開してくれる日はそう遠くないものと信じている。

【右頁】五高記念館正面の被害はないように見える
【左頁上】文書館には足場がかかっていた
【同下】いくつか煙突が傾く化学教室棟
【見出下】山口半六設計の正門には被害がないようだ

099 水《みず》ノ《の》子《こ》島《じま》灯台

大分県佐伯市

20160605

巡礼27

普段の生活の中で、人間の思考には一定の縛《しば》りが出来るようで、「行きたいけれどここは無理だろう・調べたいけれどこの勤務時間ではだめだろう」という諦めが生じるところがある。これを防ぐために、研究者は機関によってはある程度の活動時間の裁量《さいりょう》が委ねられていることがある。そのような時間の都合を利用して、大分県佐伯市へと向かった。水ノ子島灯台は、写真で見ておわかりの通り灯台の他には何もなく、定期的な航路もない、絶海の孤島である。そこに行くことが出来たのは、ひとえに灯台マニアの絶大な行動力にほかならない。今回、その熱量《ねつりょう》の恩恵にあずかり、漁船に乗り込むことで灯台を拝観することが出来た。大分県佐伯《さいき》市の最寄りの港から、おおよそ40分ほど揺られる。このような波の荒いところに、飛行機もない時代に資材を運び入れるだけでも大変な労力を要する。明治期に灯台を作るという人々の情熱を改めて体感した次第である。帰りの便では波の荒さに根負けし、船酔い状態となったことも含め、建造時の人々の労苦を身をもって経験した。

【右頁】絶海の岩礁という名がふさわしい水ノ子島灯台
【同上左】灯台への取付け通路はこの階段のみ
【左頁上右】精度の高い石積みは難工事の成果によるもの
【同上下】対岸の鶴見半島にある吏員退息所（資料館）
【見出下】吏員退息所南の便所棟

100 鶴《つる》御《み》崎《さき》砲台

大分県佐伯市

20160605

巡礼27

鶴御崎砲台に遺る観測所
【見出下】砲台を見下ろす空中回廊が作られている

灯台マニアの同行者から、まだ時間はあるので周辺の施設を見てみたいという要望があったため、丹賀《たんが》半島の岬部分突端にある鶴御崎《つるみさき》の灯台と要塞施設を見ることとなった。中でも灯台近くにある鶴御崎砲台は、豊予《ほうよ》海峡を防衛するための重要な拠点のひとつであり、岩盤をくりぬいた施設や砲台の跡などがところどころに現存している。いくつかの陸軍施設に散見される、外壁のモルタル表面を掻き上げるように仕上げた監視施設など、現在でも見学できるところが多く、また各施設を見下ろせるように空中回廊を設けて展望台となっているところもあり、非常に見晴らしの良いスポットとなっている。砲台が担っていた当初の用途である、海峡に侵入する軍艦を想定して設定された眺望の良さを観光に生かした好例といえよう。火薬庫施設などに使われたであろう、一部の要塞施設は一方向からの通行が完全に止まっており、これは熊本地震などの影響もあるのだろうか。かつての国防施設の保護のために一刻も早い復旧が望まれる。

101

三重津《みえつ》海軍所

佐賀県佐賀市

20160611

巡礼28

隣地に国道バイパスが建設中の三重津海軍所
【見出下】木製階段状ドライドックの遺構が埋蔵（2011年1月撮影）

九州産業考古《きゅうしゅうさんぎょうこうこ》学会の２０１６年度見学会として、佐賀市から柳川《やながわ》エリアの産業遺産を見てまわる企画を行った。最初の見学地は、２０１５年世界文化遺産に登録されたばかりの三重津《みえつ》海軍所で、以前お世話になった佐賀市の世界遺産担当の方にお越しいただき、ご案内と解説をお願いした。

「見えない三重津」と揶揄されることもある埋蔵文化財施設であるが、これは現存する設備が木構造物であるが故の宿命であり、そのまま埋設保存することで価値を担保していくためには仕方ない措置といえる。木製の階段状ドライドックの存在は、日本の造船史の中で一応知られていたものの、実際に発掘調査で存在が明らかになったことで、造船の歴史の中で佐賀藩の持つ先進性が改めて証明され、世界遺産の構成資産となった。ここでは今後どのように世界遺産登録された資源を分かりやすく伝えていくかが価値を後世に伝えていくうえで課題となっており、その困難さの点においては全国的にも先進的な取り組みが生まれやすい境遇となっているのかもしれない。

102

大隈記念館《おおくまきねんかん》

佐賀県佐賀市

20160611

巡礼28

大隈重信の人生を建物に表現したという大隈記念館
【見出下】色とりどりのステンドグラスや色ガラスが内部を彩る

佐賀市の中心部と言うには、やや閑静な住宅地に近く、大《おお》隈重信《くましげのぶ》の生家に隣接したところに記念館が建てられている。これはモダニズム建築の旗手である早稲田《わせだ》大学教授の今井《いまい》兼次《けんじ》（1895—1987）が設計した施設で、氏の設計と時代背景に似つかわしい、小品ながら重厚な建物となっている。設計者のこだわりとして、建物そのものが大隈重信の生涯を表現しているという。所々に使用されている色ガラスが美術館のような表現力にあふれ、とりわけ赤ガラスの使用は大隈重信が創立した早稲田大学のカラーであり、またそれだけの情熱を傾けた大隈の血潮を彷彿とさせる。なるほど、小規模ながらもメッセージ性に富んだ面白い建物だと感じ入った。記念館施設にありがちな行政機関や住居などを改装したものではなく、当初から記念館施設として建てられているがゆえにひとつひとつの意匠にメッセージ性が強く盛り込まれている。近年リニューアルが行われており、またちょうどこの頃は隣接する大隈重信生家は改装中であった。明治維新150周年に向けてお出迎えの準備が着々と進みつつある、といった印象を持った。

103

鉄道省佐賀線筑後《ちくご》川橋梁

（筑後川昇開橋）

福岡県大川市
佐賀県佐賀市

20160611

巡礼28

川を渡る船舶のために昇降式の橋梁が採用された
【見出下】観光用に今も可動する筑後川昇開橋（２００９年11月撮影）

佐賀県と福岡県とを隔てる筑後《ちくご》川は、筑後平野を形成する大河であり、古来より多くの船舶が河川流域の物資を運んでいた。その伝統は近代に入っても続いており、この地に鉄道橋を架ける場合は、船舶の通行に考慮する必要があった。もとより広い幅の河川であることから、先行して作られた鹿児島《かごしま》本線では、トラス橋を並べる形で鉄道を通したが、より河口部に近い佐賀線の建造に当っては、とりわけ近接した位置に造船所があったことなどから、附近を航行する大型船舶に配慮した橋の設計が求められた。鉄道省技師であった坂本種芳《さかもとたねよし》が考案した形態が、今ある桁自体をリフトアップすることで、水運を妨げないという昇開橋形式である。桁を昇降させるリフト部分の両側には、桁と同量分の重さを持つカウンターウエイトがあり、少ない力での昇降を可能にしている。貨物運搬が頻繁であった戦前期に活躍したものの、戦後の合理化政策に伴って線路そのものが廃止となったが、その雄大な姿を惜しむ住民等の手によって昇開橋は保存され、今は観光地として広く親しまれている。

104

立花《たちばな》家住宅・御花《おはな》

福岡県柳川市

20160611

巡礼28

白亜の洋館である旧藩主邸・立花家住宅
【見出下】洋館部天井の照明廻り意匠(2009年12月撮影)

堀割《ほりわり》が特徴的な柳川《やながわ》の町並みにあって、旧藩主邸宅の家格にふさわしく、門構えから壮麗な雰囲気を見せている。かわいらしい守衛所を過ぎると洋館が正面にそびえ立ち、全体的に和のテイストが強い周囲の中でも特に異彩を放っている。中に入るとロータリーと蘇鉄《そてつ》の大木をはさんで正面に下見板張り2階建の白亜の西洋館、その左手に和風の日本館が整列して建てられている。明治の貴族が住んでいた建物として典型的な平面計画であるが、2階部分が玄関ポーチに載る形になっている建物外観は、他にあまり例がなく実に大胆なつくりとなっている。洋館2階内部は広々とした空間構成で、これは洋館を展望台と見なし外を見せるための位置づけも兼ねているのだろうか。隣地には、明治期以降の藩主一族が創業した料亭御花《おはな》が営業しており、国指定名勝となっている立花《たちばな》家庭園を見ながらの食事が楽しめるようになっている。食事など施設利用のついでに西洋館と立花家の資料館は一度見ておきたい。

III

「ル・コルビュジエの建築作品」世界遺産登録の頃

2016年8月

産業遺産全体の動き：2019年4月に施行された文化財保護法改正案の本格的な議論がこの頃から始まり、文化財の地域主体のまちづくりへの活用を前面に打ち出した方針が示された。これに呼応するように奈良少年刑務所（項目198）が国重要文化財に指定され、ホテル等への活用が検討されている。2016年の熊本地震に伴い、熊本市内では県指定文化財のジェーンズ邸が倒壊、また改修を模索していた旧中村小児科医院など著名な洋風建築も惜しくも解体の憂き目にあった。全国的にも産業考古学会で保存に向け支援活動を行ってきた八潮市の潮止揚水機場上屋が惜しくもこの年解体されたが、2019年にモータやポンプなどを展示する広場として一般公開された。

105 小《こ》岩《いわ》井《い》農場上丸《かみまる》牛舎

岩手県岩手郡雫石町

20160811

巡礼29

【右頁】小岩井農場上丸牛舎
【左頁上】日本最古の煉瓦造サイロ
【同中右】上丸牛舎育牛部事務所（現記念館）
【同中左】冷蔵庫とセパレータ
【同下】上丸牛舎全景
【見出下】小岩井農場の乳牛

小岩井農場という名は、大規模農場を建設するにあたり出資した小野義眞《おのぎしん》、岩崎彌之助《いわさきやのすけ》、井上勝《いのうえまさる》の三人の名に由来する。雫石《しずくいし》町にある農場は、もともと荒地であった東北の台地に農場を作るという目的で建設され、三菱グループの乳製品ブランドとして現在も農場経営が続けられている。私個人としては、２０１０年以来二度目の小岩井農場訪問であったが、前回は当時流行していた口蹄疫感染防止などから、見学そのものが受け付けられていない状況であった。明治期から続く農場施設をようやく見学することが出来、感無量というしかない。北海道大学第二農場に見られる、板を張り付けただけの外観を持つ施設も味わいがあるが、こちらはペンキで鮮やかに彩られた事務所と明治年間に作られた煉瓦造のサイロが実に特徴的だ。創業から大正期までの間に作られた施設群21件が一括して国重要文化財に指定され、観光に適した文化財施設が今後ますます増えていくことの先鞭《せんべん》となることができよう。新鮮な乳製品を味わうとともに建物にも親しんでもらいたい。

106 岩手銀行本店

岩手県盛岡市

20160811

巡礼29

煉瓦造の岩手銀行本店（2010年8月撮影）
【見出下】扉上部の欄間に施されたクジャクのモチーフ

岩手《いわて》へは三度目の来訪であったが、一度目には現役の銀行建築として拝見し、その後長らく改修工事に入っていた岩手銀行本店が、このたび金融資料館とギャラリーとして一般公開されているという。今回、設計監理を行った知人に案内される形で幸運にも訪れることが出来た。東京駅や日本銀行を設計した辰野金吾《たつのきんご》が主宰する辰野葛西《かさい》事務所の設計による建物は、やはり他の建築に同じく外壁は煉瓦タイルとそれに横線を描くような花崗《かこう》岩の帯との組合せによって構成され、ドーム上の屋根や丸窓は辰野式建築の真骨頂といった典型的な形である。竣工当初の姿を特定することが困難な建物の場合、それをいかようにして復原していくかといった課題がある。この建物も同時期の他の銀行建築などを参考にして再現されており、知人からは苦労話などもうかがうことができた。中でも建物裏側に遺るコンクリート被覆の痕跡は、建物が使用され続ける中での経緯を指し示すものであるのだが、見栄えの点では取り外せともいわれかねない。わずかに遺る痕跡には改修監修者の逡巡の過程を垣間見ることができて非常に興味深い。

【上】二階から玄関吹き抜け方向
【下右】階段手摺と欄干の優美なデザイン
【下左】マントルピース

陸軍騎《き》兵《へい》第三旅団覆練兵場《おおいれんぺいじょう》（盛岡ふれあい覆馬場プラザ）

岩手県盛岡市

20160811

巡礼29

雨天用訓練場であった陸軍騎兵第三旅団覆練兵場

【見出下】平屋建ながら控壁を設けた頑丈なつくり

2013年に赤煉瓦ネットワーク全国大会を門司《もじ》赤煉瓦プレイスにて開催した際、「日本赤煉瓦建築番付」の改訂を行った。そこでの追加基準に改装の上再活用された施設を優先的に掲載しようという意見があり、その基準に合致した建築として新たに付け加えられた建物が、この旧軍施設である。改装されて間もない煉瓦造の外観は、傷みも少ない。内部の柱を省き広く使用するために余分にかかる荷重を支えるため、バットレス（控壁）を多めに配置しているところが特徴と言えよう。建物の当初用途は、現代風に言えば騎兵隊《きへいたい》の屋内訓練施設と言うべきだろうか。日露《にちろ》戦争をはじめとして明治期に活躍した騎兵部隊は、のちに飛行機そして自動車の時代となると、その役割が兵站《へいたん》などの輸送バックアップ体制へと移り変わっていった。書類が完全に残っていない軍関連施設の姿を今に伝える非常に重要な施設だ。盛岡《もりおか》市によってスポーツや展示会などを催《もよお》せるイベント施設に用途を変えながら、現役の屋内広場施設として使用され続けている。

108 室蘭駅《むろらん》（室蘭観光協会）

北海道室蘭市

20160812

巡礼29

室蘭観光協会の事務所に転用された室蘭駅
【見出下】広々とした待合室は展示スペースに使用（2018年8月撮影）

開通後初乗車となる北海道《ほっかいどう》新幹線、さらに特急を利用して岩手《いわて》から室蘭《むろらん》までは約6時間、遠くないといえばうそになる北海道は、夏場に訪れるべき涼やかな気候をたたえていた。かつて国内外の貨物積み替えでにぎわっていた室蘭駅は、港まで延びていた貨物運搬をとりやめ路線を短くし駅も移転した。かつての港町に位置した駅舎は現在室蘭観光協会が事務所として使用しているが、港町ならではのやや規模の大きな駅舎であるがゆえに、駅の業務を執り行っていた部分を観光協会の事務所として転用しても余裕があり、待合室に相当する残りのエリアは、かつてのように旅人の休憩所として、また展示用のギャラリーとしても利用されている。駅舎前には比較的通行量の多い道路があり、この駅舎には駅前広場といった空間が実質設けられていない。さらに道路を挟んですぐの位置に急傾斜の階段、その上にはまた道路があり、駅舎を見下ろす写真を撮るにはうってつけな位置ではあるものの、もともと平地の少ない地区に建てられていたことがよく分かる。

109

三菱《みつびし》合資《ごうし》室蘭《むろらん》出張所（HOQSEI CANDLE）

北海道室蘭市

20160812

巡礼29

旧駅近くに立地する三菱合資室蘭出張所
【見出下】小ぶりの上下窓と下見板張りの外観

下見板張りの施設を見ると、洋風建築の典型例という印象を持ってしまいがちであるが、日本の市街地で木造下見板張の近代建築を見ることはかつてほど多くなくなった。そのような中でも北海道では本州に比べやや乾燥した気候が功を奏して例外的に下見板張りの建物がまだ多くあり、室《むろ》蘭《らん》の町並みの中でひときわ異彩を放っているのが、かつての三菱合資の出張所である。札幌《さっぽろ》農学校の農場施設などアメリカからの下見板張施工技術の影響を受けている北海道にふさわしく、木造2階建の建物の外観は、新興の港町にとってはごくごく当たり前のものであったのだろう。現在ぽつりと残されているところからは往時の建物が立ち並んでいた様を想像することが難しい。室蘭の住民の中でも建物としての重要性は認識されており、まちづくり活動の拠点としてこれから多目的の活用を図ろうとしているようだ。公開施設ではあるのだが、タイミング悪くその機会に恵まれなかったため、内部の写真は次回の課題となった。

110

双葉《ふたば》幼稚園

北海道帯広市

20160812

巡礼29

【上】双葉幼稚園園舎
【下】縦長に細かく分けられた窓
【見出下】遊戯室が位置する建物中央のドーム

真四角に区画された広幅な道路が均等に配置され、直行する地図を見ると北海道にやってきたという気持ちを持つ。札幌《さっぽろ》や室蘭《むろらん》のみならず、帯広《おびひろ》市内でもそれら区画は健在であるのだが、この区画の中で特徴的に斜め方向に設けられた道路の一角に街区公園がある。その公園敷地に寄り添うようにつくられた建物がかつての双葉《ふたば》幼稚園施設である。建物の形が非常に面白く、中央に外観上からも特徴的な大きなドームを構え、この内部には広い遊戯《ゆうぎ》室を設けている。そして四方向に直方体の建物を張り出し、それぞれが児童のクラス室として機能するようなつくりかたをしている。このような形式の作り方は幼稚園建築ならではのものであり、有名な建物としてはここのほかには岡山県に数件現存、それぞれ文化財となっている。訪問後に行われた文化審議会の場で建物の国重要文化財答申があった。こういう経験は建物巡りを行う中ですでに何回かあったのだが、北海道をほぼ一周する中で見学した建物ということもあり、ひときわ感慨深いものがあった。

111

士幌《しほろ》線コンクリート造アーチ橋群

北海道河東郡
上士幌町

20160813

巡礼29

【上】鉄道省士幌線第六音更川橋梁
【下】廃線後コンクリート劣化が少しずつ進んでいる

士幌線は、帯広《おびひろ》市と士幌《しほろ》町とを結ぶ路線として、大正14（1925）年に開通し、のちに上川《かみかわ》町までを結ぶ計画線として整備が進められた。昭和戦前期までに糠平《ぬかびら》を経由して十勝《とかち》三股までが開通。総延長78・3㎞を持つ鉄道線であったが、乗降客数の減少によって1987年に全線廃止された。山中に取り残されたほとんどの区間は解体されることなく遺されており、今回それらコンクリート造アーチ橋群を見学するために帯広市外から北に向かった。バスで糠平温泉に到着し、現地の団体が主催するツアーに参加。鉄筋コンクリート造の鉄道橋が多く現存するさまを確認できた。中でも不定期にダム湖から姿を現すタウシュベツ橋梁はこの路線の構造物の中でとりわけ有名で、今回もこの橋を見たいと思い、糠平の地を訪れたのだが、この年は残念ながら夏場になり橋梁は水没。次回こそは、との思いを新たにするとともに、果たして次回が訪れるのが先か橋梁が崩壊するのが先かと思うと複雑な心境にならざるを得ない。

112

神谷《かみや》酒造旭川《あさひかわ》工場旧蒸留棟（合同酒精旭川工場）

北海道旭川市

20160813

巡礼29

煉瓦造では希少な五階建の旧蒸留棟

【下】現所有のオエノングループ社章が取付けられている

旭川《あさひかわ》で数時間網走《あばしり》行きの列車を待つ時間を利用して、少しだけでもいいからと見ておきたい建物があった。町東部のはずれに位置する工場の中で、とりわけ目立つ煉瓦造の施設は、もともとはシャトーカミヤでのワイン製造などで有名な神谷《かみや》酒造がスピリッツなどのアルコールを製造するために作った蒸留施設で、1913（大正3）年に作られたのち、現在は後継のオエノングループに所属する合同酒精旭川工場のシンボル的な施設となっている。煉瓦造5階建という階高となった理由は原材料からアルコールを作り出すための工程で重力をうまく活用しエネルギーの省力化を図るためで、周囲の設備が取り外されてもこちらの建物だけは希少な施設として保存されている。工場内部には今も煉瓦造の施設が数棟遺り、それらの多くは現役の酒類貯蔵施設として使用されているという。是非とも次回は工場見学とセットで旭川の市街に遺る近代建築めぐりに興じたいものである。

管理部門の中心施設である網走監獄庁舎
【見出下】懲罰房として建てられた煉瓦造の独房

113

博物館網走《あばしり》監獄

北海道網走市

20160814

巡礼29

北海道内各地を飛行機で結ぶ便が多いことが、九州人としては今ひとつ理由が分からなかったのだが、旭川《あさひかわ》から網走《あばしり》まで特急でも5時間近く乗車したことで理由を体感することが出来た。深夜に到着後、先ずは一泊して、初めての網走。ひと先ず詣でておきたい施設は、網走監獄だろう。現在博物館として利用されている網走監獄は、もともと網走刑務所として利用されていた設備の多くを移築保存して1983（昭和58）年に開館した施設で、博物館法における登録博物館にも認定された、いわば北の明治村《めいじむら》と称してよい建築博物館である。網走市郊外の丘の上にある施設をじっくりと見学、と行きたいところであるが、市街と博物館とを結ぶバスの都合もあり駆け足気味となった。ここで個人的に一番気になった建物は、二見ケ岡《ふたみがおか》農場と呼ばれる囚人教育用に設けられた農場施設の移設物件である。北海道ではモデルバーンをはじめとした古い農場が多く現存しておりそれほど注目されないのだろうが、国が設置した農場施設で原型を留めるものは少なく、同博物館の中でもとりわけ貴重な施設となるだろうと感じた次第である。

【上右】放射線状に配置された一般房室
【上左】囚人の食糧を自活供給した二見ケ岡刑務支所
【中右】内外ともに和洋折衷の意匠を持つ教誨堂
【中左】社会復帰に向けた技術養成を兼ねる作業場
【下】屋外労働に囚人が駆り出された際用いられた休泊所（再現）

114

北見《きたみ》郷土館（網走《あばしり》市立郷土博物館）

北海道網走市

20160814

巡礼29

田上義也の代表作品である北見郷土館
【見出下】アールを多用した玄関部分はセセッション風

建築巡りを趣味とし、また時には仕事としながら15年ほどの巡礼を続ける中で、やはり一生のうち一度は見てみたい建物というものが存在する。網走《あばしり》市にある北見《きたみ》郷土館は、フランク・ロイド・ライトの弟子として知られる田上義也《たのうえよしや》の代表的な作品として著名であるが、とにかく九州からはかすむように遠くの位置にあり、長らく行ける機会を伺っていた。こうして目の当たりにすると、はるばるようやくたどり着くことが出来たという感動を禁じえない。丸みを帯びた外観と内部の明快な構成は、セセッションとアールデコとをつなぐ移行期的な施設と位置づけられる。ひととおり目に焼き付けたのち、中を拝観。内部は左右対称の構成を取っており、階段部分に位置する丸窓には色とりどりのステンドグラスが配置され、北海道のクリアな日差しにひときわ映えている。展示品をやや詰めこみ気味な内容であるが、北海道東北部の先住民族の歴史から近代の偉人の伝承までを広く学ぶことの出来る施設となっている。建物を含め、郷土の歩みを知る上では格好の施設といえよう。

【上右】独特なステンドグラスの配色
【上左】ボリューム感を持った螺旋階段
【下右】横軸を強調した木材の多用
【下左】吹き抜け空間はアールデコ的でもある

115

網走《あばしり》監獄正門（永専寺《えいせんじ》山門）

北海道網走市

20160814

巡礼29

永専寺山門として移築された網走監獄正門

【見出下】ドーム屋根を持つ監獄番所が両端に遺る

網走の市街地は、ちょうど訪問日がお祭りのようで表通りが徐々に込み合うなか、そちらには背を向けて煉瓦造の外塀をぐるっと眺めながら寺院の正面入口に向かった。その山門を一見する限り、どうしても寺院の門とは思えない造りをしている。それは当然の話で、もともとは網走監獄の正門として使用されていたものを施設更新の際にこの寺が使用部材を下げ渡してもらい、改めて組み直した構造物が現在の門柱となっているから、もとより寺院の匂いがしない。それではと改めて門をしげしげと見てみると、先ほどまで訪れていた博物館網走監獄の復元正門と比べるとかなり軽みを帯びたデザインをしている。明治期の監獄施設はどれも山下啓《やましたけい》次郎《じろう》の設計による煉瓦造施設という印象をどうしても持ってしまいがちであるが、当然山下以外にも監獄設計に従事した方はおり、「もうひとつのデザイン系譜」がかつては全国各地で見ることができたのかもしれない。それを想像させるだけでも貴重な建築だといえよう。

116

太平洋炭礦《たいへいようたんこう》（釧路コールマイン）

北海道釧路市

20160815

巡礼29

【上】2019年に休止された石炭輸送専用鉄道
【下】太平洋炭礦時代に広報目的で設置した炭鉱展示館
【見出下】石炭積載に使用されるホッパー（2007年5月撮影）

世界自然遺産に登録された知床《しれとこ》最寄り駅を経由し、疲労の色を濃くしながら、網走《あばしり》から4時間の列車の旅を経てたどり着いた釧路駅は、北海道南東部の中心都市にふさわしい立派なものとなっている。ここを拠点に長らく釧路《くしろ》炭の名を国内外に知らしめた太平洋《たいへいよう》炭礦は、三井《みつい》系列の炭鉱として、戦前戦後の釧路市の経済を牽引し続けた。その閉山後も釧路コールマインと名称が変わったものの、採炭とともに日本がこれまで培ってきた坑内掘採炭をはじめとした炭鉱技術の海外移転に尽力し、坑内で掘り続ける日本最後の炭鉱として国内の技術力の継承に尽力している。炭鉱といえば地下で行われている採掘作業が印象的だが、選炭や貯炭、輸送にかかる作業は地上部で行われている。釧路市内にはこの時現役の石炭貨車が貨物線を往復しており、かつて九州の各地で見られた光景に似たものをここ北の大地で拝見できる。曽祖父が福岡県志免《しめ》町で炭鉱労働に従事していた私にとっては感慨深いものを覚える。

117

山本《やまもと》鉄工所（ヤマモトロックマシン東城《とうじょう》工場）

広島県庄原市東城町

20160821

巡礼30

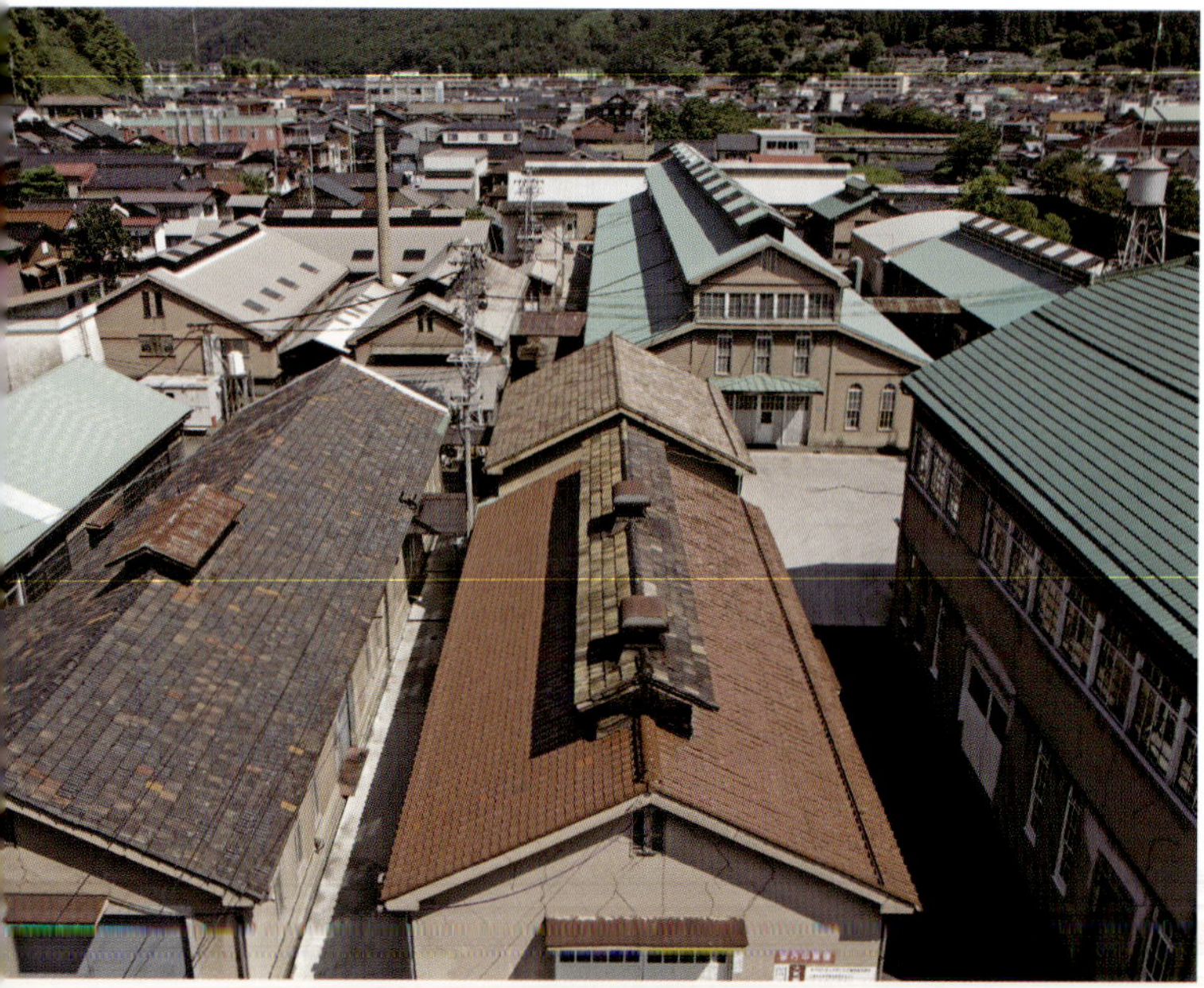

ヤマモトロックマシン東城工場の現役工場施設群
【見出下】青年学校二階に遺る打出鉄板仕上げの天井

産業遺産の評価を依頼される形で、広島県北東端にある東《とう》城《じょう》町の工場建築を見学した。東城町へは広島からバスで向かう形が一番便利である、とはいえ勤務後に向かうにはやや距離があり、訪れたときには夏でも既に日が落ちていた。その日は現地に宿を取り、翌日東城の歴史的な町並みを散策しつつ、市街地のはずれにある工場へとたどり着くとその姿に驚く。事務所こそ、戦後の高度経済成長期にビルディングタイプに建て替えられているが、それ以外の多くの建物が昭和初期の洋館のたたずまいをそのまま遺しており、実に面白く、感銘するほかなかった。なかでも工場棟の入り口部分が3連のアーチ窓で形成されており、長崎あたりの教会と言われても納得してしまいそうな外観をとっている。また独身寮として建てられた建物もヨーロッパの学校建築に見られそうな、すっくと延びた素直な形をとる洋館である。これだけの建物が竣工当初のデザインを維持して今もなお遺されていることは、ひとえに人里離れた地域に産業が生き続けてきたことに他ならない。

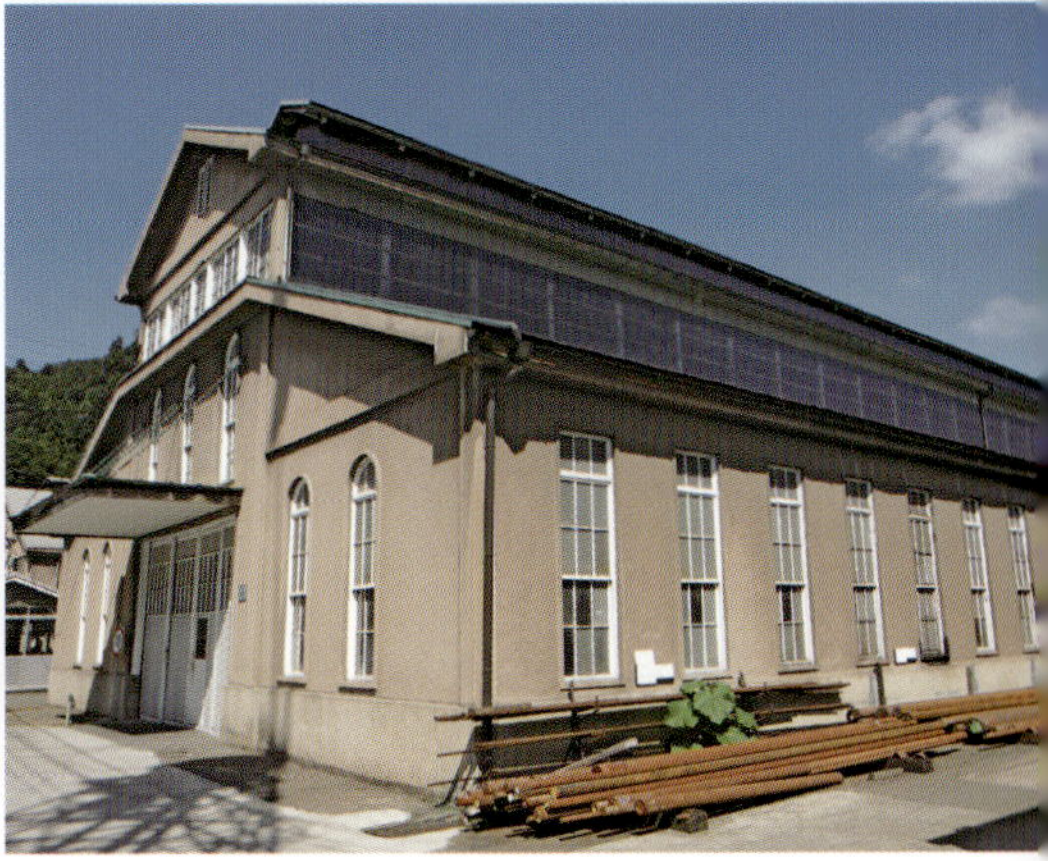

【上右】工場内に遺る歴史的旋盤
【上左】木トラスが良好に遺る第一工場内部
【中右】採光のため腰屋根形式とした第一工場
【中左】第一工場入口と側面アーチ窓
【下】工場向かい側に建てられた木造3階建の独身寮

資料館利用されている三次銀行本店（2015年4月撮影、2点とも）
【見出下】金融機関にみられる楕円のモチーフ

118 三次《みよし》銀行本店（三次市歴史民俗資料館）

広島県三次市

20160821

巡礼30

広島県でも山間部の盆地である三次市は、山陰と山陽とを結ぶ交通の要衝であったことなどから、古くから行政や金融機関などの支店が多く、通りには金融街と称してもよい町並みが形成されていた。そのうちのひとつであるかつての三次銀行本店は、いわゆる博物館施設として転用されている。モルタル洗出し仕上げが印象的な鉄筋コンクリート造銀行建築の外観は、当時の金融機関としては典型的な姿ではあるのだが、斜め向かい側にある旧広島県農工銀行支店と比較すると、窓周りのたたずまい含め若干地味な印象を覚える。建物所有者の変遷の中であるいは改修工事などが行われたのだろうか。かろうじて軒部分に施されたメダイオンの意匠に金融機関としてのデザイン性を見ることができる。こちらの施設は、辻村寿三郎《つじむらじゅさぶろう》人形館という別名が付いている。展示内容には世界的な人形作家である辻村寿三郎氏の作品紹介もなされており、洋風様式建築的な外観とのギャップを楽しむことができる。

菓子店に転用された広島県農工銀行三次支店
【見出下】玄関アーチ上層の3連アーチ窓（2015年4月撮影）

119
広島県農工銀行三次《みよし》支店
（風季舎昌平本家）

広島県三次市

20160821

巡礼30

三次《みよし》市歴史民俗資料館を横目に見つつ、次の電車の時間までまだ余裕があったため、市街地を散策する。資料館から程ないところにひときわ目立つ洋館があるが、これもまた金融機関・広島県農工銀行の支店として1923（大正12）年に建てられた洋風建築で、竣工当時は周囲農家への資金融資を担っていた。三好銀行本店よりもやや装飾過多な印象を覚えるが、これはお金を預けてもらいまた融資を行うという信用が必要な金融業を周囲の農家にわかってもらうために、建物の壮麗さで信用を得る必要があったから、と私は考えるが、いかがだろうか。近代建築がその姿を保ち続けるために、幾度か用途を変えていくことはある意味仕方のないこととも言えるが、この建物は、銀行としての数度の変遷を経て、2008年にはなんと地元菓子屋としてのリノベーションに成功した。中の一部スペースで軽食を取ることも出来、ある意味での地元の社交場としてうまい利用のされ方が出来ていると言えよう。

コラム

三角西港《みすみにしこう》

熊本県宇城市

「富岡《とみおか》製糸場と絹《きぬ》産業資産群」の世界遺産登録の際、碓氷《うすい》峠の橋梁群が暫定リストに加わりながらも本登録の際に構成資産から外れてしまったため、「明治日本の産業革命遺産」の構成資産のひとつである三角西《みすみにし》港は、結果として日本における初の近代土木構造物としての世界遺産となった。緩《ゆる》やかなカーブを描く石組みの護岸《ごがん》が延々と続き、漁船《ぎょせん》がいくつか停められている姿は、かつての賑わいを思うと少し寂しげではあるが、今もなお港湾機能を維持するリビングヘリテージでもある。三角西港は、その港の背景に整然としたまちなみが現存しており、これら街区も港と同時代に整備されたものだ。日本における近代都市計画の痕跡が現存する希少な存在であり、都市としての位置づけにおいても価値ある重要文化財ではないか。

【右頁】石積み護岸が美しい三角西港
【左頁上】小規模ながら現役の港湾として船舶が係留する
【同中右】都市計画の一端で建造された三之橋
【同中左】今も車が多く行き交う二之橋
【同下右】明治天皇の記念施設として建てられた龍驤館
【同下右】往時の賑わいを今に伝える高田回漕店
【見出下】九州海技学院が使用する旧宇土郡役所庁舎

120

長崎《ながさき》次郎《じろう》書店

熊本市中央区

20160903

巡礼31

地震後すぐに営業を再開した長崎次郎書店
【見出下】防火壁を彩る褐色のスクラッチタイル

熊本《くまもと》地震の傷も癒えない時期に市街地を訪れた。市街の中心に近い地域でもマンション外壁にひび割れが見られる建物があり、足場がかかっているところも多く、改めて被害の深刻さをうかがい知ることが出来た。その中で、早くも営業を再開した店舗の中に長崎次郎書店があるという。ウェブでの情報を頼りに訪れてみれば、確かに大正期のかくしゃくたる商店建築が営業を続けているではないか。丸《まる》の内《うち》の煉瓦造建築を多く手掛けた保岡勝也《やすおかかつや》の設計が確かであったか、たまたま地盤が安定していたのか。教科書販売を柱としていた同書店は一度閉店し、系列店であった長崎書店が引き継ぎカフェを備えた書店として再開業した。緑釉の瓦屋根と和洋折衷のたたずまいは、路面電車沿線にあってひときわ目立つ外観であり、再オープンを喜んでいた方も多かった。そして今回熊本地震にも耐えて二度目の再開業。何度でもよみがえる不死鳥のごとき姿には敬意を覚えざるを得ない。地元出版の書籍を購入し次回はカフェも、と思いつつ次の建物へと向かった。

121

本妙寺《ほんみょうじ》仁王《におう》門《もん》

熊本市西区

20160903

巡礼31

今も立ち入りが規制されている本妙寺仁王門
【見出下】設計施工業者である小倉の篤志家小林徳一郎の寄贈

北九州《きたきゅうしゅう》地域を拠点にして近代に土木請負業を営んでいた小《こば》林《やし》徳一郎《とくいちろう》は、自らが仕事に熱心に取り組むきっかけとなった熊本《くまもと》の本妙寺《ほんみょうじ》を厚く信奉し、大正期当時としては非常に珍しい鉄筋コンクリート造の仁王《におう》門を自社で施工する形で寄進した。小林《こばやし》が率いていた小林組は、大正期に九州を中心とした鉄筋コンクリート造構造物建設に深く関与し、この他にも熊本市内のコンクリート造アーチ橋や出雲《いずも》大社の大鳥居、九州大学附属農場の一部建物群の施工、さらに八《やっ》代《しろ》海干拓事業などに私財を投じる形で取り組み、その成果は今でも私たちの生活に深く根差したところで現役稼働しているところも多い。しかし小林組それ自体が戦後に廃業したため、詳細については明らかになっていない。熊本地震の被害によって、自慢のコンクリートの門柱にも一部ひびが入り、見た目にも修復が大変なようにも感じる。とはいえ、熊本を代表する古刹《こさつ》である本妙寺の玄関がこのままでいいはずが無く、地元の建築業界の智恵が求められるところだ。

熊本地震で倒壊を免れた第一銀行熊本支店
【見出下】角部の塔屋が建物全体のアクセントとなっている

122

第一銀行熊本支店（ピーエス・オランジュリ）

熊本市中央区

20160903

巡礼31

西村好時《にしむらよしとき》設計による熊本《くまもと》を代表する銀行建築は、とりたてて大きな被害を見ることも無く、かつてのままの姿でたたずんでいた。周囲の石橋欄干《らんかん》が軒並み被害を受け、また町屋建築のいくつかが解体の憂き目に遭うなど、今回の地震による被害が最も激しい地域のひとつとなってしまった新《しん》町《まち》地区の中で、この建物が健在であることは明るいニュースのひとつといえる。第一銀行熊本支店は新町地区を代表する銀行建築であるとともに早くから空調機器会社であるピーエスによって活用が図られ、講演会やパーティ会場としても親しまれていただけに、熊本市街地の中でとりわけその状況が気になった建物のひとつだ。外観は褐色タイルと角部分に取り付けられたタレット（小塔）が特徴的な建物で、金融機関のそれと言うよりも湖畔《こはん》の古城といった雰囲気を漂わせる。内部は大幅に改装が施されているものの、金庫室など金融機関時代の特徴的な部屋はそのままとなっており、機会があれば見学もお薦めしたい。隣接する明十《めいじゅう》橋含め、現役施設としてこれからも使用され続けて欲しい。

123

鉄輪《かんなわ》温泉熱《あつ》の湯《ゆ》源泉跡

大分県別府市

20161008

巡礼32

煉瓦造の源泉湧出口跡

【見出下】近隣には歴史的な建物が多く現存する

鉄輪《かんなわ》温泉は、20年以上行っておらず記憶も曖昧で、翌日に行われる会議の会場からは遠いが久しぶりに伺ってみようと思った。久しぶりの鉄輪は、かつてのうらぶれた雰囲気とは異なり、開いている店が以前より増えて賑わっているという印象を覚えた。近年のリノベーションブームは、古くからの温泉街にも大きく影響を与えているらしく、明らかに最近改装したであろう飲食店が増えた。なるほど少しずつではあるが、スクラップアンドビルド優先の考え方は確実に変わりつつあると思うと実に微笑ましい。翌日は会議前に朝風呂に興じようと散策してみる。しばらく歩いてみると、共同浴場の合間に唐突な形で煉瓦造の2連アーチが見える。これは何だろうか。現地のガイドマップなどを見ると、もともとは共同浴場向けに作られた源泉の湧出口跡だという。煉瓦造のアーチは、なるほど上部からの荷重を支えるというよりは内部の空間を維持するような意味合いが強い小ぶりのものである。使用されなくてもこのように案内板があると、それだけで観光のコンテンツになり得るという分かりやすい実例と言えよう。

【上】サークルベンチとして使用されている気象観測舎
【下】軒垂木含め当時の姿を良好にとどめる

124

九州帝国大学温泉治療学研究所気象観測舎

（九州大学病院別府《べっぷ》病院サークルベンチ）

大分県別府市

20161008

巡礼32

九州《きゅうしゅう》大学病院別府《べっぷ》病院は、その源流を大学の温泉治療学研究所に持つ施設で、現在は研究機能の部分が生体防御医学研究所として、福岡《ふくおか》市東区に移転しているが、地域医療機関としての重要性が評価され、別府市の施設は研究機能が縮小されたものの病院として存続し、現在に至っている。１９３１年に建てられた当初の研究所本館は既に建て替えられているが、どうも気象観測舎の施設が遺っているらしいと伺い、何はともあれ現地に行くこととした。病院を経由するバスに乗り込み、休日の病院玄関に降り立つと、ちょうど建物と玄関との間にぽつりとベンチ付きのあずま屋がある。これが実は１９３５年から「気象観測舎」として設計され九州大学別府地区の変化を見守ってきた稀少なものだと知るひとは極めて少ない。設計当初からベンチが描かれており、施設内の憩いの場にしようという意図があったようだ。病院内では唯一の戦前期から残る施設であり、早く何らかの文化財的保護も図ってもらいたいと思うのは、私だけではないだろう。

125

音無《おとなし》井路《いろ》十二号分水（円形分水）

大分県竹田市

20161009

巡礼32

円形分水は水利権を公平に分けるための現役施設
【見出下】円形分水によって分けられた水は農業用地に運ばれる

大分県庁での会議翌日に大分県竹田《たけた》市の歴史的資源を視察することになった。竹田市周辺の産業遺産で有名なものといえば、農業の発展を期するために作られた各種のインフラ施設群が挙げられる。水資源の確保は作物の栽培のために欠かせず、従って水資源の乏しい地域では水利権を巡るトラブルが古くから絶えない。農業を営む各地域で水を取り決めに従う形で公平に分配するため、作られた設備がこの円形分水である。このような分水方式を用いることによって、水利権の保有比率に応じて水の流れを角度で分けることができ、見た目から公平性が担保されることから、全国各地に作られるようになった。ここからも水利権をめぐり多くの地域で問題が起こっていたことが容易に想像できるが、関東に現存する円形分水は戦後のものが多く、円形分水の普及に関しては九州に一日の長を挙げることができる。こんこんと水が流れゆく姿は昔も今も変わらず、悠久の時流の中で変わらない姿に見とれてしまう。

126
白水溜池堰堤《はくすいためいけえんてい》

産業考古学会の伊東孝《いとうたかし》会長（２０１６年当時）が、国内の産業遺産調査を進める中で「最も美しいダム」と絶賛した堰《えん》堤《てい》が竹田《たけた》市に遺っている。白水溜池堰堤《はくすいためいけえんてい》はもともと起伏の激しい大分県南部において、開墾《かいこん》の難しい地域における農業用水確保のために造られた農業向けのダムで、ここで蓄えられた水が水路を介して周辺地域の水田を潤した。堰堤部分の建設工事においては、大分県各地で近代に多く建造された石橋などを通じ培われた、石工たちの技術が惜しみなく発揮されている。ふんだんに使用された花崗《かこう》岩の石積みの美しさもさることながら、このダムにおける一番の見どころは、堰堤の躯体を兼ねた余水吐《よすいばけ》設備である。貯水量のキャパシティをオーバーした水は堰堤の頂部を乗り越え均等に下の水褥地《すいじょくち》へと降りていく。さざ波を立ててゆっくりと降りてくるその様は、水のカーテンと言われるような繊細さを持ち、そのときどきの降雨量や農作物の使用量によって、水の流れ具合も異なる。何度見ても見飽きない産業遺産でもある。

大分県竹田市

20161009

巡礼32

【左頁上】農業用水をたたえる白水溜池堰堤
【右頁】階段状のカスケードが端部につけられている
【左頁下右】溢流堤の両端も削られないよう石材が積まれている
【同下左】溢流堤を兼ねた作りは水のカーテンに例えられる
【見出下】奥地にあることから幻のダムとの声も

127

塩屋《しおや》旧大蔵
（アートスペースカフェ大蔵《おおくら》清水湯《しみずゆ》）

大分県竹田市

20161009

巡礼32

内部は風呂屋時代の雰囲気を遺すカフェ
【見出下】近くにある古蔵も国登録文化財

竹田《たけた》市内で昼食を摂ろうと、市内のうどん屋に立ち寄った。外観から見るに土蔵《どぞう》を改装したものらしい、なるほど、ガイド役の文化財担当者も気が利いているなと思っていたら、中に入り、もう一段階驚いた。中はお風呂屋さん、銭湯の姿をそのまま遺している。そもそも土蔵造の建物で銭湯とはこれいかに、湯船《ゆぶね》の湿気はどのように処理していたのか、という疑問が次々に立ち上る。江戸時代に作られた当初は、やはり土蔵の姿にふさわしく倉庫として使用されていた建物が、戦後何らかの事情で銭湯に転用されることとなり、また現在はさらにオーナーが変わり、お風呂屋さん時代の雰囲気はそのままに留めたまま、うどん屋とギャラリーとしての改修を受けている。ここまで内外のギャップが激しい改装事例は全国でも極めてまれ、といわざるを得ない。天井には立派な梁《はり》が設けられており、先ほどからの疑問はますます熱気を帯びてくるばかりであるが、じっくりと見学することなく次の視察先を向かわざるを得なかったことが悔やまれる。

128

萬代橋《ばんだい》

新潟市中央区

20161029

巡礼33

新潟市のシンボルである6連アーチ橋の萬代橋（2009年9月撮影）
【見出下】その規模の割には親柱は意外とシンプル

２００９年の話になるが、東京から北陸地方を一周する建築行脚の旅の初日、上野《うえの》駅発の夜行快速「ムーンライトえちご」に乗って午前４時過ぎに新潟《にいがた》駅に到着すると、あたりはまだ真っ暗。春先のまだ雪の残る中、凍えるようにして近くのコンビニに駆け込み、カップ酒を一本買って萬代《ばんだい》橋へと向かった。夜明けとともに水際に浮かぶ優美なシルエットは、ただ美しいと称するほか無く、語彙《ごい》の少なさを憾《うら》んだものである。現在の萬代橋は、３代目の橋として１９２９（昭和４）年に建てられた鉄筋コンクリート造６連のアーチ橋であり、２００４年に国の重要文化財に指定されている。昭和初期に現在の自動車４車線の幅を持つ橋が架けられたのは極めて異例であったが、これは設計当初は路面電車が通ることを前提としていたからである。２０１６年久々に訪れたが、やはり美しさは昔と全く変わっていない。実は、福岡市東区にある名島《なじま》橋と姉妹橋の協定を結んでいることは、それほど知られていない。福岡《ふくおか》と新潟《にいがた》とをつなぐ橋を介した交流はむしろこれからの話になるだろうか。

【上】小桜館の名称で文化活動の場となっている西置賜郡役所
【下】階段の中程に窓が取り付けられている
【見出下】正面2階部分の色ガラスと扉

129 西置賜《にしおきたま》郡役所（小桜館）

山形県長井市

20161029

巡礼33

長井《ながい》を含めた山形県内陸部は、置賜《おきたま》地方という名称で知られ、江戸時代は米沢《よねざわ》藩の支配下にあった地域でもある。今回、私を含め数名の友人たちで撮り集めた近代建築写真展「まちかどの近代建築写真展」（長井市の開催は2016年10月30日―11月6日）の全国巡回会場のひとつとして訪れた長井市は、花の町として売り出しており、つつじ公園やあやめ公園など花の名を冠した公園が各所に在る。　写真展の会場としても使用した西置賜《にしおきたま》郡役所は、1878（明治11）年に建てられ、全国に遺る郡役所建築のなかでも2番目に古いものである。左右対称の作りはいかにも役所という感じがあるが、特徴は玄関部分に付けられた虹梁《こうりょう》と木鼻《きばな》である。これらは、ともに社寺仏閣建築に多く用いられるもので、本格的な洋風建築では当然使用されない。このような明治期の大工が見よう見まねで西洋建築を造った痕跡の遺る大工の手による建物を擬洋風《ぎようふう》建築と総称するが、この旧西置賜郡役所はまさにその典型と言えよう。現在は小《こ》桜《ざくら》館という名称で地域の公民館的施設として使用されている。

民間の建物となっている羽陽銀行長井支店
【見出下】建物正面のイオニア式オーダー

130 羽陽《うよう》銀行長井《ながい》支店

山形県長井市

20161030

巡礼33

長井《ながい》での「まちかどの近代建築写真展」開催時に、建築探訪仲間でまちあるきのプロとも言える知人より、長井市内の見どころを教示いただいた。長井市は、地域の代表的な駅である長井駅から南側が江戸時代から続く市街地であり、北側は明治期以降に新たに整備されたという。同じ歴史的建築である旧西置賜《にしおきたま》郡役所（項目129）は駅の北側に位置しており、明治期に出来た官公庁街の中心的な役割を担っていたことになる。写真展の設営を終え、朝の時間を利用してまちあるきをしてみた。市街地の事前情報をあまり持たずに来てしまったため、教えられるがままに南北の主要道に沿って歩くと、目の前に不思議な建物が見えてきた。白亜《はくあ》の銀行建築、という言葉がぴったりとくる建物で、そのこぢんまりとしたたたずまいといい、屋上部に不用意に増築された部分がついている様といい、側面から見ると新興宗教の施設かと勘違いしてしまいそうだが、こちらは純然たる金融機関・羽陽銀行の支店として1934（昭和9）年に建てられたものである。なるほど、こういった面白い建物との出会いがあるから、まちあるきはなかなかやめられない。

かつての医院建築が曳屋の上記念館となっている
【見出下】角部の綱模様モルタル意匠

131 桑島《くわじま》眼科医院（桑島記念館）

山形県長井市

20161030

巡礼33

朝食後の散歩を兼ねて、山形県長井《ながい》市の商店街をうろついていると、商店街付設駐車場の一角に唐突として、古風なたたずまいを持つ2階建の洋館が現れた。駐車場には敷地に関わる痕跡もなく、何だろうこれは、と考えるほかにはない。玄関扉上部にはただ「桑嶋《くわじま》眼科《がんか》醫院《いいん》」との文字。しばらく周囲を見渡すと、ひとの背丈より少し低いくらいの「みずはの小道」と書かれた案内標識に解説パネルが付けられていた。それによると、建物は1927（昭和2）年に造られた眼科医院で、取り壊しの予定であったものを住民運動によって保存され、現在は市の指定文化財になっている。建物自体は別の場所にあったものを曳家によって現位置に移されたとのこと。案内板に書かれた「みずはの小道」だが、長井市は「最上《もがみ》川フットパス」として最上川沿岸の木道や砂利道など車の通りにくい細い道を活用し、まちあるきコースをNPOなどと協力して設定している。長井市には商店街のほかにも各箇所にルートが設定されており、こういった案内板が全国にも普及していくと、もっとまちあるきに親しむ人も増えてくるのではないだろうか。

132

高畠《たかはた》鉄道高畠《たかはた》駅

山形県東置賜郡高畠町

20161030

巡礼33

【上】文化財登録されている高畠鉄道高畠駅
【下】保存車輌の日本車輌製モハ１号電車
【見出下】最後は山形交通の営業所として使用された

山形新幹線との乗換駅である赤湯《あかゆ》駅から、近くにどうしても見たい建物があり、タクシーに乗り込んだ。乗り換え時間などを含めると持ち時間は2時間も無い。ここはためらうことなく、目的地である旧高畠《たかはた》駅の名を告げる。高畠町はもともと製糸業で栄えた地域で、かつてあった高畠鉄道の鉄道線はこれら製品の輸送目的で１９２２（大正11）に開通した。もっとも、モータリゼーションの進化に伴って１９７４（昭和49）年に早々と廃止されてしまい、その線路跡は自転車道に転用されている。目的地は、その自転車道沿線にある、石造2階建の旧駅舎建築である。石造りながら重厚さよりも明るさが目立つこの建物は、地元産の高畠石を使用しており、とりわけ瓜割《うりわり》という石切場から切り出された石が持つ黄土色の風貌は、訪れて良かったと思わせるだけの迫力を持つ。旧駅舎周辺には、かつての変電所や鉄道で使用されていた車輌などが保存されており、これらもまた、鉄道の歴史を今に伝える貴重なものである。建物上屋など石造の建造物群はちょうど２０１6年に国有形文化財に登録されており、現地には真新しいプレートが飾られていた。

133 合田邸《ごうだ》

香川県仲多度郡多度津町

20161103

巡礼34

ドーマー窓が印象的な洋館
【見出下】多種多様のモザイクタイルの組合せ

福岡《ふくおか》市での仕事を終え、新幹線を乗り継ぎ3時間かければ、香川県に到着する。交通網の発達は誠にありがたい限りである。向かった先の多度津《たどつ》は、古くから交通の結節点として栄えた場所で、江戸期には金比羅《こんぴら》街道、近代では松山《まつやま》・高知《こうち》行きの両鉄道線の分岐点となっている地域で、現在もJR四国《しこく》の工場が立地する。合田《ごうだ》邸はこの金比羅街道沿線である本通地区に立地する旧家で、大正末期～昭和初期の間に建て増しを繰り返していった建物群である。建物の主であった合田房太郎《ごうだふさたろう》（1861―1937）は、当時多度津で隆盛を誇った豪商のひとりで、内部は当時流行したスクラッチタイルやステンドグラスなどで彩られた和洋混在の棟々で構成されている。基本的には近代和風建築の典型例であるが、内装にはアールデコの影響を思わせるデザインモチーフが多く遺されており、地方の港におけるデザインがどのように伝播し展開されていたか気に掛かる。2016年11月3―6日に行われた見学会では、4000名を超える見学者が押し寄せ、近代建築に対する関心の高さが四国でも根強いことも確認できた。

合田邸見学会には朝から行列が並んだ

裏手にある煉瓦造の蔵

暖炉と両脇のステンドグラスの対比

134

楽天堂医院《らくてんどう》

香川県仲多度郡多度津町

20161103

巡礼34

この建物をひとことで称すると、にぎやかな近代建築、と言えようか。玄関部分の車寄せには、派手なコリント式オーダー（柱飾り）が施されているかと思えば、現存する窓の建具もかなり凝っている。二階上部のパラペット（手すり壁）の意匠も賑々しい。香川県多度津《たどつ》町の、ＪＲ四国多度津工場の向かい側にあって、古くより医療を行っていた建物であるが、医院としてはすでに使われておらず、現在は別の業態の店舗が入っている。古くよりの名称である“lakutendo-hospital”の名称は玄関部分に誇らしげに今も遺っており、建物が大切に扱われていたことを今に伝えている。国道の向かい側に建てられた山本医院も１９２６年に建てられた医院建築で、こちらは現役。旧楽天堂医院のアーチ窓と対照的な矩形《くけい》の窓と直線的なデザインモチーフを使用しており、印象は全く異なる。同じ近代建築というカテゴリにありながら、印象の異なる建築を一度に見ることができるのは、多度津の大きな魅力と言えよう。

各種様式が混淆したような楽天堂医院

【見出下】大振りな窓下意匠

135

毛《け》馬《ま》閘門《こうもん》

【上】煉瓦造護岸と鉄扉の毛馬第一閘門
【下】鉄扉は内側のチェーンを介し操作される
【見出下】閘門内側には両岸通行用の開腹アーチ橋が取付けられている

産業考古学《さんぎょうこうこがく》会は2017年に創立40周年を迎えた。11月にこの学会の全国大会が開かれるため、急遽大阪《おおさか》に向かった。初日はプレ見学会という名称で、大阪界隈の水に関連する施設を見て回ったが、その中でいちばんの見所がこの毛馬《けま》閘門であった。現在の淀《よど》川と1909年に河川改良工事でバイパスが作られる前のかつての淀川水路であった大川《おおかわ》とを結ぶ毛馬閘門には、淀川改良工事の際に作られた煉瓦遺構が現存している。現在の毛馬水門に隣接して、1907年に完成した毛馬第一閘門と洗堰（1910年完成）が遺されており、これらは2008年に国の重要文化財に指定されている。新旧の閘門が並列して現存し、一般に公開されているという事例はかなり珍しいが、ここだけではない。世界中の産業遺産を逍遥する研究者の何名かは、現地説明の際に気付いていたようだが、ドイツ・ルール工業地帯のヘンリヒェンブルグにある運河閘門もまた1899年にドイツ帝国が威信をかけて造った閘門と1920年代そして現役の閘門とが並列して存在し、現在は運河博物館として、こちらも一般に公開されている。

大阪市北区

20161104

巡礼34

136

桜宮橋《さくらのみや》

大阪市北区／都島区

20161105

巡礼34

夕暮れに映える桜宮橋

【見出下】鉄骨同士はリベットと3ヶ所のヒンジで留められている

日も暮れかかった大阪の旧淀《よど》川を跨ぐ国道1号線を渡り、旧桜宮《さくらのみや》公会堂に向かう。その際に利用する優美な橋が、桜《さくら》宮《のみや》橋である。土木構造物の設計は従来、専門の土木設計者が担当することが一般的であるが、こちらの橋は例外的に建築家が担っており、当時の関西における建築界の重鎮であった京都《きょうと》帝国大学の武田《たけだ》五一《ごいち》が意匠設計を行っている。

橋のアーチ部分の真ん中と両端部分にヒンジ（丁番）を設けるという珍しい中路アーチ橋が造られた。橋を構成する鋼材同士を緊結するために取り付けられたリベットが重厚感を、橋の荷重を支えるアーチが優美なシルエットを見せている。これこそまさに機能美と言えよう。「銀橋《ぎんばし》」との通称でも知られる桜宮橋は、交通量の増加とともに橋を架け替えるもしくは拡幅するという選択肢を求められ、議論の結果橋の保存が決定、2006年に隣地に新桜宮橋が竣工した。こちらの設計も関西出身の建築家である安藤忠雄《あんどうただお》が担当しており、八百八橋《はっぴゃくやばし》とも例えられる大阪の河川景観に新たな魅力が加わった。

137

半田《はんだ》運河

愛知県半田市

20161106

巡礼34

【上】自然河川である十ヶ川を拡幅改修し運河利用した
【下】運河周辺の景観維持のため解体した倉庫を再現
【見出下】皆さんご存じのお酢メーカーの本社は半田市

半田《はんだ》市で開かれた赤煉瓦ネットワーク全国大会の見学会として、市街中心部の散策と博物館視察が行われた。その際に歩いて巡ったのがこの半田運河のほとりである。ここでは半田運河、という名称で表記しているが、実際は自然河川である十ヶ川《じゅっかがわ》の下流域に相当する。江戸時代に入って現在の半田市街に相当する市街地が形成されると、この河川を利用して知多《ちた》半島の特産品が江戸まで船で運ばれていった。人工の運河とは異なり、たびたび河川の氾濫に見舞われたが、そのたびに中埜《なかの》家や盛田《もりた》家をはじめとした半田地域の有力者が開削などの改修を行った結果、十ヶ川は半田運河という名称で広く知られるようになった。半田市の中心部にある中埜酒造やミツカンなども、この河川を古くから輸送のために用いており、現在でもおなじみのミツカンマークのついた黒壁の倉庫群が連なっている。醤油蔵や酒蔵が並ぶ周辺域は散策ができるようになっており、またかすかに漂うお酢の香りは、環境省の「かおり風景100選」に選ばれるなど、産業遺産が好きな人間以外にも観光地と認識され多方面から評価されている。

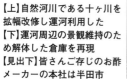

138

丸三《まるさん》麦酒《ビール》醸造所半田《はんだ》工場
（半田赤レンガ建物）

赤煉瓦ネットワークの2016年全国大会は、愛知県半田《はんだ》市で行われた。半田、といわれてもぴんとこない方が多いかもしれないが、お酢で有名なミツカンの本社があるのがこの半田市である。こちらにあるかつてのビール工場が2016年全国大会の会場である。こちらの工場もまた、ミツカンの前身である中埜《なかの》酢店中埜又左衛門《またざえもん》と盛田善平《もりたぜんぺい》らによって作られたビール会社「丸三麦酒醸造所」が作ったビール専用の工場である。実施設計者は福岡県庁舎（1915年竣工、現存せず）などの設計者で知られる妻木頼黄《つまきよりなか》。後に会社はカブトビールという名のビールブランドを生み出し、全国的に売り出されていたが、1933年に当時最大のビール会社であった大日本麦酒（サッポロ・アサヒの前身）と合併する。工場はその後様々な用途に用いられていたが、1996年に民間企業から半田市に譲渡される。2015年には耐震補修を終え半田赤レンガ建物として一般公開、今回の全国大会と懇親会の会場として使用された。

愛知県半田市

20161105

巡礼34

【右頁】大規模な煉瓦造の施設である丸三麦酒半田工場
【左頁上】建物内には安全上の理由からは入れないエリアも多い（２０１６年６月撮影）
【同中】多くの市民が利用出来るよう補強された柱（２０１６年６月撮影）
【同下右】歴史的な空間の中で会議やイベントが出来るスペース（２０１６年６月撮影）
【同下左】１階の一部は資料館及び飲食が出来るレストランに（２０１６年６月撮影）
【見出下】工場の床面は鉄骨の梁と煉瓦の連続アーチで構成（２０１６年６月撮影）

有松絞発祥の建物と言える竹田邸
【見出下】建物の一部は作品の展示場として用いられている

139 竹田《たけだ》邸

名古屋市緑区

20161106

巡礼34

名古屋《なごや》に向かう道すがら、知人と待ち合わせ東海道《とうかいどう》・有松《ありまつ》宿をご案内いただいた。有松は東海道沿線に古くからある宿場町で、いわゆる五十三次の宿場ではないのだが、歌川《うたがわ》広重《ひろしげ》が描いた浮世絵の代表作「東海道五十三次」の鳴海《なるみ》宿は、実際はここ有松を描いたものであるという。2016年7月に文化庁の「国重要伝統的建造物群保存地区」に選定され、名実ともに東海道を代表する歴史的な街並みと言える。その中で、今回拝見したのが竹田《たけだ》邸。現在は有松絞《しぼり》の製造と販売を行う竹田嘉兵衛《かへい》商店の店舗兼住宅として使用されている。江戸時代からの手仕事を行う二次産業の建物が現在でも同一用途で使用されているのは、まさに奇跡的と言えよう。火災予防のための塗籠《ぬりごめ》造の重厚な外観と内装の落ち着いたたたずまいとのギャップは古き良き日本家屋ならではの優美さを持っている。現代の流行に適った絞りの新作展示も行っており、伝統と流行とが交錯する空間としても目が離せない建物だと言えよう。

140

金久《かねく》白糖《はくとう》工場石垣

鹿児島県奄美市

20170115

巡礼35

名瀬・金久地区の製糖工場の石材が周辺部に現存
【見出下】石材は小学校の石段にも転用されている

「明治日本の産業革命《さんぎょうかくめい》遺産と奄美」と題された講演会の講師を引き受け、福岡《ふくおか》空港と奄美大島《あまみおおしま》空港とを結ぶ一日一便の飛行機で、奄美《あまみ》市名瀬《なぜ》に向かった。特段の用事がないとなかなか伺う機会のないところではあるが、沖縄とも、九州とも違う文化が多く、独特の魅力を感じる。奄美地方最大の市街地である名瀬地区には、講演タイトルとも縁深い外国人の建てた工場の跡が残っている。それが金久《かねく》地区の白糖《はくとう》工場の建材を転用した石垣である。この工場は、グラバー商会のグラバーを介して薩摩《さつま》藩に雇われた、いわゆるお雇い外国人のトーマス・ジェームス・ウォートルスが奄美の地に築いた製糖工場であり、幕末期における薩摩藩産業発展のための外貨獲得に貢献した、記念碑的施設である。現在工場跡地には目立った遺構もなく、ただ製糖工場で使用された石材の一部が写真に見られるように民家などの石垣の一部として現存している。奄美大島特有の珊瑚《さんご》で出来た石灰岩と全く見た目も異なる、島外から運ばれてきた溶《よう》結凝灰《けつぎょうかい》岩なので、ふらっと観光客が訪れてもすぐに違いが分かるかと思う。

141 永田橋《ながたばし》市場

【上】鉄筋コンクリート造の特異な外観を持つ永田橋市場
【下】魚の骨のように見えるバットレス（控え壁）
【見出下】隣地には「奄美大島カトリック教会発祥の地」碑

鹿児島県奄美市

20170115

巡礼35

奄美《あまみ》大島・名瀬《なぜ》市街でのまちあるきイベントは、都市計画の視点の中で、まちの成立を役場をはじめとした行政機関の移転を軸として、港湾機能や住民の生活の場などが移り変わっていったという、街の変容を多様な視点で見ていくという非常に興味深い内容であったが、このイベントの中で気になる建物を見つけた。「奄美大島カトリック教会発祥の地」石碑の隣地にあるそれは、永田橋《ながたばし》市場という名前で、戦後における公設市場としての役割を担っていたという。現在まちづくり団体などが使用方法について模索しているさなからしいが、とにかく外観の異質さは他の建物のインパクトを一瞬にして奪ってしまうほどだ。一見すると魚の骨のようにも見えるバットレス（控壁）は、建物内部に余分な柱を造ることを防ぎ、市場ならではの広々とした空間を確保するために機能している。その外観が機能を意味しているという点では、これもまた奄美地区を代表するモダニズム建築だと言えよう。

【上】カトリック芦花部教会内部
【下】文化財登録されているカトリック瀬留教会

142 カトリック芦花部《あしかべ》教会と瀬留《せどめ》教会

鹿児島県奄美市
鹿児島県大島郡龍郷町

20170115

巡礼35

奄美大島は起伏に富んだ地形を持っており、尾根を隔てそれぞれの集落が独自の文化を持ち続けている。その一角にある芦花部《あしかべ》教会は、外観からは古さを感じづらいが、建物内部は竣工当初からの雰囲気を維持している。中でも見どころは天井部分で、いわゆる竿縁《さおぶち》天井の形態を取りつつも、横に渡す板を斜めに切って矢羽《やばね》状に彩っている。これは扉を開けてみないと分からない、実に魅力的な空間である。

一方瀬留《せどめ》教会は1908年に竣工した教会建築で、奄美地区を代表する教会のひとつとして、何はともあれいちばん見たかった建物であった。このとき訪れた施設群の中では、この施設のみが国の有形登録文化財となっている。こちらも改装が著しいため、古さが分かりにくい建物だが、内部は往時の雰囲気を留め三廊式の大きな造りを採っている。中心部と両端とをわける柱には屋久杉が使用されている。天井は格天井であるが、上に載せられた天井板は格子を隔て互い違いに並べる形を取っており、見た目にも丁寧な仕上げをしている。どこか本州《ほんしゅう》の寺院建築テイストをも感じさせる、不思議な建物と言えよう。竣工100年を過ぎ、今も多くの信徒の信仰を集めている。

143 赤尾木《あかおぎ》送受信所無線塔

鹿児島県大島郡龍郷町

20170115

巡礼35

奄美《あまみ》大島での講演会を引き受けた最大の理由は、今まで行ったことの無いところに遺る近代化遺産を見たかったという部分が大きい。その行程のなかで必ず訪れたかった見学地が、高さ約30mの無線塔である。見た目から分かる無骨さは、とりわけ周囲に大きな建造物が建っていない龍郷《たつごう》町・赤尾木《あかおぎ》地区にとってはランドマークであったことだろう。現在は県道82号線を挟む形で3本の無線塔が現存しているが、竣工当初は10本の無線塔があり、離島間の無線送受信に活躍していたという。そのうちの1本は道路のすぐ横にあり、接近も容易なので立ち寄ってみた。同じ無線塔であった佐世保《させぼ》市の高さ約１３０ｍを誇る針尾《はりお》送信所と比べると、規模もコンクリートの質も全然異なるが、米軍からの機銃掃射をうけた痕跡であるコンクリートの剝離部など、この存在自体が持つ戦争の記憶は、今もなお大きい。いや、今後ますます大きくなっていくことだろう。空港からほど近く、名瀬《なぜ》地区まで続くバス路線沿線からも見ることが出来る。奄美大島北部地域において稀少な、戦争を伝える産業遺産である。

【右頁】赤尾木送受信所無線塔
【左頁上】道路を挟み3本の送信塔が現存している
【同下右】わずかに遺る機銃掃射の痕跡
【同下左】送信塔の内部は狭く空洞となっている
【見出下】鉄筋コンクリート造の送信塔基礎部分

144

龍野《たつの》醤油本社事務所（うすくち龍野醤油資料館）

兵庫県たつの市

20170323

巡礼36

九州各地の次に伺うことの多い、神戸での仕事ついでに龍《たつ》野《の》へ向かった。単純に「まだ行ったことがないところを見に行く」という気持ちから。神戸《こうべ》へは研究関連やNPO法人での用事で伺う機会が近年特に増えており、そのたびにどこか巡ったことのないところへ伺おうと度々計画を練っている。最初に伺ったのが、城下に程近い旧市街。その市街地の中でも龍野を代表する有名な建物が、この資料館である。もともとは醤油会社の事務所として建てられ、1979（昭和54）年からは日本でも珍しい醤油に関する資料館として一般公開されている。表面を覆うタイルはかなり大振りで、煉瓦よりは木ブロックのそれに近い。また一階部分窓周りのアーチ意匠は、当時流行したデザインであるセセッションの流れを濃厚に感じさせ、外観最大の特徴と言える。内部は醤油醸造に関する機械設備も多く遺されているため、産業遺産としても展示品である和船とともに注目すべきだろう。

うすくち龍野醤油資料館外観
【見出下】醸造実験のための各種機材

145

龍野《たつの》醤油同業組合事務所

兵庫県たつの市

20170323

巡礼36

旧龍野醤油同業組合事務所
【見出下】角部に張り出すように玄関を設ける大胆な構成

一見して首をかしげてしまうくらい、建物としては左右非対称の不整形な平面構成であり、細分されなおかつ建物規模から考えてもかなり狭めの廊下を持っている。うすくち龍野《たつの》醤油資料館（項目144）と同年代に建造された組合の事務所で、事務所内には実験機能を備えていたことなどから、多人数が入ることを想定していない施設と考えられる。醸造試験の性格上衛生面に注意が求められることから、床面はタイルで覆われている。外観のタイル張りは、鉄筋コンクリート造のオフィスビルにも負けないだけの風格を持っており、単体で存在するというよりも、都心部でビルが立ち並ぶ中にあるとうまく調和するような建物なのかもしれない。近年まで同業組合が所有する資料館施設として使われていたが、訪れた際は地域コミュニティの活動発表施設として使用されている。使用状況によっては内部が自由に見学できないが、これも建物を後世に受け継ぐためのものと割り切っていたが、今は観光施設に改修されたという。

146

官営八幡《やはた》製鐵所遠賀川《おんががわ》水源地ポンプ室

福岡県中間市

20170326

巡礼37

【上】現役施設である遠賀川水源地ポンプ場
【下】設備更新に応じて塞がれた縦長窓の跡（2006年3月撮影）

福岡県世界遺産登録推進室の依頼を受け、年一回程度「明治日本の産業革命遺産」のうち八幡《やはた》と中間《なかま》両地区の構成資産を巡るツアーの解説役を務めている。その中で、必ず一度は見学地として入っている施設がこのポンプ室である。思えば、初めて遠賀川《おんががわ》越しにポンプ室を見たときは、その規模の大きさに関心を覚えるとともに、堤防に半ば隠れてしまっているその姿が、どのようなものか。全容を確認したいという欲求に駆られた。周囲には誰も居ない産業施設が見学地として認識されたのは、世界遺産の国内候補として決定された2014年に入ってからだろう。いまや見学用の案内板やスペースも設けられ、昔日の感を覚える。世界遺産としての価値も勿論のこと、筆者が現在研究を行っている高炉スラグを用いた鉱滓煉瓦《こうさいれんが》を使用した建物としては、日本国内に現存する最古の施設でもある。またその使用方法も赤煉瓦との混構造となっており、施設建造における関係者の資材選択に関する研究が、世界遺産登録を機に発展していくことを一研究者としても大いに期待したい。

147

上田蚕糸専門学校講堂《うえださんし》

（信州《しんしゅう》大学繊維《せんい》学部講堂）

長野県上田市

20170329

巡礼38

繊維産業の城下町・上田を代表する講堂建築

【見出下】学校を代表する施設として当初から時計を設置

長野《ながの》県の中でも上田《うえだ》市は、山深くなかなか訪れにくいところであったが、北陸《ほくりく》新幹線を使えば、今や東京《とうきょう》駅から90分程度でついてしまう。駅前から製糸工場を見学した後、次は台地を回り、信州《しんしゅう》大学へと向かった。上田市に本拠を置く信州大学繊維《せんい》学部は、上田蚕糸《さんし》専門学校を学部の源流としている。大学構内には煉瓦造の倉庫など、専門学校当時使用された建物が資料館として現存しており、蚕糸学校から続く伝統をそこかしこに垣間見ることができる。繊維学部講堂も専門学校時代からの施設として著名である。建物は講堂施設として昭和初期に建てられたもので、現在旧制高等学校建築として遺る全国各地の建築様式に近似しており、妻入りの玄関部分を張り出したさまは、学校の講堂建築によく見られるものである。おそらくは文部省としての標準設計に則って建てられたものと考えられる。グローバル化の進む大学研究のただ中にあって、当時の木造建築が現役のまま使用されていることには、感服せざるを得ない。

148

常《とき》田《だ》館製糸場施設

長野県上田市

20170329

巡礼38

上田《うえだ》市というと、お城や戦国時代に思いをはせる方も多いだろうが、私としては糸へん産業が気になってしまう。今回は温泉旅行を兼ね、かねてより気になっていた蚕糸《さんし》産業に関連した施設を見に行くことにした。上田駅から南西方向にしばらく歩くと、城郭と見紛うばかりにそびえ立つ白壁の建物が目に付く。これは信州《しんしゅう》の製糸産業を支えた木造5層の漆喰《しっくい》壁をもつ繭蔵《まゆぐら》倉庫で、２０１２年に敷地内にある他の6棟の施設とともに、国の重要文化財に指定された。建物としては、現在もスチロール製品の倉庫として使用されており、工場内の現役倉庫として使用されていることは非常にほほえましい。後に作られた鉄筋コンクリート造5階建の繭倉庫も見ごたえ充分であり、併せて見学しておきたい。これら施設は国重要文化財に指定後も、電子産業に業種転換した笠原《かさはら》工業が管理しており、私にとっての上田城とは、やはり堀割城郭よりもこちらの繭倉庫のほうがしっくりときそうだ。

【右頁】高層木造建造物として貴重な常田館製糸場倉庫
【左頁上】1階は和風で2階はやや洋風の製糸場事務所
【同下右】鉄筋コンクリート造5階建の繭倉庫も重要文化財
【同下左】製糸場倉庫の荷物用エレベータ
【見出下】笠原工業常田館製糸場煙突

149

上田《うえだ》蚕種《さんしゅ》協業組合事務棟

長野県上田市

20170329

巡礼38

和洋折衷の趣も見られる上田蚕種協業組合事務棟
【見出下】カイコガを模したユーモラスなマーク

信州《しんしゅう》大学の正門から裏手相当になる県道79号線沿いに、木造2階建のいかにも古そうな建物が見えたので、大学の裏門から道路を渡り、その詳しい経緯もよくわからないまま訪れてみた。附属的につけられた平屋部分と裏側の建物群をのぞけば、左右対称で同年代に竣工した建物群と比較すると、装飾の少ないつくりをしているが、窓周り上部にはトライアンギュラーペディメント（三角切妻）が取り付けられているなど、近代建築の雰囲気を漂わせるつくりがそこかしこにあり、なかなか見ごたえがある。中でも一番気になるデザインはその正面ど真ん中部分にある。玄関上部の庇妻《ひさしつま》部には見出下写真のように不思議なマークがついており、これはいったい何ものかとしばし考えたが、どうやらカイコガをモチーフとした紋章《もんしょう》だと気づくと、これもまたほほえましい。今も繊維《せんい》技術で日本の最先端研究を行う信州大学とともに、上田という都市が養蚕《ようさん》で栄えていたことを今に伝える重要なサインといえよう。

150

上田丸子《うえだまるこ》電鉄別所温泉《べっしょおんせん》駅

長野県上田市

20170330

巡礼38

【上・下】簡素ながら洋風デザインを施した別所温泉駅
【見出下】一部観光案内所などが入居する駅ホーム

上田駅周辺には、かつて繊維《せんい》産業が栄えていたことなどから、物資の運搬目的などの理由で複数の私鉄鉄道路線があった。それらを運営していた会社が昭和に入ると、いくつかの統合を経て上田丸子《うえだまるこ》電鉄となる。この会社は現在バス事業を抱える上田交通となり、子会社である上田電鉄が唯一の鉄道線を運行している。上田電鉄別所温泉《べっしょおんせん》駅は、昭和初期の鉄道の雰囲気を色濃く遺す建物で、歴史ある温泉街の玄関口としての旅情を醸《かも》し出す役割を果たしている。

別所温泉は、古くは1000年以上遡る歴史と泉質もさることながら、映画やドラマのロケ地としても知られている。改修中の保存車両を拝見した後、駅に向かうと、駅舎内にはいつの頃から掲げられたかわからないような古くからの広告がつけられており、なるほどロケ地にふさわしい建物である。同じタイプの駅舎がここ上田電鉄線には中塩田《なかしおだ》駅にも現存しており、見そびれた上田城とともに、今度はこちらも見学にいかねばならないと思っている。

コラム

金を中心とする佐渡《さど》鉱山の遺産群

新潟県佐渡市

日本の鉱山の中で石見《いわみ》銀山と並び有名なところと言えば、佐渡《さど》金山が挙げられる。戦国時代には上杉謙信《うえすぎけんしん》などの戦国武将が金山を資金源とし、江戸時代には幕府の長きにわたる統治を支えた痕跡が、島内の幾ばくかに存在している。近代にも銀や銅鉱の採掘が長く行われ、その歴史は1989（平成元）年まで続いた。2010年に世界遺産の国内暫定リストに掲載、現在正式なエントリーに向けて資料の精査を行っているが、島ならではの独特な建築としてのたたずまいも地域の魅力のひとつだろう。大立《おおだて》竪坑や大間《おおま》港北沢浮遊選鉱場や各種の資料館など、見学が容易に出来るところも多く、是非とも登録直前の人の混雑する時期を避け今のうちに「予習」のための見学をお薦めする。

【右頁】大間港の港湾引込み線設備
【左頁上】1877年ドイツ人技師の指導で造られた大立竪坑
（竪坑櫓は1940年に建替え）
【同中右】大間港の荷さばき用クレーン台座と格納庫
【同中左】北沢浮遊選鉱場はライトアップも行われている
【同下右】鉱山内に遺る貨車用のターンテーブル
【同下左】鉱山坑道を走るバッテリーロコ
【見出下】大間港のベルトコンベア設備跡

佐渡金山
大立竪坑

151

新津《にいつ》油田金津《かなづ》鉱場《こうば》跡

（動力室二段式ナショナルポンピングパワー1号機・原油処理施設群）

新潟市秋葉区

20170330

巡礼38

金沢《かなざわ》延伸後初の乗車となる北陸新幹線を経由し矢代田《やしろだ》駅にて下車。ここからしばらく歩き、「石油の世界館」に到着する。ここはかつて日本有数の石油産出地であった新津《にいつ》油田の中心部であった。ここでの石油の掘削は、エネルギーの効率化と省力化を図るため、集中動力を用いている。山間の動力室に設けられた直径8ｍのポンピングパワーと呼ばれる大型の薬《や》研車《けんくるま》を介して、わずか30馬力ほどのモータで発生した動力をシーソーの原理を利用して25本に及ぶ各石油井戸に伝えられ、石油をくみ上げる仕組みが用いられてきた。県道沿いから山道を登ると、原油を採掘していた櫓《やぐら》が何本も見えてくる。かつてはこれらの櫓からワイヤが張り巡らされていた。石油に関わる施設の多くは、１９９６年まで丸泉《まるいずみ》石油興産（株）によって実際の石油採掘に用いられ、跡地は閉鉱初期から産業遺産としての保存措置が講じられた。現在周辺にある煉瓦造の濾過《ろか》池や水切りタンク、さらに水分を蒸発させる加熱炉、送油管などの石油精製・備蓄施設などは一括して「石油の里公園」として一般に開放されており、２００８年には経済産業省近代化産業遺産にも認定された。

【右頁】簡素な山小屋にしか見えない動力室上屋
【左頁上右】C86号井・綱式機械堀石油井戸
【同上左】特徴的な丸みを帯びた煉瓦造の水切りタンク
【同中】煉瓦造の加熱炉
【同下右】土蔵造の旧木工室・後年事務所としても使用
【同下左】動力室内部、奥に見えるのがモータ

152 全天《ぜんてん》医院（今井《いまい》眼科医院）

新潟市秋葉区

20170330

巡礼38

今井眼科医院外観

【見出下】地盤沈下か、車寄せ部分に段差があり車が寄せられない

日没までの間、時間の許す限り新津《にいつ》の市街地に遺る近代建築を見てまわることにした。銀行や個人宅など、現存する施設はまばらながら、どれも新津という町がある程度の拠点性を持っていなければ出来なかった建物である。なかでもここで紹介しておきたい建物は、国道沿いにある今井《いまい》眼科医院である。建物それ自体に地域的な特徴を探すことは難しく、敢えていうならば、かつて全国的によく見られた下見板張りの洋風建築であるが、竣工年代は明治末期と伝えられる。なるほどかなりの年代物という視点で見ると、1階窓と2階窓とを隔てる部分には、学校建築などでも用いられる張り出し意匠や筋交《すじか》い状の交差木材が見られ、これらは昭和初期の和洋折衷《わようせっちゅう》の木造病院建築では見られにくい意匠である。また一世紀を経た現在でも現役の医院として使用されていることは特筆できよう。バリアフリーのために床面の一部にブロックが積まれているのは、使用され続けている証拠である。

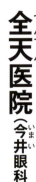

153

観慶丸商店《かんけいまる》

宮城県石巻市

20170331

巡礼38

改修オープン間近の旧観慶丸商店
【見出下】多種多様なタイルは見本としても用いられる

2010年の夏に初めて東北を訪れた際、見てみたかった場所のひとつが石巻であったが、途中熱中症にかかってしまい計画を変更したことが悔やまれてならない。震災を経て今回、夕暮れ時ではあったがようやくこの観慶丸《かんけいまる》商店を訪れることができた。タイルで覆われ、窓の少ない外観から一見鉄筋コンクリート造と勘違いしていたのだが、実は木造。東日本大震災時の津波を耐えたことが今更ながらに驚かされる。最上階のパラペット（胸壁）部分には緑釉のスペイン瓦が用いられており、数種用いられているタイルとあわせて昭和初期のデザインの流行を一目で把握できる。竣工当初は百貨店として用いられたこともあり、建物としての遊び心が外観のさまざまな窓の形にも見て取ることができよう。オープン直前に拝見したため、以前と変わらない姿を拝めたものの、内部に入ることができなかったことが二度目の悔しさとなった。2019年こちらの建物で写真展を開催することへと繋がったのだが、縁とは不思議なもの、というほかない。

【右頁】両翼部はバルコニーを通じて平行に移動できる
【左頁上右】旧登米警察署庁舎　【同上左】「六方」の複雑なトラス構造
【同中右】記念館内部は裁判所時代の様子を復元
【同中左】水沢県庁は記念館となっている
【同下】登米尋常小学校は教育資料館として公開されている
【見出下】旧登米警察署2階に続く急な階段

154

とよま明治村（水沢県庁記念館・登米《とよま》警察署・旧登米《とよま》小学校）

宮城県登米市

20170331

巡礼38

水沢《みずさわ》県庁記念館は、宮城県が現在の県域になるまでの間に存在した県の庁舎であった建物で、後年の改装が著しいが、大振りな車寄せ部分と屋根勾配角度の急なところが、なるほどかつての格式を匂わせる。登米《とよま》警察署は、明治20年代頃全国各地に建造された凝った意匠を持つ木造洋風警察署庁舎のひとつで、1986（昭和61）年からの修復工事を経て、現在は警察資料館。玄関部分上部のバルコニーは建物の規模の割には大ぶりで、急な階段もまた、城郭建築からの系譜を感じる明治の洋館ならではのものだ。旧登米小学校校舎は、地区の中心施設である観光物産館の隣地にあり、コの字型の平面構成をした荘厳な小学校建築である。他の建築群と同じく戦災と東日本大震災を耐え抜いた大規模木造建築で、教育資料館として近年補修工事が終了したばかりだ。校舎は1、2階ともに片側に廊下が置かれ、生徒を見守りやすい格好となっている。玄関部分には渦巻き文様を模したイオニア式オーダーが変形したような柱が取り付けられているが、その姿はどこかユーモラスで、様式を積極的に受容する明治期特有のおおらかさを感じる。

自力更生

155 東北帝国大学附属図書館閲覧室（東北大学史料館）

仙台市青葉区

20170401

巡礼38

【右】内部は旧図書館時代の雰囲気を遺す（2010年8月撮影）
【左】縦長のアーチ窓と蜘蛛の巣型のフレーム
【見出下】旧制第二高等学校の象徴である蜂章

東北《とうほく》大学片平《かたひら》キャンパスは、その前身校のひとつである旧制第二高等学校と東北帝国大学の施設群を現在でもキャンパス内の各所に遺しており、青葉山《あおばやま》キャンパスへの統合移転計画を一部変更して、施設の多くは現在耐震工事を経て新たな用途としての整備が進んでいる。その一角にかつて図書館として使用された施設が史料館に転用されている。私がこの施設をはじめて訪れたのは２０１０年のことであり、東日本大震災前の時点で改修工事が進みつつあるキャンパスを見ることが出来たのはまったくの幸運であった。二度目の訪問となる今回は、休日のため残念ながら内部を見ることが出来なかったが、震災を経てもなお健在な姿を確認できた。建物としては１９７３年まで附属図書館として用いられ、現在は図書館から独立した史料館として転用されている。片平キャンパス自体はこれからも大学施設として維持されるため、この建物を今後も見ることが出来るのは、ありがたい話だ。

東北学院旧宣教師館は東北学院敷地隅にある
【見出下】外からヴェランダ部分の網代天井が見える

156

東北学院大学旧宣教師館（旧シップル館）

仙台市青葉区

20170401

巡礼38

仙台《せんだい》市内は大戦時の空襲の影響もあり、大規模な近代建築がそれほど多く現存していない。この傾向は福岡《ふくおか》市と似たような状況といえる。しかしながら、現存する数少ない建造物に関しては、文化財としての指定が進んでおり、東日本大震災を経て地域の資源として生かそうという試みが進められつつある。この旧宣教師《せんきょうし》館もその流れの中で保存への道が開かれた。東北《とうほく》大学の南隣地に位置する東北学院大学の西端に少し朽ち気味の西洋館がある。駐車場に位置しているものの、長く使用されている痕跡も見られないため、今後を心配していたが、2016年に国重要文化財に指定された。典型的なヴェランダコロニアル様式（ヴェランダを設け植民地の温暖湿潤な気候に適応した洋風建築の様式）の洋風建築で、当初は屋根材に地元雄勝《おがち》産の天然スレートを使用していたという。九州では長崎《ながさき》を中心に比較的残っている、明治期の宣教師住居建築であるが、東北では珍しいといえよう。現在は立入禁止となっているが、近く改修の上見学出来ることを期待したい。

157

大東京火災海上保険仙台支店（西欧館《せいおうかん》）

仙台市青葉区

20170401

巡礼38

まちなかに凜とたたずむ西欧館
【見出下】避雷針を兼ねた正面パラペットの飾り

仙台《せんだい》市は東日本大震災以降数度訪れているが、いつも他地域に向かう際の中継点として素通りすることが多く、今回は久々に東北《とうほく》大学を歩いた。その後、昼食がてら様子伺いに見に行った建物がこの「西欧館《せいおうかん》」である。全面をタイルで覆い、窓の少ない建物自体は、もともとは保険会社の社屋として、戦後は店舗として用いられており、仙台市の中心部にありながら、使い続け遺っている様を見ることができる。パラペット（屋根部分を隠す胸壁）が様式主義的ではあるが、これは保険会社ならではか。佐藤功一《さとうこういち》の設計物件の中でも、現存する数少ないオフィスビル建築であることも、建築分野の人間にとってはポイントと言えよう。今回、6年ぶりに訪れてみると、リノベーションされたのか、1階部分は大幅に改装されながらも粘り強く使用され続けている。次は2階も拝見したいと思ってはみるものの、唯一の問題は、2階は歯科医院であること。あまりお世話になりたくないところではある。

158
神戸市立生《き》絲《いと》検査所
(デザイン・クリエイティブセンター神戸)

神戸市中央区

20170408

巡礼39

【上】ネオゴシックの神戸市立生絲検査所
【右】地下に保管されていた直立型のボール盤(2010年6月撮影)
【見出下】階段周りに遺るアールデコ調のデザイン

かつて神戸《こうべ》を中心に日本最大級の企業グループとして隆盛を誇った鈴木《すずき》商店。現在も双日《そうじつ》や帝人《ていじん》、神戸製鋼所など多くの企業が鈴木商店を源流に持っているが、昭和恐慌のあおりを受け倒産した影響もあり、歴史的な検証はいまだ途上だ。そのような鈴木商店の歴史を後世に伝えるべく、企業関係者を中心にWeb上で「鈴木商店記念館」が作られた。私もコンテンツ執筆に協力し関係しているが、今回、記念館の講演会があるというので、別件のついでに神戸へ伺った。会場はかつての生糸検査所で、港町にふさわしく、内部は大量の生糸を捌くだけの広々とした空間が確保されている。正面入口のファサードや内装は重厚な尖頭《せんとう》アーチなどを持つネオゴシックの系譜に属する。とはいえ、昭和期に入ってつくられた外観は、装飾を極度に簡素化しておりアメリカ摩《ま》天楼《てんろう》建築のそれをも思わせる。2009年には日本建築学会から保存要望書を出され、現在はアートスペースを中心とした複合施設に転用されている。

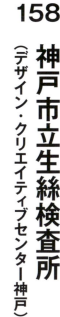

159

山田守邸《やまだまもる》

東京都港区

20170415

巡礼40

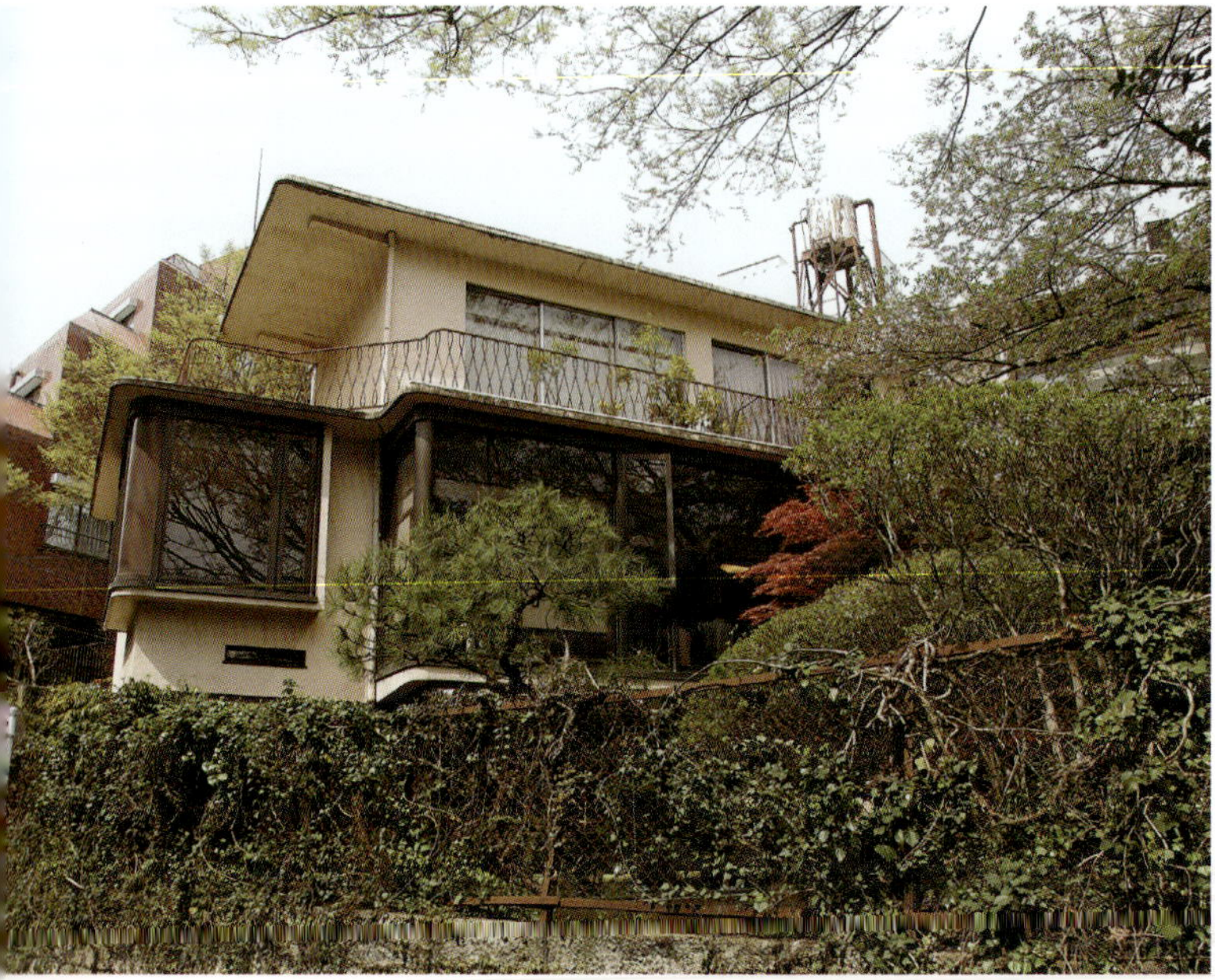

築山でボリューム感を抑えている山田守自邸

【見出下】内部が和室の2階部分

東京で開催される産業考古学会《さんぎょうこうこがく》の理事会が遅い時間からの開催であったので、お昼までの間にどこかを見学したいという願望がうずうずとわいていた。前日に色々と調べていると、なんと建築家・山田守《やまだまもる》（1894―1966）の自邸がたまたまこの日公開されているという。これは行くしかなかろう、と羽田《はねだ》空港から邸宅のある南青山《みなみあおやま》まで直行した。外観は個人宅と思ってみるだけではピンと来ない方もいるだろう。しかしながら、そこは逓信《ていしん》建築の代表格である山田らしい、外観に見える建物の角を面取りしたスタイルや、2階部分の大胆な窓構成、さらに螺旋《らせん》階段など、逓信建築で使われたモチーフがやはり自邸にも活かされている。1階部分がカフェ、2階は画廊などの形で使用されており、今でも子孫の方が住まわれているため、内部の撮影は禁止。また建築事務所を兼ねていた3階エリアは見学できなかったが、2階は見事な和室。窓からは築堤《ちくてい》を見ることができ、山田守が妻のために建てたと言われる空間は、実に外観からは想像できない落ち着きを見せるものであった。

160 コミュニティセンター進修館《しんしゅう》

埼玉県南埼玉郡宮代町

20170416

巡礼40

スリバチ状の野外広場はコンサートを想定
【見出下】広場に直面するバルコニーの放物線アーチ

大阪・天満屋《てんまんや》ビル（項目052）での写真展に引き続き、埼玉県宮代《みやしろ》町でも同様の写真展を開催することとなり、会場である進修《しんしゅう》館を訪れた。宮代町、といわれても九州在住者にはぴんとこなかったが、駅前案内板の最初に書いている日本《にほん》工業大学と言えば、産業遺産関係者としては、一度は訪れるべき工業技術博物館があるところとして知られる。この進修館は、農地の多い宮代町のコミュニティセンターとして作られた施設で、築40年近くなった現在でも竣工当初の調度品などが多く現存している。それだけ地域の住民に愛された施設と言える。建物の設計は沖縄県の名護《なご》市役所で一時代を築き上げた象《ぞう》設計集団。近代建築愛好者にもこの進修館が建てられた場所として宮代町の名は一部知られている。建物は彼らの代表作である名護市役所（項目037）と同じく、バリアフリーに設計されており、施設内部へのアクセスが多方面から容易なことなど、設計に対する思想をそこかしこに垣間見ることが出来る。将来の登録文化財確実な名建築と言えよう。

161

宮代《みやしろ》町立笠原《かさはら》小学校

埼玉県南埼玉郡宮代町

20170416

巡礼40

多くの小学生が通う宮代町立笠原小学校
【見出下】今帰仁村中央公民館等と共通する渡り廊下

東武《とうぶ》鉄道沿線の中でも、東武動物公園は家族連れの多いところとして、土休日には多くの人で賑わうところである。この動物公園のすぐ近くに、象《ぞう》設計集団が宮代《みやしろ》町に設計したもうひとつの建物がある。それがこの笠原《かさはら》小学校。開放的な建物の構成は進修館（項目１６０）に比べると、より沖《おき》縄《なわ》での作品群に近く、実際に近隣でも入学希望者の多い人気のある小学校であるという。地元では竜宮《りゅうぐう》城とも呼ばれているそうだが、この小学校には、いわゆる「竜宮門」はない。赤などの暖色系で構成された色配置、そしてなによりも設計者である象設計集団の代表作である名護《なご》市役所（沖縄県、項目０３７）のイメージが、南国としてのイメージを想起させ、それらを竜宮城と頭の中で合致させているのではないか。確かに日当たりの良い渡廊下は、南国のイメージそのままだ。小学校建築ならではのひらがなばかりが並べられるコンクリートブロックは、なるほどただ歩くだけでも児童への教育を狙っているのか、と考えると、初等教育のあり方を考える上で実に面白い。この建物もまた名作と言えよう。

162

東武《とうぶ》鉄道40号蒸気機関車

埼玉県南埼玉郡宮代町

20170416

巡礼40

宮代町役場近くにある40号蒸気機関車
【見出下】テンダ式機関車で排煙板を設けない形式

宮代《みやしろ》町をしばし散策すると、公園に置かれている蒸気機関車を見つけた。この機関車はもともと官設鉄道が１８９８（明治31）年に導入した蒸気機関車を大正時代に東武鉄道が譲り受けたもので、１９６６（昭和41）年まで使用されていたとのこと。東武沿線の宮代町が譲り受け、現在役場前の公園にこのように静態保存されている。明治時代の外国製蒸気機関車にふさわしく、小ぶりの姿がとても愛らしい。同時に訪れた近代建築群とは異なり、この蒸気機関車は特に目的としてみたものでなく、いわば訪れたところにたまたまあった産業遺産であった。しかしながら、他地域に置かれているノスタルジーとして一般記号化された蒸気機関車とは異なり、この一両は、東武鉄道が宮代町と培ってきた地域づくりを今に伝える、文字通りの「遺産」ではないかと思えてならない。野外展示ながらメンテナンスが定期的に行われているのだろう、朽ちた様子も見られない。これからも進修館《しんしゅうかん》（項目１５９）とともに地域の宝物として長く遺され続けて欲しい作品である。

番外

端《は》島《しま》炭鉱

長崎県長崎市端島

巡礼41

【右頁】端島は軍艦のような遠景から軍艦島と呼ばれる
【左頁上右】高層住宅の建具は既に喪われ木材が地表に錯乱
【同上左】俗に日給社宅と呼ばれる鉄筋コンクリート造4棟の高層住宅群
【同2段目右】端島炭鉱唯一の映画館「昭和館」の一階部分
【同2段目左】巻揚機室から事務施設に転用された煉瓦造遺構
【同3段目右】67号棟南面に設けられたＸ階段　【同3段目左】石炭運搬用ベルトコンベアの跡
【同下右】端島小中学校6階の講堂　【同下左】幼稚園水槽から端島神社を望む
【見出下】65号棟屋上の幼稚園に設けられたすべり台

「明治日本の産業革命遺産」の世界遺産構想はどこから始まったか、これに関しては様々な解釈があるものと思われるが、ひとつの炭鉱の存在が大きく関わっていることだけは間違いない。端島炭鉱はその遺構としての存在感から近代建築史や産業遺産の研究者に早くから注目され、世界遺産の柱として存在する。その価値は、世界遺産に登録されている岸壁に用いられた、天川という特殊な接合剤を通じて語ることも出来るし、産業都市としての成立過程に見ることもできる。集合住宅建築の内部構成の変遷を語る上でも教科書的な存在と言えよう。研究者からの指摘を受け地元側も動いた。２００３（平成15）年のＮＰＯ法人「軍艦島を世界遺産にする会」設立を契機に、端島炭鉱は過去の石炭の記憶から、産業遺産として語り継ぐべき存在へと少しずつ舵を切っていった。またそれは炭鉱という産業の残滓が軍艦島という名の観光地へと変わっていく、ある意味での歴史の流れを象徴すべき出来事なのかもしれない。

163

池島《いけしま》炭鉱社宅群

長崎県長崎市池島

20170422

巡礼41

明治維新とともに多くの炭鉱がつくられた九州においても、21世紀まで長く稼動を続けた炭鉱はたったひとつであった。その最後の炭鉱となったのが、池島《いけしま》炭鉱である。1950年代より島の改造を含めた大規模な造成を伴う整備が行われ、海底炭鉱の代表として繁栄し続けてきたこの島も、2001（平成13）年に閉山、それ以降は東南アジアの炭鉱技術者向けの研修施設として、また都市鉱山としての再起の道を図っていたが、それも今は昔の話となった。炭鉱はその採掘活動を終え、施設の多くは少しずつ崩れ、また草《くさ》叢《むら》に覆われ自然に帰りつつあるが、一部の施設は、三井松《みついまつ》島《しま》リソーシスが観光坑道として一般見学が出来るようになっている。島を散策すると、共同浴場やかつての炭鉱住宅として使用された団地群が現存しており、とりわけ中層部分に回廊《かいろう》を設けた25号~31号棟の連続社宅群が屹立するさまは、離島《りとう》とは思えない壮観である。かつて営業していた商店や娯楽施設なども遺っており、戦後復興を力強く支えた炭鉱の姿を見たいと思うなら、早いうちに伺うことをお薦めする。

【右頁】島の高台から社宅群を望む
【左頁上】居住者のいなくなった集合住宅は木々に埋もれつつある
【同中】斜面地を利用し集合住宅5階部分にも入口を設ける
【同下】池島の由来である島内池を炭鉱用の港に改造
【見出下】9階建て相当の大規模な鉱員社宅

164

出津《しつ》救助院

世界文化遺産に登録された出津救助院
【見出下】救助院内のマカロニ工場

九州西部にあるキリスト教教会群を中心とした「長崎《ながさき》と天《あま》草《くさ》地方の潜伏キリシタン関連遺産」は２０１８年に世界文化遺産へ登録されたが、この構成資産に取り上げられている遺構のひとつに出津《しつ》地区のキリスト教関連施設が挙げられる。これら施設は地区内で布教活動を行っていたマルク・マリ・ド・ロ神父が、長崎市北部・外海《そとめ》地区の住民が置かれた貧しい環境を改善するため授産事業として建設したものである。重要文化財に指定されたこの救助院の中にはマカロニ工場や漁網《ぎょもう》工場など、作物をただ生産するだけでなく消費地が求める加工品に仕上げた上で高付加価値をつけ販売する、現在において六次型産業といわれるものの先鞭をつけていたことは、注目に値する。これら地域の住民が生きていくための施設群が世界遺産となっている。今回は、目的地が異なるため遠くから拝見するのみであったが、一度改修工事前に訪れた際は、ド・ロ神父の崇高な精神に深く感じ入るとともに、明治期の外国人宣教師が持っていた高い教養と技術にも関心を覚えた。

長崎県長崎市

20170422

巡礼41

165
龍湖瀬坑《りゅうこぜこう》

福岡県大牟田市

20170429

巡礼42

三池《みいけ》炭鉱は筑豊《ちくほう》や長崎《ながさき》などの炭鉱地帯と違い、その炭鉱史のほとんどの期間を三井《みつい》一社が採掘していたが、明治初期には官営炭鉱としての歴史をも持っていた。明治初期の官営時代に採掘が行われた痕跡を現在見ることは非常に困難だが、その痕跡のひとつであるという龍湖瀬《りゅうこぜ》坑を地元NPO関係者の案内で特別に見学することが出来た。写真の通り、穴のような部分を除けば、ただ藪《やぶ》を進んでいるようにしか見えないのだが、わずかな地形の差から、トロッコ軌道などを用いて石炭を運んでいたのではないかと思わせる痕跡や、戦時中に再度炭鉱を稼働させていた時期の神社跡など、人為的な地形の名残をそこかしこに見ることができる。足下にある黒い石を拾うとたまに石炭が落ちていることもある。今は稀少になった三池炭が、まだここではそこかしこに散らばっており、かつて採掘が行われていたときの熱気のかけらを留めている。どの炭鉱設備も手を加えない限りはこのように藪に埋もれていくのか、などと考えると、自然の力強さにはただ感服するほかない。

【上】龍湖瀬坑・坑口上にあった山神社の跡
【下右】坑道に繋がる輸送路の石垣がかろうじて分かる（2014年6月撮影）
【下左】戦時中再度採掘されていた際の山神社の痕跡
【見出下】露頭坑（龍湖瀬坑の別称）と書かれた石柱

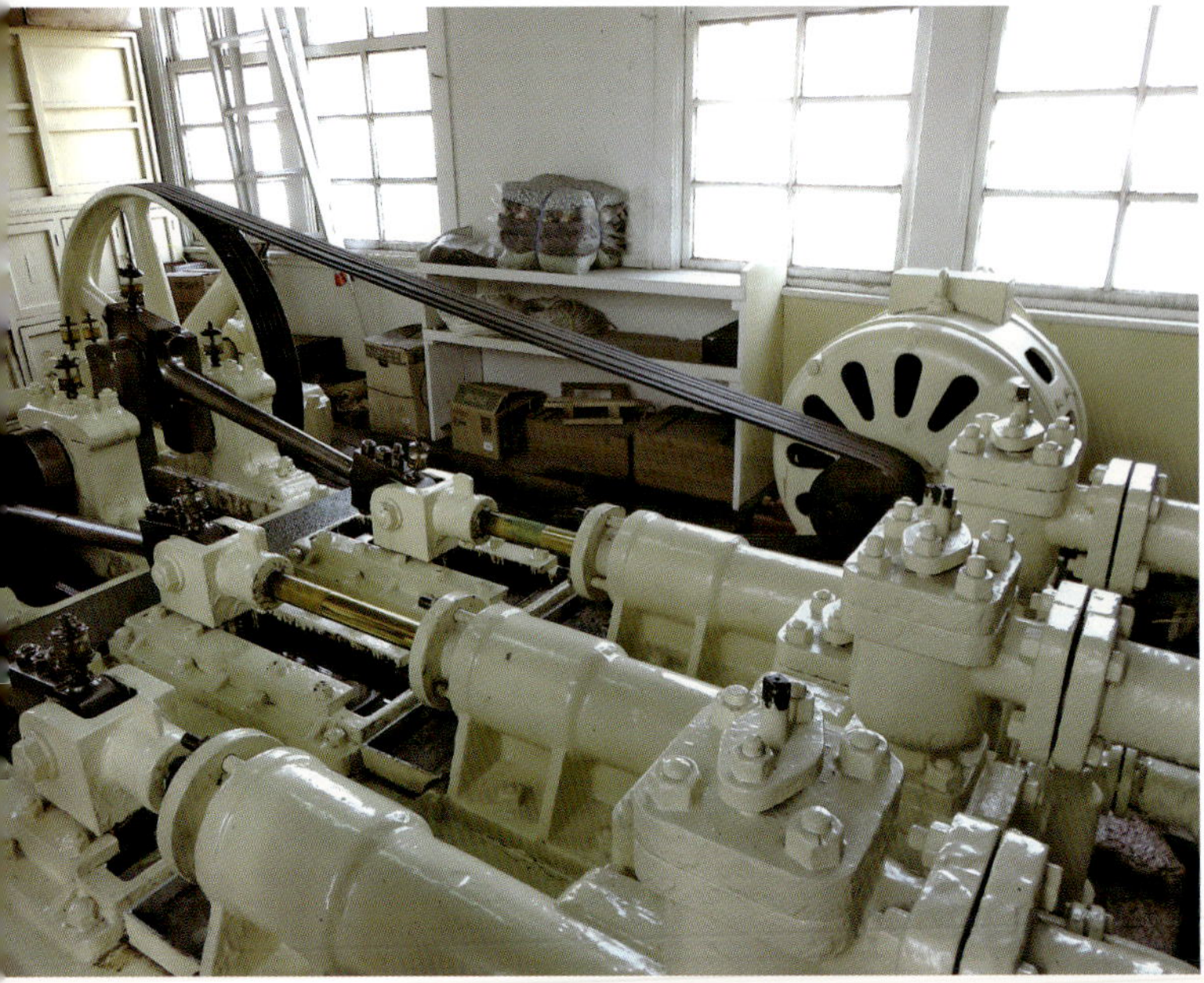

機械類は、開港時から修理を重ね稼働を続ける

166 三《み》池《いけ》港施設群

福岡県大牟田市

20170429

巡礼42

2015（平成27）年に「明治日本の産業革命遺産」が世界文化遺産に登録されて以降、大牟田《おおむた》市では炭鉱遺産の観光利用に向けた整備が進められている。その中で地元研究会主催の見学会があると連絡があり、大牟田に伺った。集合場所である大牟田駅の西口から各自車に分乗し西へ数分、まず向かった先は世界文化遺産の構成資産である三池《みいけ》港である。現役の港湾施設であるため、普段は非公開となっているが、今回、学会の見学会ということで特別に見学することが出来た。この港の特徴は、干満差の大きな有明《ありあけ》海に面していることから、満潮《まんちょう》時に入港した船舶が係留《けいりゅう》時に干潮《かんちょう》で動きが取れなくなる事態を防ぐため、港の入り口にパナマ運河に見られるような閘門《こうもん》を設け、港内の水位を一定に保つ仕組みを備えていることだ。煉瓦造の排水用水門と船舶が通る開閉式の閘門がセットとなり、今でも月数回程度であるが開閉を繰り返しているという。今回、閘門の動力室と機械を拝見することも出来た。明治期に作られた港湾システムが今も稼働していることは、非常に興味深く、世界遺産としての価値を実感する。

【上】港内水量調整用の水門
【中】三井のマークと火災避けの懸魚
【下】世界遺産の構成資産である三池港閘門

【右頁】社員の余暇施設として建てられた旧三井港倶楽部（2011年5月撮影）
【左頁上右】2階に続く大振りな階段（2011年5月撮影）
【同上左】贅をこらしたマントルピース
【同2段目右】一般公開前の三川坑入口（2009年6月撮影）
【同2段目左】三川坑事務所と繰込場
【同3段目右】三川坑に遺るワイヤロープ巻揚設備
【同3段目左】軌道敷から移設された国産初期の炭鉱用電気機関車
【同下】三川坑斜坑坑口（2014年6月撮影）

167

三井《みつい》三池《みいけ》炭鉱三川《みかわ》坑と三井《みつい》港《みなと》倶楽部《くらぶ》

福岡県大牟田市

20170429

巡礼42

三池《みいけ》炭鉱の中でも三川《みかわ》坑は、港に比較的近い位置に設けられており、戦後最大の炭鉱事故でも知られる。1997年に閉山されるまで主力坑として稼働していたため、構内には第二斜坑と送風機室、さらに繰込場や事務所などといった当時の姿をとどめる施設がいくつか現存している。世界遺産の登録運動が進展し始めた2011年より期日を限定した公開が行われ、2019年現在では毎週の土休日に一般公開が行われるようになった。これに併せる形で大牟田《おおむた》市が所有するかつての炭鉱電車が、現在も三井《みつい》化学の電車が行き交う炭鉱軌道敷近くの大浦《おおうら》地区から三川坑内に移設され、観光客のニーズに適った整備が進められる一方で、現存する炭鉱施設のうち、保存状況が思わしくない繰込場を解体撤去し、同様の建物をレプリカとして整備する計画もあるという。ぜひとも充分な議論を尽くした上での、本物を希望して訪れる観光客の期待を裏切らない整備を望むばかりだ。

5
5

168

三池《みいけ》炭鉱万田《まんだ》坑

福岡県大牟田市

20170429

巡礼42

今や世界遺産としての名で知られる三池《みいけ》炭鉱万田《まんだ》坑は、1997年に国の重要文化財に指定されるまでは、その価値を関係者以外に知られることがなく、ひっそりとたたずむ設備群であった。産業遺産が一般観光客を迎えるようになったのは、世界遺産がブームになった2000年代以降の話であり、ここ三池炭鉱においても価値を再認識される前に取り壊された四山《よつやま》坑（1924年竪坑櫓《たてこうやぐら》竣工）や戦後復興期に出来た有明《ありあけ》鉱（同1967年）など、今ならばイベント会場としてまた地域のランドマークとしても活躍したかもしれない施設が、ここ20年ほどの間に壊されていった。そのような意味では万田坑は幸運な施設であると言えよう。施設としての特徴は炭鉱坑道《こうどう》先端の切羽から石炭や資材を引き上げるための竪坑設備、またそれ以外の鉱員《こういん》風呂や職場、変電所に輸送用引込み線など、石炭が採掘され港へ運ばれるまでの一連の流れをシステムとして確認することが出来る施設がそれぞれ現存することで、その価値が現在世界遺産として評価されている。訪れる国内外からの観光客を見ると、時代の急激な変化を感じずにはいられない。

【右頁】当時使用されていた炭車なども構内に遺る
(2015年10月撮影)
【左頁上】往時の姿を留める三池炭鉱万田坑遠景
(2015年10月撮影)
【同中右】かつての変電設備なども現存
(2015年10月撮影)
【同中左】工具などを修理する施設の「職場」
【同下】今にも動き出しそうな巻き上げ設備
(2011年5月撮影)

モダニズム建築の名作・三井化学J工場
【見出下】カーテンウォール構造で大きく広く取られた窓（2011年5月撮影）

169
三井《みつい》化学J工場

福岡県大牟田市

20170429

巡礼42

建物における、いわゆるモダニズムと呼ばれる様式には、いくつかの鉄則があるが、その最たるものに構造と機能の一致が挙げられる。建物がその要求される機能を満たすために必要な仕組みがそのまま構造として顕れている、そのような建物は、見ていてすっきりとしており、単なる四角い箱とは一線を画する独特の美しさがある。九州におけるモダニズム建築の中で一番好きな建物が、この三井《みつい》化学J工場である。まずその雄大な規模は見る者を圧倒させる。一層ごとの階高が6mと非常に大きいが、これは化学工場ならではの機械設備類を内包するためであり、またカーテンウォール構造となっていて、採光のために用いられた連続水平窓は、外観の明快さを際立たせている。石炭産業がいずれ衰退することを見越した三井財閥《ざいばつ》の総裁團琢磨《だんたくま》が、石炭を利用した化学産業の育成を行った結果、炭鉱閉山後の今でも大牟田《おおむた》には多くの工場が稼働しており、この建物も團琢磨の遺産と言えよう。市内の多くの場所で見ることができるその偉容は、まさに工場城下町のランドマークである。

170

九州鉄道尾倉《おぐら》橋梁

北九州市八幡東区

20170504

巡礼43

関西から知人が訪れるというので、地元北九州《きたきゅうしゅう》の中でもとりわけ奇観とも言うべき産業遺産を案内しようと色々とガイドした。まず訪れたのが、古くからある住宅地の一角に突如として現れるアーチ橋。なんと、橋の上に家が建っている。ここはかつて鉄道線を道路に転用した際、広い橋梁《きょうりょう》幅の一部を民家に転用したもので、国内でも類を見ない民家敷地と道路との併用橋となっている。路盤上に登って東西方向を見るとなるほど傾斜が緩やかでかつて蒸気機関車が通っていたことを感じさせる。この橋梁はもうひとつの特徴として将来の拡幅を見越して付けられた「下《げ》駄《た》っ歯《ぱ》」と呼ばれる市松《いちまつ》模様のギザギザな構造が付けられており、特異なパターンがてんこ盛りな物件と言えよう。私はこの橋を、水の都ヴェネツィアにある屋根付き橋の代表例になぞらえて、北九州のリアルト橋、と勝手に呼んでいるのだが、考えてみればこの橋の下は道路が通っていて、水とあまり縁がない。やはり、類似例がなかなか思いつかない、希有な橋梁だ。

【上】アーチ橋の上に家が載る九州鉄道尾倉橋梁
【下右】河川を埋め道路設置したため車は通りにくい
【下左】東側に現存する九州鉄道茶屋町橋梁

171 河内《かわち》貯水池と南河内橋

北九州市八幡東区

20170504

巡礼43

ピントラスと複雑な部品構成が特徴

【見出下】レンズを2枚並べた外観は、魚形橋と呼ばれる（2011年9月撮影）

産業用ダムは全国に数多いが、それに美観を兼ね備えたダムはどのくらいあるだろうか。この施設は官営八幡《やはた》製鐵所の第三次拡張計画の一環で製鉄業に必要な水源の確保のために作られた貯水池で、現在も日本《にっぽん》製鉄八幡製鉄所専用の貴重な水源である。訪れた方々が賛嘆する自然石の多用は、製鐵所が貯水池周辺区域を社員のレクリエーションエリアとして位置づけ整備した成果である。この貯水池を南北部に隔てる中間地点に、鮮やかな赤みを帯びた南河内橋がある。この橋梁《きょうりょう》の特徴は、見た目にも複雑なトラス構造「レンティキュラートラス」にある。凸型レンズをふたつ並べたような構造は魚形《ぎょけい》橋とも呼ばれ、その形自体が橋に掛かる加重を左右に分けており、軸部の加重はピンで受け流されている。国内現存唯一のトラス形式である希少性と技術的価値が評価され、2006年に国重要文化財に指定された。これら施設を一体的に設計・指揮したのが京都《きょうと》帝国大学第一期卒業生で製鐵所土木部長の沼《ぬま》田《た》尚徳《ひさのり》。沼田は河内地区のほかにも自然石を多用した多くの土木施設の建設を指導しており、製鐵所施設の世界遺産登録を機に改めて貴重な観光資源として注目されつつある。

【上】古城のたたずまいを持つ河内貯水池堰堤(2011年9月撮影)
【下右】1944年の空襲により崩壊した三方弁室
【下左】曝気のために設けられた亜字池(2011年9月撮影)

コラム

官営八幡《やはた》製鐵所

北九州市八幡東区

巡礼43

【上】官営八幡製鐵所旧本事務所（2009年9月撮影）
【下】鋳鉄製のフレームを持つ重厚な玄関扉
【見出下】世界文化遺産にも登録されている修繕工場（2009年4月撮影）

私の生まれ育った家の向かい側にはかつて等間隔に並んだ木造平屋建の社宅群があり、山の斜面上に見えるその姿は、なるほど今考えれば工業都市にふさわしいものであった。今はなき八幡《やはた》製鐵所高見《たかみ》社宅である。２０１５年に「明治日本の産業革命遺産」のひとつとして世界文化遺産に登録された官営八幡製鐵所は、実に１２０年近く八幡《やはた》の地で鉄の生産を続けている。構内には当初から使用されてきたいくつかの工場施設群や岸壁などが現存しているが、それらのうち旧本事務所と修繕《しゅうぜん》工場、旧鍛冶《かじ》工場、さらに中間《なかま》市にある遠賀《おんが》川水源地ポンプ室が世界遺産の構成資産となっている。八幡製鐵所の理解と協力のもと、少しずつ改修工事が進められており、これら施設が何らかの形でより見学が容易になる日が、いつか訪れることを期待するばかりだ。

172 欅坂《けやきざか》橋梁

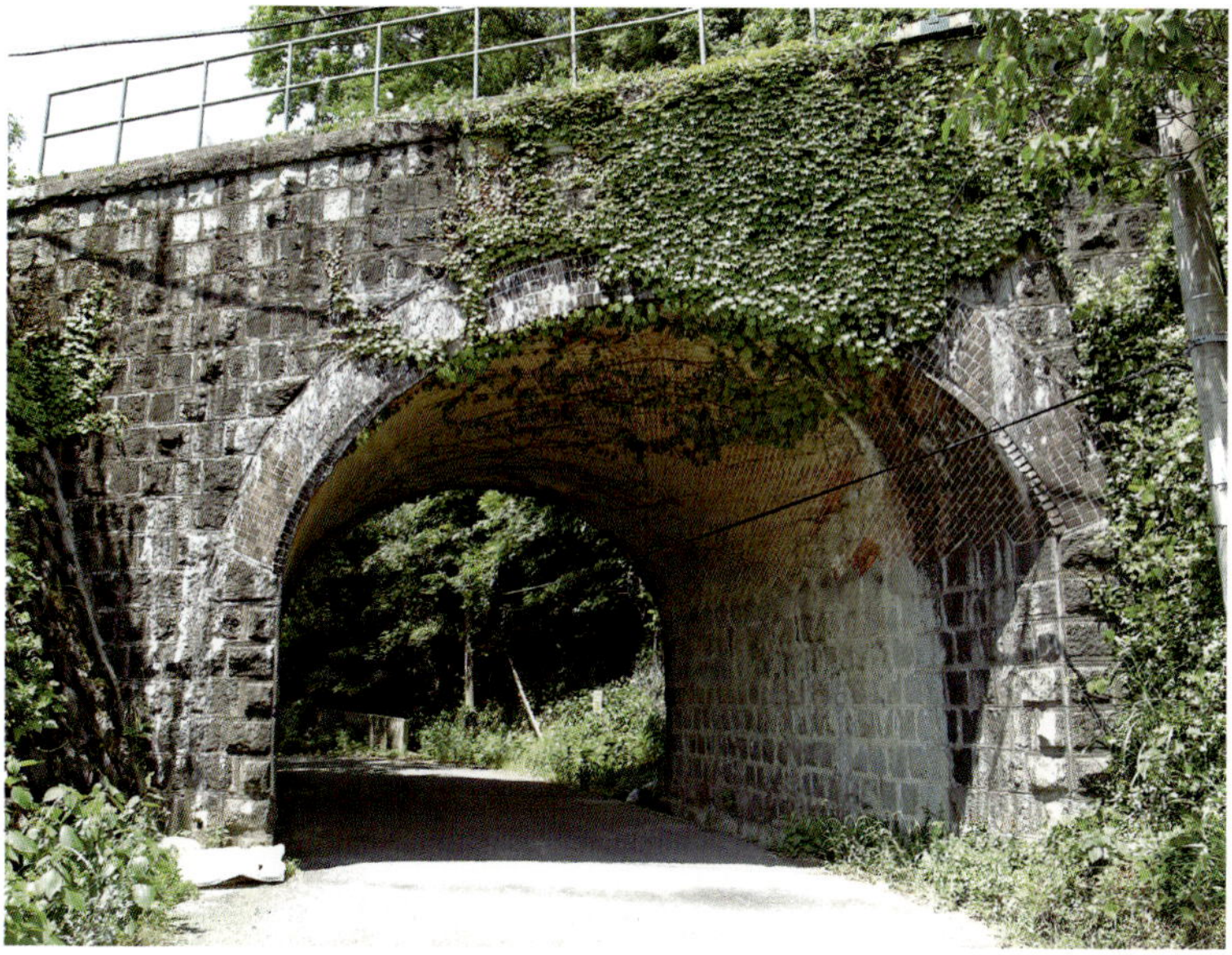

欅坂橋梁（2010年6月撮影）
【見出下】隧道に対し斜めに道が位置するため、斜拱渠が採用

福岡県田川郡香春町

20170504

巡礼43

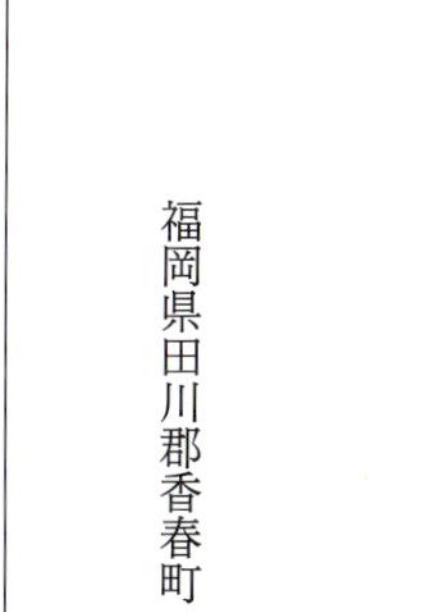

北九州《きたきゅうしゅう》市から田川《たがわ》郡香春《かわら》町に入り、国道322号線から脇道にそれてすぐのところに、まず地元人でもそうそう訪れることのない日田彦山《ひたひこさん》線の橋梁《きょうりょう》が現存する。この鉄道橋は、下を通る旧道から斜めの角度で架けられている。鉄筋コンクリート構造の橋梁の場合は、道に直交する橋梁と同様に足場をかけ型枠を作っていくだけだが、煉瓦造の場合は、斜め方向に架けようとするとそれぞれの面の片側に煉瓦の端材が出来ることになり、また加重が偏って掛かってしまう。このような事態を防ぐため、最初から煉瓦自体も端材を生まないように斜めに組んでいくと、アーチのある内側から見ると煉瓦自身をねじっているように見える。このような工法で作られた煉瓦造アーチ橋は、「ねじりまんぽ（斜《しゃ》拱渠《きょうきょ》）」と総称される。まんぽとは、関西方面のトンネルに対する方言だとのこと。北九州地域にはこのようなねじりまんぽが3箇所あり、九州でも現在のところ北九州エリアにしか確認されない工法で、非常に珍しい。

173

三井《みつい》鉱山串木野《くしきの》金山施設群

（三井串木野鉱山五反田《ごたんだ》会館と薩摩《さつま》金山蔵）

鹿児島県いちき串木野市

20170505

巡礼44

【上】煉瓦造建築の少ない鹿児島県で異例の大きさな五反田会館（2009年10月撮影）
【下右】やや煤けた外観は、戦時中の防空偽装か
【下左】甕壺に詰められた焼酎は坑道の奥で数年の眠りにつく

鹿児島《かごしま》で石造の建物が多い理由として、加工が容易な石材（溶結凝灰岩《ようけつぎょうかいがん》）が豊富に採れたことがあるが、例外も当然ある。いちき串木野《くしきの》市は、串木野港のマグロが有名だが、産業遺産研究者としては三井《みつい》串木野金山も欠かすことが出来ない。この金山は稼働と休山を繰り返しているが、製錬施設は継続して稼働中で、その敷地の中心部に煉瓦造の五反田《ごたんだ》会館がある。もともとは発電所で、屋根部分は瓦葺き切妻、和様混在のコントラストもまた見どころと言えよう。

鉱山の中を見てみたいと思ったなら、近くの「薩摩《さつま》金山蔵」を訪れるとよい。観光坑道のトロッコ人車に乗り、おおよそ2㎞の長い坑道を過ぎると、明かりに照らされるは大量の甕《かめ》。ここでは地元の焼酎会社が金山の坑道《こうどう》を利用し焼酎の貯蔵を行っている。以前は串木野ゴールドパークという名称で、観光目的の温浴施設などもあった。所々に配置された採掘と運搬に関する設備群が気に掛かるが、立入禁止エリアの多く、個人的には改善の余地あり、と思う。水平坑道のトロッコ線乗車だけでも来る価値は十分あることは間違いない。

大田発電所全景
【見出下】切妻部分に堂々取付けられた島津家家紋

174

島津家大田《おおた》発電所
(九州電力大田発電所)

鹿児島県日置市伊集院町

20170505

巡礼44

九州で近代に使用された組積《そせき》材を、いくつかの地域文化圏に分けるとするなら、長崎《ながさき》や福岡《ふくおか》、熊本《くまもと》など北部から中部まで幅広く普及した赤煉瓦と関門北九州《かんもんきたきゅうしゅう》エリアとその周辺域に集中的に作られた鉱滓煉瓦《こうさいれんが》、そして鹿児島《かごしま》と宮崎《みやざき》、大分・熊本の一部に普及した溶結凝灰岩《ようけつぎょうかい》が挙げられるだろう。中でも鹿児島における石造建造物の普及度合いはすさまじく、煉瓦造の建造物が極めて少ない、ということを博士論文において各県の近代化遺産総合調査報告書から検証したのは、2009年のこととなる。そのような九州南部には、他地域では赤煉瓦で造るような発電所施設が、石材で作られている。現地の友人の車に乗り、向かった先は伊集院《いじゅういん》町。ここにはさらに島津《しまづ》家の家紋が堂々掲げられた、秀逸な石造発電所施設が遺されている。マークが語るように元々は島津家の鉱山運営のための発電所であったものを、現在は九州《きゅうしゅう》電力が引き継ぎ、建物はそのままに現役で使用されている。堅牢なたたずまいには、近代の持つ威風堂々とした息吹を感じてならない。

【右頁】鉱滓煉瓦造の門司麦酒煉瓦館
【左頁上】煉瓦造7階建ての醸造棟は複雑な構成
【同中右】JR門司駅に近接し、区画整理エリアの中心に位置する
【同中左】夜間醸造棟の一部はライトアップされている(2013年4月撮影)
【同下右】立入禁止エリアには今も設備の一部が現存している(2014年12月撮影)
【同下左】倉庫棟はコミュニティ施設として一般利用が可能
【見出下】車寄せを設けない玄関部分

175

帝国麦酒門司工場《ていこくビールもじこうじょう》

(門司麦酒《もじビール》煉瓦館と旧醸造《じょうぞう》棟)

北九州市門司区

20170513

巡礼45

企《き》救《く》半島の海岸沿いにあり、多くの見学者がその姿に圧倒される。これらの建物を建設したのは神戸の新興財閥であった鈴木《すずき》商店。ここ門司大里《もじだいり》地区において当初サクラビールというブランドでビールを生産、戦後はサッポロビールの九州工場として2000(平成12)年まで生産を続けていた。工場閉鎖に伴い、一部の煉瓦造建築がホールや資料館などに改装された。現在資料館となっているかつての事務所棟は、ドイツゴシック様式に基づき、縦軸を強調しながらも、変化に富んだ造形をしている。茶褐色の外観は八幡《やはた》製鐵所がかつて製造していた鉱滓煉瓦《こうさいれんが》を使用しているため、独特の風合いを持つ。煉瓦造7階建という日本でも希有な高さを持つ旧醸造《じょうぞう》棟は、周辺のシンボルとして静態保存されており、年2回程度一般公開されている。これだけの階高である理由は、土地の有効活用、また原材料から製品を生み出すまでの移動に重力を利用した、いわばエネルギーの省力化を狙った構造だからだ。意匠としての美しさと同時に機能美をも兼ね備えた施設とも言えよう。現在は時折私もガイドとして案内することもある、何かと縁のある施設となった。

176 九州帝国大学工学部（旧工学部本館・第一庁舎・第三庁舎・門衛所）

福岡市東区

20170519

巡礼46

【上】九州帝国大学旧工学部本館
【下】九州帝国大学創設当初からある正門（2011年3月撮影）
【右下】旧工学部本館玄関のコンドルの持送り

九州大学箱崎キャンパスへは、学生時代から教員時代まで含め都合12年あまり通っていたことになる。福岡県西方沖地震による若干の被害を除いては、災害などによる建物の大きな被害もなかったが、伊都《いと》キャンパスへの移転に伴う土地売却を控えた2015年以降、建物の解体が相次いだ。日本の商取引においては更地売却の方が高く売れ、また大学敷地らではの土壌汚染、元寇防塁《げんこうぼうるい》遺跡などの調査の関係もあり、大正末期から昭和初期にかけての大学施設群が、次々と壊されていった。現存している建物は、大学関係者を中心としたワーキンググループなどでの議論を経て極めて価値が高いとされた、九州帝国大学建築課長倉田謙《くらたけん》の代表作である旧工学部本館、その向かい側にある煉瓦造の第一庁舎と第三庁舎、さらに九州帝国大学工科大学開学当初期からの姿を留める正門と正門門衛所である。キャンパスの統合移転が終了した2019年現在、大学文書館と総合研究博物館が引き続き入居する形で、大学移転後の新たなまちづくりのために活用される機会を待っている。

【上右】理事室と大学文書館の書庫が入る本部第一庁舎
【上左】保存が決定されている本部第三庁舎
【中右】大学設立に際し古河財閥の寄附に感謝を表したレリーフ
【中左】今も守衛所として使用されている正門門衛所
【下左】旧工学部本館の大講堂は階段教室となっている
（2010年8月撮影）

177 和井田《わいだ》家住宅

埼玉県八潮市

20170521

巡礼47

【上】水田の中に浮いているように見える和井田家住宅
【下】住宅内にある土間とかまど
【見出下】土壁改修の際のサンプル

埼玉県八潮《やしお》市で行われている産業考古学《さんぎょうこうこがく》会の年次総会に参加するため、場所を確認しつつ羽田《はねだ》空港から総会会場へと直行した。発表時間には間に合って、翌日はお約束の見学会。最初に訪れたのは、関東《かんとう》平野の豊かさがかいま見える、地域の有力者豪族建築であった。一見してその規模が分かりにくい外観は、敵の侵入を防ぐためである。また家の周囲を堀で囲っている様も、江戸時代の太平の世では考えがたい。これらは中世の豪農が建てた建物であることを示している。門から中に入ると建物は茅葺《かやぶ》き、重要文化財としての改修が行われた結果、端正なたたずまいを見せているが、ちゃんとここでは子孫の方が居住していることも注目すべきだろう。さらに定期的に公開していると言うから、誠に恐れ入るばかりである。地域的な重要性を今に伝える証拠と言うべきか、最寄りバス停名が「和井田《わいだ》家住宅前」とのこと。建物も凄いが、これを伝えることはさらに凄い。感服することしきりであった。

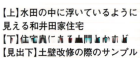

178

弐郷半領猿又閘門《にごうはんりょうさるまた》（閘門《こうもん》橋）

埼玉県／東京都

20170521

巡礼47

煉瓦造の大規模な水門である弐郷半領猿又閘門
【見出下】水門を使用していたときの人々を模したモニュメント

産業考古学《さんぎょうこうこがく》会第41回総会では関東《かんとう》平野の水利施設を中心に見学会を行った。煉瓦造の水門や用水路などを見学していき、中でも一番大規模な水路の閘門《こうもん》であった橋は、そのまま閘門橋という名称が与えられている。関東平野は、高低差が少ないが故の水の逆流に苦しめられた地域があり、その逆流を防止する目的で設けられたのがこの閘門である。水量の調整と歩道橋を兼ねて作られた煉瓦造アーチ橋は、上流側と下流側でアーチの数が異なり、その機能とともに形としても非常に特色のある作りとなっている。専門的な評価は早くからなされ、現在は土木学会選奨《せんしょう》土木遺産に認定されており、水運としてもこの施設を使用していたことを示すモニュメントが取り付けられるなど、環境整備も進んでいる。公園の周辺を歩く人に煉瓦造アーチの魅力を説明することは、なかなかに難しいが、水利がかつてのように頻繁に利用されていけば、その流れも変わるのではないかと思えてならない。

179

田中《たなか》家住宅

埼玉県川口市

20170521

巡礼47

【上】回遊式庭園を備える田中家住宅
【下】煉瓦風タイルで構成された3階建の蔵
【見出下】縦長の構成を取る近代の住宅建築は珍しい

川口《かわぐち》駅すぐ近くにあるかつての個人邸宅を学会見学会の行程の中で拝見した。味噌醸造《じょうぞう》業、後に材木業で財をなした田中《たなか》家の住宅で、店舗併設型の敷地内は、奥部に位置する和館と道路側にそびえる3階建の洋館とに分けられる。玄関に入ると、業務スペースが拡がっている。階を上れば2階からは個人邸宅のたたずまい。また3階は大広間が設けられている。一見特殊に見られそうな配置だが、これは都市部の店舗兼住宅にはまま見られる形態で、西日本では下関《しものせき》市の秋田《あきた》商会も同じようなフロア配置を取っている。とはいえ、洋館部分の内装が畳敷きの純和室というギャップはなかなかに興味深い。外に出ると、洋館の煉瓦造に見えた外観部分はタイルが貼られていることが分かる。現在では回遊式庭園と茶室が置かれている一帯は、もともと醸造蔵などを構えていた部分だったそうで、住居として使用されていた経緯から一定限度の改装が続けられてきたものの、往時の家業の隆盛を容易に窺い知ることができる。

180

移情閣《いじょうかく》（孫文《そんぶん》記念館）

神戸市垂水区

20170527

巡礼48

明石海峡大橋のたもとに移築された移情閣
【見出下】日本独自の技術で造られた金唐革紙

神戸《こうべ》ももう十何度も訪れてくると、少し変わった建物が見たいと思い、少し足を伸ばしたくなる。明石《あかし》海峡大橋を望む景勝地である舞子《まいこ》地区は、かつての華僑《かきょう》が建てた洋館が現存しており、たびたび神戸の地を訪れた孫文《そんぶん》を顕彰《けんしょう》する施設として一般公開されている。文化財の指定が行われた際に内装の復元が行われているが、その中でも注目したいのは、壁紙である。この建物で使用されている壁紙は、「金《きん》唐革紙《からかわかみ》」といって、もともと西洋で動物の皮革をよくなめして壁紙に使用していた習慣を日本人が創意工夫して和紙で代用したものであり、オリジナルが現存している建物は日本でも数十箇所程度と言われている。ここ孫文記念館では、この金唐革紙が使用された痕跡が発見されたため、現在は往時の姿を技術的に再現したものがふんだんに使用されている。コンクリートブロック造という構造もまた特徴的なポイントと言えよう。施設受付近くで少しチラシなどを見ていると、事務室内部では中国語が飛び交っている。この施設自体が華僑の団体が管理しているようで、こんな所にも神戸の国際的な一面を垣間見られる。

181

岡方《おかがた》倶楽部

神戸市兵庫区

20170527

巡礼48

国文化財への登録後改装を予定している岡方倶楽部
【見出下】玄関周りのモザイクタイル(2013年12月撮影)

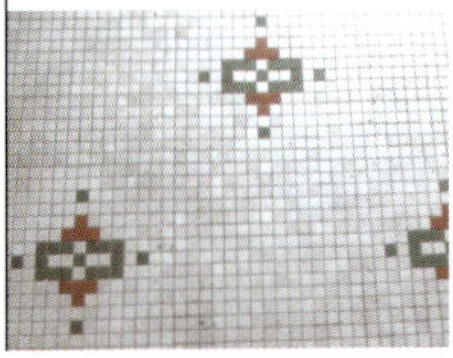

理事を務めるＮＰＯ法人Ｊ—ｈｅｒｉｔａｇｅの総会に参加するため、神戸《こうべ》を訪れた。この法人は、産業遺産を中心とした近代産業の残した有名無形の財産を観光やまちおこしに利用するために結成した団体で、生野《いくの》銀山周辺や奈良《なら》少年刑務所、摩耶《まや》観光ホテルなど、法人として関わってきた産業遺産は年々増えつつある。神戸市に拠点を移してのここ数年は、岡方《おかがた》倶楽部で総会を行うことが恒例となっており、ここを訪れるとまた総会のシーズンになったのかと感慨を覚える。建物が立地する兵庫《ひょうご》区の中でもこの地は、神戸の港としての発祥の地「兵庫津《ひょうごつ》」の一部であり、建物それ自体も兵庫商人が出資し合って作られたクラブ建築であった。後年の改装が比較的少ないため、竣工当初の内装意匠が良く遺っており、ドラマのロケにでもすぐ使えそうな古式漂う雰囲気である。総会での議論もスムーズに進んでいったが、これは場所がなせるわざと言えよう。２０１８年に国の文化財登録が決まり、これから本格的な改修に向けた議論が行われているという。今後が楽しみな建物と言えよう。

【上】軽便鉄道時代からの駅舎が今も現役の加太駅
【下】ホームからは駅舎建設当時の欄間ガラスがよく見える
【見出下】和歌山市街にも近く自動改札機が設置されている

182

加太《かだ》軽便《けいべん》鉄道加太《かだ》駅

（南海《なんかい》電気鉄道加太駅）

和歌山県和歌山市

20170528

巡礼48

由良要塞友ヶ島《ともがしま》砲台（項目183）は、近年バーベキュー目的で上陸する若者世代が増えているほか、砲台の廃墟然とした姿が、スタジオジブリ映画「天空の城ラピュタ」の世界に似ていると言われ、近年観光客が急激に増加している。私が知人と訪れた今回も、行き帰りの船は臨時便が出ると言った有り様で、10年前の産業遺産そのものへの関心の低さから考えると、確かに見学の対象が産業遺産だという認識はないかも知れないが、その変わりように唖然とする。行き帰りに使用した南海加太《なんかいかだ》線も明治末年の加太軽便《かだけいべん》鉄道として開業した路線であり、路線そのものが産業遺産といえよう。終点である加太駅は、開設年を示す銘板こそ付けられていないものの、大振りで縦長の窓や下見板張りの造りを見るにつけ、明治の駅舎らしい、矍鑠たる風格を漂わせている。近年は近くで採れる海産物と合わせて路線を魚とコラボした売りこみを行っているようで、アイコンなども充実している。私としてはもともとある駅舎の雰囲気だけを押し出しても十分売れるのではないか、と思うのだが、これは近代建築愛好者としてのひいき目に過ぎないだろうか。

183
由良《ゆら》要塞友ヶ島《ともがしま》第二砲台・第三砲台

和歌山県和歌山市

20170528

巡礼48

友ヶ島《ともがしま》には紀淡《きたん》海峡の沿岸部分を防衛する砲台と海峡全体に広い射程距離を持つ砲台のふたつの種類の砲台が設置されているが、第二砲台は沿岸部に立てられ、海峡を航行する艦船を迎え撃つための砲台が設置、第三砲台は島の中でも標高の高い位置に設けられている。施設の総称としては、要塞地帯法で指定された紀淡海峡の防衛を司る由良《ゆら》要塞の一角を占める施設であり、まだ飛行機による空襲を想定していなかった時期、対岸の紀伊《きい》半島にも同様の砲台を構え、敵国艦隊の侵入を防ぐ格好となっている。第二次世界大戦終結後、ここ友ヶ島の沿岸部の要塞は破壊されたが、その結果第二砲台では砲台の一部が基礎ごとひっくり返って放置されており、その基礎部分の作り方を容易に見ることができる。煉瓦造の半地下式兵舎など、他の砲台でもよく見られる施設が大規模に設けられており、紀淡海峡の国防上の重要性をその造りから窺い知ることが出来る。第三砲台近くには海軍が設置した聴音所《ちょうおんしょ》施設も現存しており、そちらは鉄筋コンクリート造である。陸海軍の築造方法の違いを見ることが出来るのも、ここ友ヶ島の魅力のひとつだ。

【右頁】戦後の人為的な破壊が目立つ友ヶ島第二砲台
【左頁上】崩落の危険性が高く立入りが規制されている
【同中】兵舎の造りは要塞地帯に共通する標準設計
【同下】要塞地帯にたたずむ海軍聴音所の遺構
【見出下】島の各所に煉瓦造の遺構が遺る

184

関西学院図書館《かんせいがくいん》
（関西学院大学博物館）

兵庫県西宮市

20170615

巡礼49

関西学院の図書館が現在は博物館に転用
【見出下】玄関前の床はタイル仕上げで階段は大理石

住んでいるところから2県以上またがった地域に行く際は、なるべく宿泊したいと考えているが、スケジュールの関係上そうならないことも最近多い。今回関西学院《かんせいがくいん》大学で行われる説明会では、無念の日帰り出張となった。とはいえ、この会場は近代建築好きにとってはまさに憧れのキャンパスである。もともと神戸《こうべ》市街地にあった関西学院のキャンパス郊外移転の際、建築家ウィリアム・メレル・ヴォーリズに大学キャンパスの総合的な配置計画を依頼した結果、当時流行していたスパニッシュスタイルをキャンパス全体にアレンジした、私学を代表する美しいキャンパスが形成された。その伝統は21世紀の今も輝きを喪うことなく、むしろ年を重ねより円熟味を増しつつある。キャンパスの中でももっとも象徴的な建物が、広場の前にたたずむ時計台を備えた博物館であり、竣工当初は図書館であった。現在は大学の建学精神やキャンパス移転の歴史、また各種企画展示などが無料で一般公開されている。

串本町にあるエルトゥールル号殉難将士慰霊碑
【見出下】日本・トルコ両海軍の友好を記す紋章

185

エルトゥールル号殉難将士慰霊碑《じゅんなんしょうしいれいひ》

和歌山県東牟婁郡
串本町

20170708

巡礼50

紀伊《きい》半島を一周する行程をとるなかで、最初に見に行きたいところとして頭に浮かんだ施設がこの慰霊碑《いれいひ》である。しかしながら、場所の確認をしてみると公共交通機関がほとんどない。多少余裕をもって見学時間を考慮に入れると、前日に串本《くしもと》で一泊し、早朝から向かった方が安全そうだ。翌朝始発のコミュニティバスに乗り込み、1時間程度のバスの旅を楽しんだ後終点の樫野崎《かしのざき》に到着した。岬の駐車場からはトルコにまつわる施設が点在する。土産物店もあれば、イスラム風タイルで覆われたトルコ記念館、さらにトルコ建国の父・ケマル・アタテュルク騎馬《きば》像があることには驚いた。それら設備とは一線を画するように、慰霊碑周辺は荘厳な雰囲気に包まれている。慰霊碑には、日土両言語で記された軍艦難破事故の経緯がはめ込まれており、また救助に尽力した地元住民の話などは、隣接するトルコ記念館により詳しく紹介されている。今も昔も国家間の駆け引きはあるのだろうが、人が困った人を助けたいという心情だけは、変わらない。それを伝える記念碑としてこれからより大切にしていかなければならない。

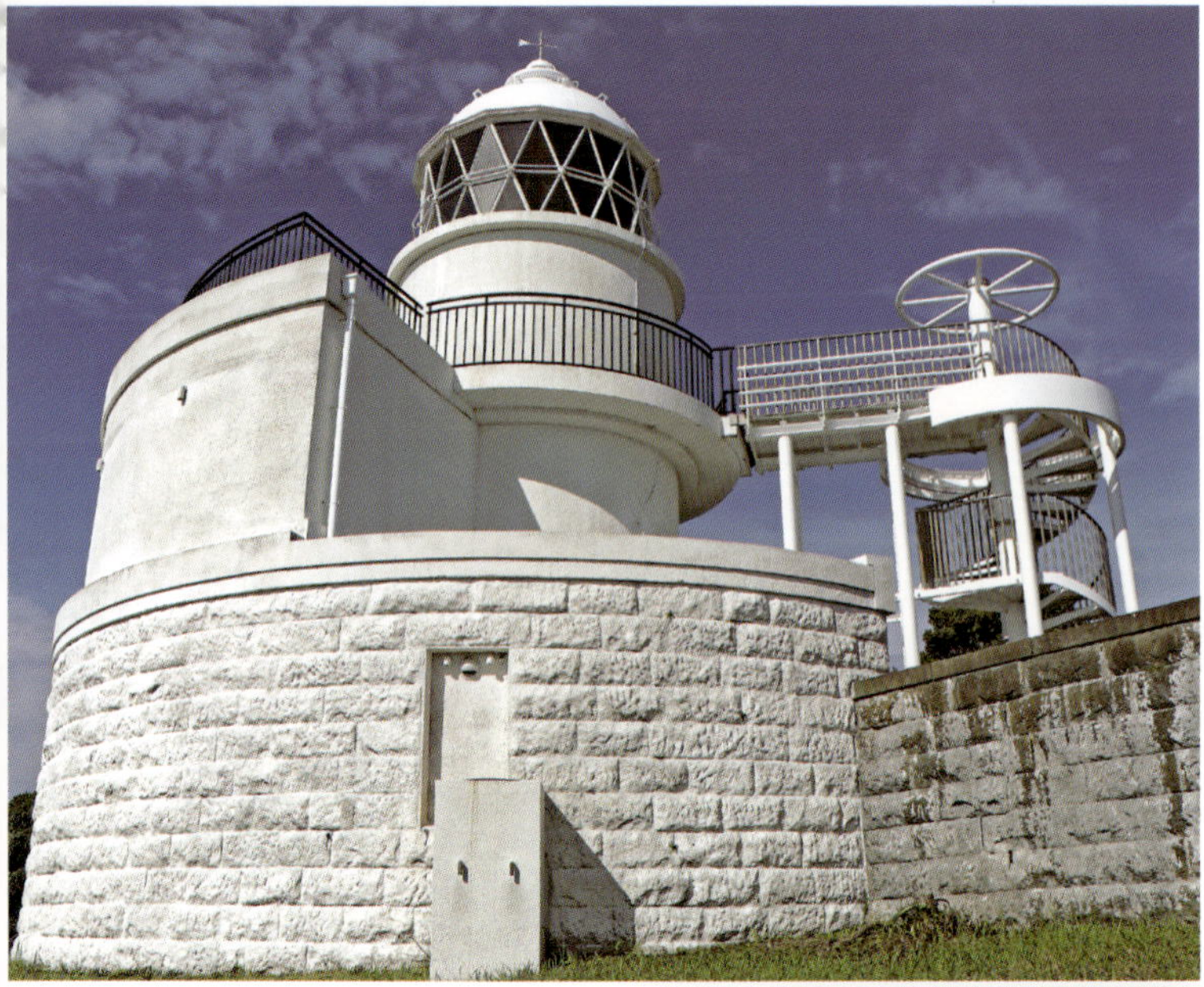

【上】日本最古の石造灯台である樫野崎灯台
【下】資料館となっている吏員退息所
【見出下】灯台内部の回転式機械装置は機械遺産に認定されている

186

樫《かし》野《の》崎《ざき》灯台

和歌山県東牟婁郡串本町

20170708

巡礼50

トルコ記念館がある樫野崎《かしのざき》の一番先端部分までたどり着いた。ここには日本現存最古の石造洋式灯台が現役で使用されており、周辺の見どころのひとつと言える。灯台の周囲に取り付けられているのは展望デッキのための螺旋階段で、灯台そのものの景観にはあまり良くないものの、ここから眺める太平洋は雄大な気持ちにさせてくれる。この灯台には石造のほかにふたつの大きな特徴がある。ひとつが初点（灯台点灯開始）時に取り付けられた銘鈑で、よく見ると和暦と西暦の日付が異なる。これは灯台建造時に日本では太陰暦が使用されていたことの名残で、明治初期の灯台でしかこのような違いは見られない。もうひとつは内部構造にあり、灯台の明かりの回転装置がギアを使用した機械的な仕組みであることだ。後者を顕彰するため、２０１５年度の日本機械学会機械遺産に認定されている。筆者は２０１７年に休刊した日本海事広報協会の「ラメール」誌の「海の産業遺産」というコーナーのリレー連載を分担し、主に九州や離島の産業遺産に関する投稿を行っていたのだが、この樫野崎はまさに海の産業遺産を象徴する地と言えよう。返す返すも休刊が惜しまれてならない。

187

佐藤春夫《さとうはるお》邸（佐藤春夫記念館）

和歌山県新宮市

20170708

巡礼50

東京都文京区から移築された佐藤春夫記念館
【見出下】花々が形取られた漆喰天井

紀伊《きい》半島の突端から電車でしばらく進むと、和歌山県で最も東側に位置する新宮《しんぐう》市。ここは林業で栄えた町で、今でも街並みには往時の繁栄を示す建物がいくつか現存する。今回串本《くしもと》などとともに、なかなか来られないであろう新宮市をしばらく散策していたのだが、市街地奥に立地する熊《くま》野速玉《のはやたま》大社の境内に、周囲に似つかわしくない建物を見つけたので入ってみた。もともと東京都文京区《ぶんきょうく》にあった詩人・小説家佐藤春夫《さとうはるお》の居宅をバブル期さなかの１９８９年にここ新宮市へと移設したもので、なるほどこの建物だけが住宅街の雰囲気を持っているのは元の場所の「建物としての記憶」があってのことなのだろう。佐藤春夫が新宮市生まれという縁もあり、この地に移設されてから現在まで記念館として一般公開されている。当時の文化人住宅の持つ余裕のある造りと、廊下の一部を吹き抜けにしているところなど現在にも通じるセンスの良さを同時に体感できる、建物好きにはなかなか見応えのある建物であった。

看板には「学校法人羽根学園」と記されており、専修学校の記憶を留める
【見出下】玄関ポーチ部にはそろばんを模した欄間の意匠

188

羽《は》根《ね》学園熊《くま》野《の》高等専修学校

和歌山県新宮市

20170708

巡礼50

しばらく新宮《しんぐう》市を散策しているうち、個人宅にも大規模な洋館が多いことに気がつく。新宮市は建築家西村《にしむら》伊作《いさく》の出身地であり、市内には西村が設計した洋館が多く現存しているほか、東京都文京区《ぶんきょうく》から近隣に移設された佐藤春夫記念館（項目177）も西村の弟が設計に携わっている。建築家が特定のパトロンをもたず自然と町のたたずまいを形成している希有な事例なのかもしれない。それら端正な洋館のなかで、一転異彩を放っているのがこの建物。もともとは熊野《くまの》高等専修学校が学校として使用していたもので、現在も学校法人羽根《はね》学園の看板が掲げられている。下見板張りのいかにも洋風と言ったたたずまいと玄関ポーチに取り付けられた欄間《らんま》がそろばんをデザインしたものであるというギャップが、私を引きつけてやまない。創立者が四つ玉そろばんの普及に努めたこともあり、確かに経理学校の玄関としてはふさわしいものなのかもしれない。しかし、奇抜なアイデアと称するべきか、違和感があると言ってしまって良いものなのか。考え込むことが多い建物だ。

189

岡崎銀行《おかざき》本店（岡崎信用金庫資料館）

愛知県岡崎市

20170709

巡礼50

信用金庫の資料館となっている岡崎銀行本店
【見出下】階段室に設けられた半円アーチ窓

岡崎《おかざき》のまちは徳川家康《とくがわいえやす》出生の地と言うこともあり、岡崎城はじめ江戸時代にゆかりのある施設に注目が集まりやすい傾向もあるが、ここにも「日本赤煉瓦建築番付」に紹介される銀行建築がある。岡崎信用金庫資料館だ。もともとは地元にあった金融機関・岡崎銀行の本店として建てられ、この銀行自体は戦時中の金融機関統合の影響もあり三菱《みつびし》ＵＦＪ銀行へと変わっていくが、建物はやはり地元に本店を持つ岡崎信用金庫が資料館として活用し、この当時は2階が金融関係の展示室、１階部分は企画展示室などとして使用されている。私が訪れたとき、ちょうど建物の竣工１００周年記念展示がされており、設計者である鈴木禎次《すずきていじ》の解説やその作品一覧などが紹介されていた。名古屋に多くの作品を遺す鈴木禎次だが、地域性が強いゆえに全国的には知られることの少ない建築家である。地元で積極的な紹介が行われることによって全国的にも建築家に関する関心が上がっていくと、研究者としては非常に嬉しいことである。

【上】白黒2色の特徴的な八丁味噌社屋と工場
【下】事務所社屋が1927年に竣工、順次拡張された
【見出下】アールデコ的なデザインを意識した意匠か

190

カクキュー八丁味噌《はっちょうみそ》資料館

愛知県岡崎市

20170709

巡礼50

味噌《みそ》蔵や醤油《しょうゆ》蔵といえば、造り酒屋と同じく醸造《じょうぞう》業を代表する施設であり、その多くは白壁土蔵造か、板張りの蔵を想像することが多いかと思う。ところが、こちらの建物は、一見してそのセオリーから外れている。黒壁に白く縁取られたバットレスは、それまでの醸造施設の蔵に対する印象を一変させてしまう。だからといって完全な洋風というわけではなく、屋根には桟瓦《さんがわら》が載せられており、ひとつひとつの構成要素から考えるとこれは醸造業によく見られる和のテイストだ。だからこそ、カクキューの屋号を載せた金文字が違和感なく映える。しかしながら、どうにも不思議である。この工場は三河《みかわ》地方の特産品である八丁味噌における代表的な味噌蔵のカクキューが生産力拡大に合わせて工場を移転させた際に作られた建物群で、今も昔もここで八丁味噌が生産され続けている。隣地には飲食施設もオープンし、近年では外国人観光客も多く訪れるなど、単なる工場というよりは愛知県を代表する産業観光施設といった色合いが強い。

191

豊橋《とよはし》ハリストス正教会

愛知県豊橋市

20170709

巡礼50

木造の豊橋ハリストス正教会
【見出下】ロシア正教に特徴的な玉葱型の尖塔

明治時代における日本へのキリスト教の導入は、西日本《にしにほん》において再発見・普及していったローマカトリックとアメリカから横浜《よこはま》などを経由してもたらされたプロテスタントの他に、函館《はこだて》などから入ってきたロシア正教が挙げられる。西日本の人間にとってロシア正教はあまりなじみのないものであるが、それもそのはずで、ロシア正教のハリストス教会は神戸《こうべ》より西ではなぜか本格的には普及しなかった。したがって、ハリストス教会の近代建築を見ることができるのは、どうしても東日本が中心となってしまう。豊橋《とよはし》公園に隣接する豊橋ハリストス正教会は、第二次世界大戦末期の愛知県を襲った地震や空襲の被害からも免れることの出来た貴重な存在で、大振りな鐘楼が特徴的な建物である。教会の形式から言えば、単廊式で函館や京都《きょうと》などにある比較的大きな規模のハリストス教会と類似点が多く見られ、設計時点での相互の交流があったのではないかと思われる。西日本の人間の視点で見ると、どうしても物珍しげに見てしまうが、それだけ同じキリスト教の教会の中でも塔屋の扱い方に特徴がある建物形式だと言える。

192
豊橋《とよはし》市小鷹野《おだかの》浄水場ポンプ室

愛知県豊橋市

20170709

巡礼50

重厚な造りの小鷹野浄水場旧ポンプ室
【見出下】玄関上部には豊橋市の市章が描かれる

日本において近代に建造された公共施設設備の中で一番保存されやすいものは何か。詳しい統計があるわけではないので、一概に言いがたいところもあるが、水道に関する施設は保存される可能性が高い。これはそもそもの供給システムに１００年前から大きな変更がなされていないこと、またセキュリティの観点から昔も今も公共が保持していることが多く、敷地にもゆとりを持って設計していたことなどが理由として挙げられる。使用されなくなったポンプ室に関しても倉庫や記念館として転用されやすい。ここ豊橋《とよはし》市の小鷹野《おだかの》浄水場に遺るかつてのポンプ室も、薬品注入《やくひんちゅうにゅう》室として使用されており、竣工当時のアールデコ的なデザインモチーフもそのままに現役の施設である。豊橋市の中でも路面電車線の終点近くに位置しており、周囲には小学校建築を転用した民俗資料館などが点在している。１日かけて見てまわっても良いなかなか魅力がある地域ではないか、と思いながら中部産業遺産《ちゅうぶさんぎょういさん》研究会の会長に豊橋ツアーを丸１日案内されることとなった。

193 豊川《とよかわ》電話装荷線輪用櫓《そうかせんりんようやぐら》

愛知県豊川市

20170709

巡礼50

水田の中に唐突に遺る豊川電話装荷線輪用櫓
【見出下】長距離電話用ケーブルを通すコイルがあった金具部分

田んぼのど真ん中に鉄筋コンクリート造の四角い工作物がある。これだけでは一体何の目的で作られたものなのか、皆目見当が付かないし、ましてわざわざ九州から見学に来ようとは決して思わないだろう。今回、中部産業遺産研究《ちゅうぶさんぎょういさん》会の会長さんのご厚意で案内されることで偶然にも面白い工作物を見学することが出来た。この施設はかつて東京《とうきょう》岡山《おかやま》間を結んでいた通信用ケーブル線の文字通り「電信柱」であったものだという。これが高圧電線であれば、感電の危険性もあることからもっと地上から高い位置に線を取り付ける必要があるだろうが、あくまでも通信用の電線であるため、むしろメンテナンスがしやすいある程度の高さで抑えておいた方が良いようだ。かつてはこの界隈にもう何本かこのような櫓があったようだが、豊川市においてはこの櫓が代表的なものとして保存され、なんと国の登録文化財にもなっており、価値の顕彰のみならず、保存に向けた意志も感じさせる。これはさすがと言うほかない。

スケールの大きな豊橋市公会堂
【見出下】ポイントにはステンドグラスが建物を彩る

194

豊橋《とよはし》市公会堂

愛知県豊橋市

20170709

巡礼50

ここ数年、概ね3年程度で日本全国47都道府県を一周するペースで産業遺産の「巡礼」を続けている。時には仕事で、時には研究のための取材で、また多くの場合はただ建物を見てまわりたいからといった格好で、多くの施設を見て自分自身の研鑽を行っているが、近畿以東の都市の中にはまだまだ未訪の所も多い。そのひとつが豊橋《とよはし》市であった。豊橋を代表する近代建築と言えば公会堂。左右に取り付けられたドームはタイルで彩られており、下から支えるのは精巧に作られた鷲《わし》のテラコッタ。ステンドグラスも各箇所にちりばめられており、市民の財産たる公会堂の面目躍如と称すべき名建築である。近代建築好きの観光客も時折訪れるようで、独自に作られた歴史的経緯を記すパンフレットは非常にありがたい。2階部分から入るエントランスのスタイルは別府《べっぷ》市の公会堂に影響されているという。近年発見された設計者の書簡に別府との関わりが記されていたとの話を伺うと、急に親しみを覚えてしまうのは九州の人間として致し方のないところであろう。

【上右】ドームを戴くように鷲の塑像が取付けられている
【上左】両端の半球形ドームは全てモザイクタイルで彩られている
【中右2階部分のロビーは意匠が少なめ
【中左】生命力溢れるアカンサスの葉を模したコリント式オーダー
【下】タイル長手方向にひっかくスクラッチタイル

195
本坂隧道《ほんざか》

静岡県との県境にある煉瓦造の本坂隧道
【見出下】煉瓦の中で特に目立つ要石（キーストーレ）

静岡県浜松市北区／愛知県豊橋市

20170709

巡礼50

愛知県豊橋《とよはし》市と静岡県湖西《こさい》市をと結ぶ国道３６２号線は、本坂峠《とうげ》という交通の難所を抜けるためにトンネルが設けられているが、かつて使用されていた旧道でもトンネルが開削された。旧道に遺る煉瓦造の表面装飾（ポータル）は美しく、道路としても通ること自体は可能だが、周囲には人気も少なく、またトンネルまでの道が曲がりくねっているためにバイパス開通と無料化後ここを訪れるひとはかなり限られる。まして産業遺産好きの見学者はほとんどいないだろう。よく見てみると愛知県側ポータルの右部分には山からの湧水を逃がす水路も設けられており、丁寧な仕上げはそれだけこのトンネルが必要であったことを教えてくれる。

トンネルの横に鉄筋コンクリート造アーチ屋根の小さな倉庫のような施設がある。アーチ頂部にかすかに日本電電《にほんでんでん》公社（現在のＮＴＴの前身）のマークが付いているが、これは通信用ケーブル線の中継所だったそうだ。扉から中をのぞいてみると、通信線を繋いでいたであろう太いパイプが並んでおり、わずかながら往時の用途を知ることができる。

コラム

韮山《にらやま》反射炉と耐火煉瓦

静岡県伊豆の国市

静日本の近代製鉄史に重要な役割を果たした韮山反射炉
【見出下】錬鉄を生産していた炉体内部は補修済み

日本における煉瓦材の歴史において、煉瓦あるいは煉瓦の用途に近い素材として仏教伝来と共に中国から塼《せん》という路盤舗装材が導入されていたが、建物の構造材としての煉瓦導入は西洋からの技術がもたらされた時と同期している。現在国内に現存する最初の煉瓦造構造物は、実は私たちが普段最初に思い浮かぶ赤煉瓦ではなく、土色の強い耐火《たいか》煉瓦であった。韮山《にらやま》反射炉は、原料として投入されるくず鉄などに含まれる炭素分を調整し、江戸末期の世界各国で広く構造材として用いられていた錬鉄《れんてつ》を生産する設備として、１８５７（安政《あんせい》４）年に江戸幕府によって建造された。その後明治政府が近代化における反射炉の歴史的重要性を評価し、現在見られるような鉄骨による補強が行われ、２０１５年の世界遺産登録まで構造物として長くその姿を保ち続けるきっかけを築いた。今ある多くの歴史的建造物はそれを支え、また評価する人々の存在なくしてあり得なかったものだ。韮山反射炉からはそのような産業遺産保存に向けた人々の情熱を感じ取ることが出来る。

【上】JR貨物の事務所として使用される西大分駅
【下】待合室は明治の駅舎そのもの
【見出下】九州の主要駅前に戦後頻繁に植えられたフェニックス

196 西大分駅《にしおおいた》

大分県大分市

20170714

巡礼51

大分《おおいた》から大阪《おおさか》へのフェリー航路を予約し、船が発着する大分西港の最寄り駅に降り立った。すると堂々たる40万都市の玄関口・大分駅の隣駅であるにもかかわらず、素晴らしく古色蒼然とした姿が目の前に顕《あらわ》れる。広々とした駅前広場や手荷物預かり所（通称チッキ）部分、さらに駅事務機能までを備えた大振りな駅舎であるが、現在はJR貨物が併設する貨物駅としての色合いが強い。もともとの駅舎は貨物関係の事務所として、そして旅客向けの事務所は、跨線橋を跨ぎホームの中にもうひとつJR九州の駅事務室が置かれているという特異な形態をとり現存している。明治年間に作られた駅舎建築は、ここ九州においては肥薩《ひさつ》線など一部路線には集中して遺っているものの、日豊本線を含め幹線部に現存するものは数少ない。まして中核市の一端を担う大分市内にあって、大分駅が巨大な駅ビルとなった現在、その姿は単なる建築的な価値ばかりではなく地域の記憶としても重要になるだろう。

197 ブリックブロック

大分県大分市

20170714

巡礼51

煉瓦造のライブハウス・ブリックブロック

【見出下】西大分港には古くからの倉庫が多く近年改装されたものも

大分《おおいた》西港のフェリーターミナルに向かう道すがら、かつて周辺エリアが物流の拠点であった時代の倉庫群が立ち並んでいた港湾地区を見学する。古くからの港であることを指し示す設備は年々少しずつ少なくなってきているが、「日本近代建築総覧《そうらん》」の中で紹介されている倉庫群の一部が、港に近接して帯状に現存している。中でも近代当時の名残をとどめる煉瓦造建物がブリックブロックという名のライブハウスとなっており、大分県における民間による建物活用の先進事例として以前より注目を集めていた。私が大学学部生時代に訪れたときと現状の写真とを並べて比較すると、建物躯体《くたい》を覆うツタは、活用の際の雰囲気作りには貢献しているのだろうが、災害時やその後の補修の際にはやや厄介な存在となる。2016年における熊本《くまもと》地震による被害はこちらの施設にもあったようで、屋根の一部に取り付けられたブルーシートが痛々しい。一度抜本的な補修と文化財としての保護が望まれるが、なかなか注目が集まりにくいところでは難しいだろうか。

198 奈良《なら》少年刑務所

奈良県奈良市

20170715

巡礼51

煉瓦造2階建の奈良少年刑務所事務所
【見出下】供用当時の奈良少年刑務所（2009年9月撮影）

明治期に建てられた監獄《かんごく》施設は、平成に入ってその多くは取り壊され、２００５年には五大監獄のひとつと呼ばれた、山下啓次郎《やましたけいじろう》設計による煉瓦造の旧長崎《ながさき》刑務所が解体されている。歴史的価値が評価されているにもかかわらず、明治時代の刑務所建築、とりわけ囚人の効率的管理のために監《かん》房《ぼう》を放射線状に配置している刑務所施設で現役の姿を留めるところは、奈良《なら》少年刑務所のみとなった。長崎刑務所がなし崩し的に解体されてしまったことへの反省から、地元団体と刑務所施設の保存に関する団体をつくり、勉強会を行うなどして気運を高めようとしていた矢先、法務大臣による保存の意向が明らかになった。２０１７年3月末に刑務所としての業務を終え、現在はホテルや行刑《ぎょうけい》資料館への改修が予定されている。煉瓦造建物群としての規模も壮大であるが、技術教習のための大規模木造施設やボイラの跡、さらには刑務所内部で生産されたと思われる赤煉瓦に刻印された数字など、明治期から続く歴史の重厚さに圧倒されるばかりである。願わくば、この雰囲気を最大限に活かす形での改修が行われることを期待する。

【上右】放射線状の房舎を一度に確認できる監視室
【上左】煉瓦造の房舎はホテルや行刑資料館への改装を予定
【下右】一直線に先まで見通せる2階建の独房棟
【下左】房舎2階天井越屋根からの明かりが分かる

199

築地市場《つきじ》

東京都中央区

20170716

巡礼51

移転を控え慌ただしい雰囲気の築地《つきじ》市場を建築仲間と共に訪れた。豊洲《とよす》への市場移転でにわかに脚光を浴びた築地市場だが、近代建築・産業遺産としてこの建物を見る人は意外にそう多くない。関東《かんとう》大震災からの復興事業として、かつての海軍兵学校の敷地を利用し、魚を海から荷揚げして直後に競りを行えるように建物を配置。当時貨物の主流であった鉄道を利用して新鮮な魚を内陸部へ運べるように引き込み線を設けるなど、昭和初期の卸売市場として理想的な建物として長らく都民の台所の役割を果たした。内部は漢字での表記が多く、今の何かと英語表記を頻用する流れとは一線を画し、しかしながらふと床面を見ると御影《みかげ》石を小割にして外国の路盤舗装のように波形に配置するなど、洋風意匠の茶目っ気も見られる。これは設計者の面目躍如と言ったところだろうか。見学者を想定した建物でないため、近年の外国人観光客への対応などで市場の機能維持が難しくなっていたが、移転という選択が果たして正しかったのかどうか。

【右頁】移転直前の築地市場
【左頁上】戦前の市場建築のため、サイン含め英語表記がない
【同中】緩やかなカーブは鉄道による商品搬入があった頃の名残
【同下】鉄筋コンクリート造の門形ヤードは重厚であり大胆
【見出下】床面は商店街と見まごうような石畳

200 国立西洋美術館

東京都台東区

20170717

巡礼51

【上】世界遺産登録後訪れる人も多い国立西洋美術館
【下】2階に直結する階段部分は閉鎖されている
【見出下】クロスする梁と直結する丸柱

上野《うえの》駅の公園改札口を出ると、動物園や博物館に向かう人の流れで日中はいつも賑わっている。その中にあって駅から最も近いところ右側には、美術館を見学するための行列が並んでいる。２０１６年にフランスを中心とした世界各国に現存する建築家ル・コルビュジエの手による設計建造物群が世界遺産に登録されたが、その構成資産のひとつである国立西洋美術館は、便利の良いところに建てられている。建物の設立については、戦争との関わりがある。大正期に活躍した実業家である松方幸次郎《まつかたこうじろう》が好況時にフランスで積極的に収集した美術品が、第二次世界大戦のさなかにフランス政府に接収されてしまった。日本政府としてはこのコレクションの返還を求め、フランス政府の協議を行い返還された際の条件として、これら美術品を適切に維持管理の出来る美術館を設けることがあった。フランス人建築家のル・コルビュジエに設計を依頼した。成果がこの国立西洋美術館である。内部はモダニズム空間としての合理性と共に美術館らしからず光を多く取り込んだ建物であり、上野の森の中にはうまく溶け込んだ作品という印象を覚える。

産業遺産、その範囲と傾向、調べ方

――全国近代化遺産総合調査から見る西日本の産業遺産

1　はじめに

近代に造られた建築・土木・機械類などに対する調査研究については、近年各学協会や官公庁などにおいて進められているが、遺産の管轄省庁、学会などの団体によってそれぞれ対象の遺産を「産業遺産」、「近代化遺産」または「産業記念物」等様々に呼称しており、また各遺産の対象範囲が若干異なっているためか、それぞれに採りあげる遺産の基準がはっきりせず、故に見逃されてしまった重要な遺産も少なからず存在する。

近代に構築した構造物全般、ここでは主に採りあげる文化庁の全国近代化遺産総合調査報告と筆者の行っている出版企画名から、便宜的に「近代化遺産」と称するが、これに対する時代と分野の広がりの点で最も広範囲に調査が進んでいると思われる全国近代化遺産総合調査報告においても、各県が主体的に調査を行った経緯から、それぞれの手法について若干の違いが生じている。結果として、刊行された報告書に記載されていない重要な遺産例も少なからず存在する。

ここでは、産業遺産の特徴をつかむため、この本でも掲げられている産業遺産（近代化遺産）とは何であり、どのような分野に及んでいるか報告書などを通じてみていく。まずこの分野において幅広く調査が行われている近代化総合調査報告書に記載されている調査対象より報告書が対象とする分野と年代範囲について明らかにした上で、各県が行った近代化遺産総合調査の手法の違いについて確認し、各県ごとの産業の特徴を学んでいきたい。

2　産業遺産（近代化遺産）の分野と範囲

産業遺産の対象については、各学会で学際的な研究が行われており、建築分野においては、近代建築に関する研究を中心にした建築史の分野から1960年代より研究が進められている。この後土木学会による中部地域の近代土木遺産悉皆調査（後全国に範囲を広げ増補され出版）、及び日本機械学会が1990年代より行っている全国的な機械遺産調査及び2007年から始まった機械遺産認定制度により、その所在は徐々に明らかになってきた。2007・8年には、経済産業省が「近代化産業遺産」の認定制度を行い、2007年には産業遺産として日本初の世界遺産である石見銀山遺跡が登録されるなど注目を増している。

近代化遺産については、後述する近代化遺産総合調査報告書に記されている対象範囲から、「江戸時代末期から第二次世界大戦終結時までに造られた建造物のうち、産業・交通・土木に関わるもの」という定義の範囲は定まっている。では実際どのようなものを近代化遺産と称するべきか。ここでは数あまた発行されている近代化遺産に関連した書籍の中で遺産の件数が多く、定義を明記している「全国近代化遺産総合調査報告」から、滋賀県以西の西日本地区24府県25報告書（注1）を抽出し、これら報告書に記載してある「近代化遺産」の年代と分野分類について検証を行う。

(1)対象年代

対象年代については、表に示すように江戸末期以降、第二次世界大戦終結時までの期間を調査対象に掲げた県が18県と全体の大多数を占める。

しかし『兵庫県の近代化遺産』においては、調査対象を戦後物件に拡大、『徳島県の近代化遺産』でも当初の対象は1945年で対象を区切っているものの、詳細調査報告では戦後物件である旧穴吹保健所を掲載するなど、戦後復興期の物件も対象範囲として拡げつつある傾向にあるようだ。次いで2007年に刊行された『和歌山県の近代化遺産』では、戦後復興期から1960年まで対象範囲が拡大されているが、これらの背景には、近代化遺産報告が当初目的とした近代周辺期につくられた建造物群の緊急調査といった目的のみならず、1998年より始まった登録文化財制度における遺産予備調査といった意味合いをも含んでいる事によるものと考えられる。登録文化財制度については後述する。

対象とする年代の中でこれらの他に特徴的なのは、熊本県における遺産対象年代の範囲が文化年間（1804～1818）～1945年に設けられていることと、沖縄県における遺産の対象年代がその他の近代化遺産報告書に設定されている対象年代と全く異なる（1879～1972）ことが挙げられる。

a　熊本県の事情（石工技術の伝承）

熊本に限らず、九州は石橋の文化が江戸後期より発達してきた。これには西洋を経由したアーチ架橋技術がいち早く長崎に移入したことが原因として挙げられるが、これら石橋遺産は九州各地に散在しており、何も熊本のみに特徴的なものではない。他県の場合、大分県においては江戸期の石橋は調査対象から外し、長崎・鹿児島県でもそれに準じている。

実際江戸時代末期の物件が詳細調査対象として取り上げられている例は全国的に見ても少ない。他には長崎県で幕末期に建造された洋館や岡山県で断続的に行われた児島湾干拓事業など数例のみである。『熊本県の近代化遺産』においては他県よりも江戸時代からの近代化の繋がりを重要視しており、干拓事業による樋門、堤防や石橋など江戸末期の遺産を調査対象に多く加えている。この背景には、明治～大正期種山石工の存在、とりわけ皇居二重橋の架橋に関わった橋本勘五郎や鹿児島市の甲突川に架かっていた五大石橋を差配した岩永三五郎の地域に与えた影響が大きいものと思われる。

b　沖縄県の事情（その成立と本土復帰）

沖縄県の場合、同じ近代化の概念でも産業技術的な事情ではなく、県自体の歴史と行政的枠組みの問題が大きく影響している。

『沖縄県の近代化遺産』では、1879（明治12）年の琉球処分による沖縄県設置から1972（昭和47）年の沖縄県日本復帰までを調査対象年代としている。ひとつの原因として、沖縄県が第二次世界大戦で日本本土の中でも唯一本格的な地上戦を経験し、結果近代に作られた遺産の多くが滅失したことが挙げられる。そのため与那原カトリック教会（項目035）に代表されるように、自ずと対象範囲を戦後復興期のアメリカ統治時代にまで拡げざるを得なかったと考えられる。

もうひとつは、「沖縄県」という存在と中央政府との関係である。明治期を迎えるまで独立国として存在した琉球地域を捉える際、従来の幕末開国から明治維新という枠組みからでは、沖縄の近代化を考えることは難しいという提言がこの時代範囲に盛り込まれている。沖縄という地域がその独自の立場で近代化の意味を正面から捉えているという意味では、実に地域の事情に即したものだと言って良い。

各地域での「近代」をいつからと定義づけるか、ということについては、それぞれに諸説が入れ乱れ、一概に述べることは出来ない。とりわけ、西日本各地域で発行された近代化遺産報告書は他の県に比べ比較的初期に発行された事もあり、近代化遺産に対して文化財担当の認識が今ほど浸透していなかったため、重要な価値がありながら認知されず取りこぼされてしまった遺産も多い。

九州を例に挙げると、前述したようにアーチ型橋梁を代表とした土木事業を中心に早くから西洋の技術が導入されており、これを近代化の萌芽と位置づけることが出来る。『熊本県の近代化遺産』が示した時代範囲とは、まさにその地域に即したものと言える。

(2)対象種別

表に挙げた近代化遺産の調査対象種類からまず最初に言えることは、全般的に構造的な分類法（建築・土木・機械など）と用途別分類法（産業・交通・教育文化など）とが混在していることである。場合によっては大分類と項目別分類の扱いが県ごとに異なることもあり、単純な比較は難しい。
大まかに近代に構築された建造物の分類を比較すると、以下の4パターンに分けることが出来る。

Ⅰ　産業分野とそれ以外とを分ける（福岡・熊本・島根）

Ⅱ　産業分野は第一次・二次産業に分け、また「土木」を用途別に振り分けた結果、純粋な用途ごとの分類法になっている（山口・京都・高知・香川・奈良）

Ⅲ　住宅と生活関連施設を単独項目に加え戦争遺跡を明記、残りはⅡ類に依る（沖縄・愛媛②）

Ⅳ　産業、交通、土木の取り合わせにその他分野を適宜追加する（その他16県（含福岡））

Ⅳ類が多い理由として、文化庁が始めた全国近代化遺産調査の当初の文言に「産業・土木・交通」という言葉を盛り込んでいたことが挙げられる。近年では個人住宅のような産業遺産で通常取り扱われなかった分野にも調査範囲が及んでいる。これには2003年のTICCIHにおけるニジニータギル憲章制定の影響（注2）も考えられるが、同時発生的な「近代化」の解釈の進展と見て取ることが出来る。

それらの中で、分野範囲ひとつを取ってみても、沖縄の特殊性は際だっている。やはり沖縄戦の影響で産業施設の多くが破壊され、その代わりに戦争遺跡が大きく採り上げられていることもあるのだが、ヒンブン（門の内側に設けた内外の仕切り塀）やアシャギ（離れ座敷、ゲストルーム）、ガー（水汲み場）等の沖縄固有の施設も近代化の調査項目に加えていることが、他の分野と枠を違える大きな原因となっている。琉球→沖縄という固有の文化がまだ日本のそれと融合していない時期の伝統的な系譜を持つ遺産が多くあり、分類方法にも大きく影響していることを鑑みると、沖縄の近代とは、他の府県と大きく異なる位置づけにあると考えるべきである。

ここで分けたこのⅣ類をさらに追加項目毎に分けると以下の通りとなる。

a　「産業・交通（＋通信）・土木・その他」の組み合わせ（福岡・大分・鳥取・福井・滋賀・佐賀・愛媛①・鹿児島・徳島・宮崎）

b　aに軍事と建築物を追加（長崎）

c　aに軍事と教育文化を追加（広島・岡山）

d　aに教育文化を追加（兵庫）

e　aに近代建築を追加（大阪・和歌山）

ここからは、Ⅰ～Ⅲ類では問題とならなかった産業・交通・土木という構造と用途との分野の重複、あるいはそこに当てはめがたい分野をどのように取り扱うかについて、それぞれの府県が工夫した形跡が見られる。

aグループでは、産業施設に当てはめづらい官公庁や軍事施設などをその他のグループに分類するケースが多い。

bやcに見られる、軍事施設を追加項目として加えた各県は、近代に軍事拠点として栄えたところであり、これが分野の重点度にも表れたと言える。近代建築・建築物を加えた各県では、著名な洋風建築が多いところが挙げられており、これが影響している。

今回の表からは外したが、報告書における小分類の項目の有無を照合してみると、各府県における近代化遺産の重点項目を確かめることが出来る。これから見る限り、福岡県や大阪府における第一次産業の重点比重が高くないことが明らかだ。どちらの県も近代工業県として栄えた地域であり、第二次産業などに重点が置かれたものと見られる。

九州の各県に限定して言えば、明治初期から日本の外貨獲得の重要な手段で日本を代表する産業のひとつである、養蚕業と繊維産業は、九州でいくつかの紡績・製糸工場が稼働していた・いる所もあるにもかかわらず、九州地域で分野として採り上げているところが全くない。この分野が近畿や中四国のそれほど、重要視されていないことは明らかである。これら軽工業が重要な産業として評価されていないことが、逆に言えば、九州における近代産業の特色と言える。

偏りのある分野がある一方で、全府県的にまたがって存在する分野もある。それが鉄道と道路、そして鉱業である。近代化遺産総合調査の中でも特にインフラやエネルギー産業に重点を置いて調査していたことをここで読み取ることが出来る。

これら対象種別の分類から見る限り、重点の置き方の軽重はあるにせよ、多くの報告書において「近代化遺産」の範囲を比較的広くとろうという姿勢が読み取れる。同時並行して調査が行われている「近代和風建築総合調査」に該当する物件、つまり江戸自体以前より受け継がれた伝統工法及び思想によって作られた建築を除く殆どの近代構造物が対象範囲となっていると見て間違いない。

それらの中で、各県毎に何を重点的に採り上げるのか、地域の特色とは何か、ということをその分野種別の分類方法で明らかにしようという試みがそれぞれの報告書から見られる。しかしこの試みが強く見られるようになったのは２０００年頃から、具体的には登録文化財制度が始まってからのことで、幅広い産業分野の調査が求められるようになったことが原因と言えそうだ。

前述した対象範囲の「幅広さ」に当てはまらない例外として、機械遺産を近代化遺産の調査範囲から外し、工場施設などの項目に副次的な形で詳解される傾向が著しくなった。これは県の枠組みの中で調査を行う際、可動性の高い鉄道車両などの遺産を採りあげづらい（注3）ことも考えられるが、機械遺産の評価が単純に困難なことも原因といえる。また、工業機械をはじめとして、機械遺産の多くはその対象遺産・構造物の一部という考え方が影響したとも考えられる。実際全国的に見ても第三次調査内で機械類が単独項目で紹介される事は少なくなった（注4）。

3　調査における課題と実践的なフォロー

近代化遺産総合調査で各府県が採り上げる対象遺産については、地域それぞれの特徴によって多少の分野の違いはあれど、おおむね機械分野を除いて幅広い遺産を採り上げる傾向にある。登録文化財制度以降のこの傾向け、近年では遺産の対象年代をも戦後復興期から1960年へと広げつつあり、比較的その定義が柔軟に変化していったことが見て取れる。

しかしながらこの各県が発行した近代化遺産総合調査報告書に記載されることなく、学会などから「再認識」されることにより、文化財に登録された事例、また逆に担当者に認識されていながらも掲載されなかったが故に取り壊された遺産物件も少なからず存在する。この取りこぼしや掲載不許可になった遺産について原因は様々あるが、これを補う方法として民間による独自調査での顕彰活動が挙げられる。弦書房による『九州遺産』発行を皮切りに、首都圏以外でも産業遺産・近代化遺産に対する出版ニーズが高まった結果、筆者も『北九州の近代化遺産』をはじめとした福岡、熊本両県内の産業遺産・近代化遺産の紹介を行ってきた。

後半では筆者がとりまとめた2冊の書籍における遺産悉皆調査で行った調査手法を採りあげ、遺産の取りこぼしの少ない調査手法にはどのようなやり方があるのか、実践的な調査手法の一形態として紹介する。

（1）北九州の近代化遺産の場合

『北九州の近代化遺産』が対象とする北九州市内に存在する遺産の調査については、筆者が個人的に2003年度より断続的に調査を進めていたもので、報告書やガイドブックなどの形式で成果物を発表してきた。この際、データ記録のために近代化遺産総合調査報告書などを参考にした記録シートを一部使用し、①分類、②名称（旧名）、③所有者（管理者）、④施設沿革、⑤保存状態、⑤現用途（旧用途）、⑥用途変更、⑦構造、⑧規模（形状・性能）、⑨竣工年（製造年）、⑩付属設備など（2次資料）、⑪所見といった項目に基づき出来る限り記入することで、データの蓄積を行い、出版の際には最終的に321件のデータを提示した。ただし、データシートを補遺する形で当該遺産を紹介する既知の書籍があれば、それについて出典として「知見」項目に記した。なお、現地踏査に関しては愛好者などによって作成された有益な基礎情報を提供するウェブサイトからも情報を収集でき、これについては出版以降も逐次情報を集めている。

a　調査基準について

調査の基準としては、近代化遺産総合調査報告書に準拠する形で、

①近代（開国以降、概ね第2次世界大戦終了時まで）に作られたもの。

②西洋技術、または西洋のデザインの影響を受けた（近代的手法を受けた）建造物（工作物を含む）であるもの。

という2点を基準とした。戦後の物件も調査物件に挙げられているが、これは調査の過程で戦後竣工の物件と新たに判明したものである。

ここで確認しておきたい基準として、②の西洋技術または西洋デザインの範囲をどこまでと定義づけたかについてである。これに関しては、各近代化遺産報告書内にも明示されていないため、独自の基準として以下の4点を対象とした。これら基準に基づくと、結果として文化庁が推し進める報告書としては近代和風建築のカテゴリに属するものでも調査項目として多く採りあげることとなる。

a　洋風デザイン（伝統様式、新様式、国際様式含む）及び外来の素材を用いた物件。

b　いわゆる文化住宅を代表とする洋間を併設した伝統住宅。

c　移動困難な機械を内蔵する建造物を含めた、外来の技術が用いられた建造物（石橋をはじめとした近世に外国から移入された技術も対象とする）。

d　西洋から移入された社会システムに基づいた建造物。

b　調査範囲について

『北九州の近代化遺産』の場合、原則として調査範囲は北九州市全域になる。しかし単に全域をくまなく実地踏査することは、個人では不可能と言って良い。そこで調査範囲を絞る必要がある。

①旧市街の特定と建築の有無確認：建築分野の遺産については、分野を限定しなければその多くが古くからの市街地に所在する。市街地の古地図があれば市街地再開発事業や区画整理事業の対象範囲を除き、踏査の範囲を絞ることができる。空襲地図等で空襲を受けた範囲が分かれば、その範囲に所在する木造物件は、概ね戦後の物件と見て良い。

著名な建築物の悉皆調査としては、日本建築学会が中心となって行い1980年に刊行した「日本近代建築総覧」が代表例として挙げられる。これをベースにして近代化遺産の悉皆調査が行われるパターンも多いが、全国的な調査の欠点として、都市ごとによって調査対象・年代範囲にムラが生じており、直方市の向野堅一記念館（旧讃井小児科医院）など、明らかに掲載対象であるにもかかわらず、載

せられていない重要な建築も多く現存する。過去の調査が一種の権威付けを与えられた結果、そのリストに掲載されていない物件は考証されることなく価値のないものと位置づけられてしまうことも多い。それ故に、この基礎調査の入念な準備は、都市資源の活用を考える上でもきわめて重要であるといえる。

②土木構造物の有無確認：市街地に所在しない遺産の代表例として、生活インフラに関連した遺産が挙げられる。鉄道・道路・電気水道施設で、稼働・共用されているものについては、既往書籍に紹介されている物件も多い。確認されていないものでも多くの情報を地図から読み取ることが出来る。例えばバイパスに近接した生活道路で川に直交している部分については、古くからの橋梁が現存する可能性がある。

地域内の主立った産業については、自治体や学会報告書の他にも、市町村史・都道府県史等から読み取ることが出来る。かつての代表的な産業の今に至る経緯を丹念に辿ることで、従来喪われているとされた遺構を再発見した事例もあった。

③機械工作物の有無確認：日本機械学会や国立科学博物館による継続的な調査が行われているものの、市町村レベルでは埋もれている機械がかなり多いものと見られる。『北九州の近代化遺産』の場合は、以前行われた二度の産業遺産現況調査報告書と企業への聞き取り調査ををベースにすることができたが、２００８年に機械遺産に認定された矢頭良一の「自働算盤」を確認できなかった。個人所有の遺産は、その確認がきわめて困難である。

機械工作物の所在について、企業に対してはアンケートに基づくアプローチを取り、調べる方法が適切と思われる。個人所有の遺産については、公民館単位で踏査を行う、もしくは独自のネットワークを持つ有識者を訪ねるほかない。

c　実地調査について

①近代建築の簡易判断：近代建築の年代を目視で簡易に見分ける方法は、書籍などでも一部紹介されているが、その基盤は多数の建物を見、触れた経験に基づいたものであり、一概に基準を提示するだけでは、事実誤認をすることも多い。まず気になった物件については、メモに取っておき、聞取り調査や文献や行政資料による確認裏付けを取った上で、本格的な調査を行うことが望ましい。

年代の判別方法については、屋根裏にあることが多い棟札や逆に基礎部分に取り付けられる礎石、煉瓦造や石造など現在の法規では建てられづらい組積造物件など、見た目で判別できることも多いが、同様に近代建築の「雰囲気」にあこがれ、似たような素材で建てられる物件も多い。後年の改造などで最近の建物と見分けのつかない事例も多く、ここで紹介した項目以外にも判別方法は数あまた存在する。

②近代土木構造物の簡易判断：こちらについても建築と同様に書籍などで調べ方含め紹介されているが、土木に携わった人間以外で正しく年代や価値を判断することは必ずしも容易ではない。そういった意味では、建築関係者が就任することが多い各都道府県のヘリテージマネージャ制度では、土木構造物の価値判断について改めて専門家の手を借りる必要性がありそうだ。

簡便な土木構造物の見分け方として代表的なものとして、建築と同様に煉瓦造や石造など構造材で見分けるやり方の他、鉄骨造構造物にリベットが使用されているかどうか、コンクリートの平面型枠に木目がついているかどうかなどがあるが、土木構造物に関しては、特に行政所有の場合詳細な記録が残されていることが多いため、あくまで現場判断の目安として考えた方がよい。

③機械工作物の簡易判断：機械工作物の場合は構造そのもので年代を特定することがきわめて困難である。これは鉄道車両などに代表されるように全く同じ製品が年代を隔てて複数作成されることもあるからである。当然年代によって若干の改良がそれぞれに施されるが、素人目にそれが当初からのものか後年の改造か容易に判断出来ない。

ただ、大前提として言えることがあるとすれば、出力が同じエンジンであれば、より小型の形状をした製品が新しい年代のものである。これは技術の向上によってより機能的になった結果であり、性能が同一であれば、その他の機械工作物でも同じ事が言える。機械の性能については銘板などで十分確認を取るべきである。

これらの手順で踏査することによりまとめられた321件のデータ収集については、現地踏査と聞き取りによるもの（約140件）、他書籍による再認識を現地確認したもの（約40件）による成果が大きい。ただし、現地踏査については、専門的な知識を要する場合が多く、またリストには掲載できなかったものの個人宅で遺産に該当する物件（約50件）も確認され、これに関しては報告書と異なり出版企画であることによる弊害と言えよう。

(2)福岡の近代化遺産の場合

『福岡の近代化遺産』における調査方法については、概ね北九州の場合と同じであるが、調査期間が10ヶ月ときわめて短期間であったこともあり、すべての成果を詳細遺産紹介の対象として反映させることが出来なかった。また対象地域の中で現地踏査を行えなかったところ（朝倉市域がこれに当たる）も若干存在したため、悉皆調査として若干の落ち度があることは否めない。また、遺産全体の件数も北九州のそれと比べ当初少なかったことから、対象年代を1

945年から戦後復興期である1960年までに広げていることも特徴と言える。情報収集に関しては、北九州の場合と同様にウェブサイトから得た情報などを元に現地探索及び聞き取り調査を行った結果、336件の遺産を確認することが出来た。

(3)『福岡県の近代化遺産』との比較

以上のやり方で得たそれぞれのデータと『福岡県の近代化遺産』での詳細調査項目とを比較すると、対象範囲及び悉皆調査と詳細調査のそれとを単純に比較することは出来ないものの、『福岡県の近代化遺産』で紹介される分野と構造材には、実際量と大きな偏りがあることが分かる。たとえば、商業施設や公園、住宅など日本における産業遺産の範疇内で議論されることの少ない、第二次産業以外の物件に関しては、報告数が極端に少なくなっている。これについては、当該報告書の中における「近代化」とは、鉱業を含めた第二次産業の発展に特化する考え方が背景にあるのではないか。筆者の主導した各出版企画における調査手法では、サービス産業までを含めた幅広い産業の発展及び近代化を捉えたため、点レベルであるが幅広く産業の与えた影響をとらえることができた。

4　まとめ

本研究では近代化遺産の対象範囲について、各県の近代化遺産総合調査報告書を見ることによって各県毎の産業分野調査の重点が異なることを確認した。とりわけ九州の各県においては日本の産業の一翼を担ってきた軽工業について、その取り扱い方が他の地域より小さいこと、その代わりに重点が置かれていると思われる炭鉱施設をはじめとした鉱工業分野については、他の地域でも多く取り扱われ、近代化遺産総合調査報告全体で重点項目となっていることが明らかになった。

これに対するフォローアップとして筆者が行った基礎調査では、生活関連・商業・官公庁関連の遺産を中心に従来有無を確認されていなかったものについて深く掘り起こしてきた。また木造や鉄筋コンクリート構造、鉄骨造など従来の調査があまり取り上げたこなかった昭和初期以降の遺産についても広く紹介し、これについては出版企画を通じて地域の財産として新たな価値を提示したと自負している。

今回行った調査方法については、産業分野の偏りをなくすために、より幅広い遺産全体を系統立てることなく、現存の有無のみを確認するために徹底的に調べ上げる手法として提示した。産業遺産の本義的な価値である、それぞれの遺産が連携して有機的に産業を構成し、生活が営まれている様を線・面で調査するという意味においては、今回の調査はまさに基礎的なものであり、この基盤に立脚した上で産業遺産の変革的な調査を行うべきであることはここで付言したい。また学協会においても現在行われている解体の危機に瀕した遺産の保存要望書提出などによる逐次対応のみならず、まずは基礎調査に基づいた明快な調査基準を設け、あらかじめ遺産の価値と撤去リスクを勘案した上での普段からの積極的な保存要望を行っていく必要性があるのではないか。

補注

(注1)国際的な産業遺産研究組織である国際産業遺産保存委員会(TICCIH)が2003年にロシアで採択したニジニータギル憲章では、産業遺産を「歴史的、技術的、社会的、建築学的、あるいは科学的価値のある産業文化の遺物から成る。これらの遺物は建物、機械、工房、工場及び製造所、炭坑及び処理精製場、倉庫や貯蔵庫、エネルギーを製造し、伝達し、消費する場所、輸送とその全てのインフラ、そして住宅、宗教礼拝、教育など産業に関わる社会活動のために使用される場所から成る」と定義付けている。

(注2)例として、大分県で採りあげられた気動車及び客車が九州鉄道記念館のオープンに伴い福岡県に移設されたことなどが挙げられる。

(注3)福岡県での調査では5件あったが、大分県での調査では工具を含み3件、それ以降西日本各県の報告書には機械遺産の単独項目がない。全国的に見ても2005年『愛知県の近代化遺産』による機械＝産業遺産の悉皆調査と岡山県における一部物件の調査を除き、1994年以降機械遺産を採りあげていない。

表1 「近代化遺産総合調査報告書」時代範囲及び分野分類(滋賀以西西日本を対象)

府県名	一次調査	年	調査対象種類	時代(上限／下限)	
福岡	1120	1993	産業、公共／産業、交通、土木、その他(＊1)	江戸末	1945
大分	872	1994	産業、交通、土木、その他	江戸末	1945
長崎	511	1998	産業、交通・通信、土木、軍事、建築物	江戸末	1945
山口	972	1998	一次産業、鉱業、発電、二次産業、商業、交通、通信、防災、環境、文化、軍事	幕末	1945
広島	950	1998	産業、交通・通信、土木、軍事、教育文化、他	江戸末	1945
熊本	1409	1999	産業、一般	文化	1945
鳥取	614	1999	産業、交通、土木、その他	江戸末	1945
福井	340	1999	産業、交通、土木、その他	江戸末	1945
滋賀	1631	2000	産業、交通、土木、その他	江戸末	1945

京都	514	2000	一次産業、鉱業、工業、交通、通信、商業、防災、環境、文化、その他	江戸末	1945
佐賀	700	2002	産業、交通、土木、その他	江戸末	1945
島根	776	2002	第一次産業、第二次・三次産業、公共、その他	江戸末	1945
高知	1173	2002	第一次産業、第二次産業、第三次産業、交通、官公庁舎、学校、生活関連、文化福祉、住宅、治山治水、その他	江戸末	1945
愛媛①	1330	2003	産業、交通、土木など	江戸末	1945
鹿児島	859	2004	産業、交通通信、土木、その他	江戸末	1945
沖縄	1068	2004	住宅、産業施設、交通通信施設、農林漁業施設、生活関連施設、軍事・戦争遺跡、その他	1879	1972
岡山（＊2）	1700	2005	産業、交通・通信、土木、軍事、教育・文化等	江戸末	1945
香川	998	2005	一次産業、工業、発電、二次産業、商業、交通、通信、防災、環境、文化、軍事	江戸末	1945
兵庫	1251	2006	産業、交通、土木、教育・文化、その他、関係する機器	江戸末	戦後復興
徳島（＊2）	1200	2006	一次産業、二次産業、三次産業、交通、土木、その他	幕末	1945
大阪	1374	2007	産業、交通、土木、近代建築、その他	江戸末	1945
和歌山	342	2007	産業、交通、土木、近代建築、その他	江戸末	1960
愛媛②	1303	2013	第一次産業、第二次産業、第三次産業、交通・土木、生活・文化、軍事・戦時遺産	1853	1945
奈良	794	2014	第一次産業、第二次産業、第三次産業、交通、官公庁舎、学校、生活関連、文化福祉、住宅、宗教、治山治水、その他	幕末	1945頃
宮崎	541	2017	産業、交通・通信、土木、その他	江戸末	1945

（＊1）福岡県の分類方法については両分類法を併記してある

（＊2）岡山県及び徳島県の一次調査リスト掲載物件数は、報告書に記載していた概数を掲載

本論文は博士論文『九州における近代化遺産の現存状況及び調査、活用に関する研究』（2009）第2、3章をもとに加筆改変したものである。

産業遺産関連用語（文末の数字は項目番号）

《各種団体について》

赤煉瓦ネットワーク↓項目022参照。2000年及び2013年に作成した「日本赤煉瓦建築番付」の製作団体でもある。（022、080、081、105、137）

いわきヘリテージ・ツーリズム協議会：いわき市に点在している産業遺産を学習・体験活動などの産業観光に生かすべく2007年に設立した団体。常磐炭田史研究会などの研究団体や教育、観光関係者や行政機関などで構成される。（017）

九州産業考古学会：産業考古学会（↓項目029）の地方組織として、1989年に設立された産業遺産の保存・調査・研究組織。（005）

国際記念物遺跡会議（イコモス）：文化遺産保護に関わる国際的な非政府組織。1964年採択された記念物と遺跡の保存と修復に関する国際憲章の精神を国際的に実現していく組織として、1965年に設立。参加国は153カ国以上（2017年5月現在）。（コラム1）

産業考古学会↓項目029参照。（029、070、077、126、135、159、177、178）

全国石炭産業博物館等研修交流会：全国各地の石炭産業に関連する博物館職員や研究者、また炭鉱に関連する方々が年に一度産炭地で研修と交流を行う団体。（019）

中部産業遺産研究会：愛知県を中心に産業遺産関連分野の調査研究と保存、普及発展を目的に1993年に設立した団体。（192、193）

日本イコモス国内委員会：文化遺産の保護の諸分野で活躍する専門家及び当委員会の活動趣旨に賛同する団体で構成する組織。1979年のイコモス総会で正式に発足し、2018年に一般社団法人化。（001）

文化資源学会：さまざまな資料を発掘し、考証と評価、整理保存、公開利用などを経て、文化資源研究を推進することを目的として2002年設立した団体。（012）

NPO法人門司赤煉瓦倶楽部：旧サッポロビール九州工場施設建物群などの貴重な歴史的建造物を後世に引き継ぐ保存活動を行うために2002年に設立した法人。（022）

《文化財制度と博物館》

アールブリュット：正規の美術教育を受けていない人々（障碍者を含む）が制作した作品のうち、アートとして扱われているもの。アウトサイダー・アートとも呼ばれる。（001）

インタープリタ施設：自然景観や産業遺産など一見して価値がわかりにくいものに対して通訳的な立場で地域との関

係性や価値を伝える施設。（003）
グローバルストラテジー：世界遺産一覧表の各種遺産が欧州地域やキリスト教関連遺産などに偏る背景から、1994年の世界遺産委員会にて比較的研究が進む「産業遺産」、「20世紀の建築」、「文化的景観」の3分野に着目し、世界遺産の不均衡を是正し、多様性を持たせることを打ち出した。（コラム1）
経済産業省認定近代化産業遺産：産業遺産に対する経済産業省の顕彰制度で、地域活性化に役立てることを目的として、2007・2008の2年度にかけて地域史・産業史の観点から66ストーリー1115件の遺産を認定した。（076）
国立近現代建築資料館：日本の近現代建築建造の際に用いた図面や模型などの建築資料が劣化・散逸・海外への流出することを防ぐため、2012年11月に設置された文部省直轄のアーカイブ施設。（035）
重要伝統的建造物群保存地区：1975年の文化財保護法改正によって新たに定められた制度。周囲の環境と一体をなして歴史的風致を形成している伝統的な建造物群で、価値が高いものを国が選定したもの。（007、096、139）
登録博物館：博物館施設のうち、都道府県や政令指定都市教育委員会の登録審査を受けた館で、学芸員や資料の配置、営業日数などの基準に合致したものを指す。
（003、113）
登録文化財：文化財保護法に定められた文化財制度のうち、近代の建造物群を中心に緩やかな規制のもと文化財登録原簿に登録することで価値の継承を図るものを指す。（097）
土木学会選奨土木遺産：土木学会が土木遺産の顕彰を通じて歴史的土木構造物の保存に資することを目的として、2000年度より始めた認定制度。（005、076）
まちかどの近代建築写真展→項目052参照。（052、129、130）
名勝：文化財保護法で規定された文化財の種類のひとつで、芸術上または観賞上価値が高い土地、庭園や自然景観などについて、国や地方公共団体が指定を行ったもの。（104）

《建築用語》

アールデコ：20世紀初頭に欧米の都市部を中心に流行した芸術表現で、鉱物などをモチーフとした直線的でシンプルな幾何学デザインが特徴。名前の由来は1925年開催された現代装飾・工業美術国際展覧会「アールデコ博」による。（014、016、050、114、133、192）
アールヌーヴォー：19世紀末から流行した芸術運動のひと

つ。花や植物などに範をとった曲線的なデザインで、従来の様式にとらわれない蠱惑的な装飾意匠を指す。（０３４、０５３、０５４）

イオニア式オーダー：トルコ近隣の文明からもたらされた古代建築の柱頭装飾で、渦巻き模様を基調としている。（１５４）

入母屋《いりもや》：建物上部は長辺側から見て左右対称に勾配を、下部からは庇を兼ねて前後左右四方向へ勾配持つ構造を指す。（０５８、０９８）

カーテンウォール：建物の構造上、壁が建物にかかる荷重を請け負わず、建物にかかる負荷は柱と梁、あるいは床、屋根等で支えるため、カーテンのような薄い壁（窓）を設けることができる。（１６９）

回遊式庭園：日本庭園のうち、建物内からのみならず、庭園内をめぐり四季の移ろいを楽しむことを目的とした庭園を指す。（０９２、１７８）

からみ煉瓦↓項目０２８参照。（０２８、０４０、０７９）

看板建築↓項目０５７参照。（０５７）

キーストーン（要石）：石橋やトンネルのアーチ頂部に設けられる石材。これを取付けることでアーチのすべての石が加重を支えることができるため、しばしば装飾的に扱われる。（０３１、０７８）

木鼻：和建築で梁など横に渡す木材の端部で、柱から突き出している部分を指す。江戸期には木花に象や獅子などの彫刻があしらわれることもある。（１２９）

コリント式オーダー：紀元前5世紀頃に現れた柱頭装飾で、アカンサスの葉をモチーフとしており繊細華麗な模様を持つ。（０５０、１３４、１９４）

擬洋風：西洋建築の教育を受けていない日本人大工が自分たちの技術を援用し、西洋建築の外観を模して建てた建築に対して総称する。開化式建築とも。（０４２、０４３、０５６、１２９）

虹梁《こうりょう》：梁の中でも柱の頭部を繋ぐ材料で虹のように両方の支点に高低差がある。建物外部などでは独特な彫刻が施されることもある。（１２９）

ゴシック：12世紀のフランスに端を発する建築様式で、造形的には垂直を強調した対称形が特徴。こと教会建築においては内部空間を広くとるための尖頭アーチやフライングバットレス（飛び梁）などの工夫がみられる。（０４４、０５４、０７４、１５８、１７５）

コロニアル：欧米諸国がアジアなどに植民地を拡張していく際、現地の風土気候に適った建築様式を総称する。建物外周にヴェランダを配置するヴェランダコロニアルや下見板張りの簡素な外壁で構成する下見板張りコロニアルなどが代表例。（０１０、０４２、１５６）

竿縁《さおぶち》天井・格《ごう》天井：ともに天井板を支える木材の形式で、

一方向に竿のような細い部材を等間隔で並べ天井板を支えるものを竿縁天井、格子状に部材を設け天井板を支えるものは格天井という。（142）
三廊式《さんろうしき》：長方形の平面構成をとる教会建築のうち、中央部分の身廊と並行して列柱を置くことで、両側に並行して廊下（側廊）があるものを指す。（142）
下見板張り：壁面に横板を張る際、板の下端部と上端部を少し重ね仕上げる手法。切欠きを入れないアメリカ下見や切欠きを用い凹凸を造らないドイツ下見などがある。（060、090、104、109、182）
寝殿造：平安時代に京都の貴族邸宅で成立した、南側に池を設け土塁で区切られた左右対称の建物形態を理想とする住宅様式。（092）
スクラッチタイル：引っかき傷のような直線の溝が施されたタイル。溝の施し方により、蕨のような盛り上がりや型抜きの凹凸など様々な種類がある。（014、024、030、044、052、089、133、194）
セセッション：20世紀初頭に流行した芸術運動で、ウィーン分離派と呼ばれる、伝統様式からの分離を提唱し、経済的合理性を重んじるグループが主導した。幾何学的意匠や植物渦巻き模様のデザインが特徴。（050、076、114、144）
セットバック：ここでは建物の下層部から上層部にかけて少しずつ壁面を後退させることを指す。（050、059）
逓信建築《ていしん》：郵便局や電話業務などを担っていた逓信省の営繕課に所属していた技術官僚が設計した建築作品群で、パラボラアーチや曲線の多用など様式建築からの脱却を目指した建築に対して呼ばれる。（159）
テラコッタ：素焼の陶器製品を意味するが、ここでは建築の外観を彩る陶器製の造作芸術品のことを指す。（014、194）
デンティル：西洋建築で主に建物軒の部分に設けられる櫛歯状の装飾。（085）
ドイツ壁→項目027参照（027、058）
土蔵造（塗籠造）：建物の構造材である木部を赤土や漆喰などで塗りこめることで外観に木部を露出しない造り方を指す。防火性が高く、土蔵の他に商家建築にも用いられた。（043、127、139、190）
ドリス式オーダー：古代建築の柱頭装飾のひとつで、柱頭部分に装飾を設けない簡素なもの。基礎に板を設けるものはローマ・ドリス式とも呼ばれる。（077）
長屋門：武家屋敷や庄屋建築などで門の左右に部屋を設けることでひと棟の長屋形式で建てられた大ぶりの門。（039、063）
ハーフティンバー：北欧を中心に建物構造材としての木材を意匠的に壁面に見せるものを指す。和建築においては真

壁造に相当。（008、009、010、097、098）
バットレス：建物のうち屋根からの横荷重を支える壁面を補助する目的で外側に突き出した控壁のこと。（107、141、190）
パラペット：建物屋上部の四方に設けられた屋根を視覚的に隠すために設けられた低い壁、胸壁ともいう。近年は防水目的で設けられることが多い。（134、153、157）
バロック：16世紀のイタリアから始まった芸術様式のひとつ。壁面に多様性を持たせ、飾り柱と曲線を多用した壮麗さが特徴で宮殿建築に用いられる。（023）
ハンチ（テーパー）：剛構造の建物で主に接合部の強度を高めるため、梁や床面が柱に接する部分の断面を大きくとったもの。（136）
フットパス：イギリスを発祥とする「地域に昔からあるありのままの風景を楽しみながら歩くことができる小径」のことで、まちづくり資源のひとつとして地方都市で普及している。（131）
フランドル積み（フランス積み）：煉瓦の積み方のひとつで、煉瓦横一段方向に長辺（長手）と短辺（小口）を交互に並べ積み重ねる手法。（071）
フリークラシック（辰野式）：ヨーロッパの中でも19世紀後半のイギリスなどにみられる、構造材としての赤煉瓦と花崗岩との取合せを特徴とした外観に対して呼ばれる。
（025）
ペディメント：切妻屋根の妻側下部分と水平材に囲まれた部分を指す言葉だが、似た形で建物正面などに取り付けられる三角や櫛型の飾りに対しても同様に用いられる。和建築の破風に相当。（023、086、149）
マジョリカタイル：多彩な色を用い、装飾が施された硬質陶器質のタイルに対する通称。（083）
メダイオン：ここでは、天井廻りや壁などに用いる円形や卵形などの模様に対する名称。（118）
モダニズム：ここでは、19世紀末の工業化社会を背景に起こった機能的・合理的な建築を目指した建築運動を総称する用語。（012、015、030、041、070、077、102、141、169、200）
モルタル洗出し：木造建築などの仕上げで石造の風合いを出すため、小石を多く混ぜたモルタルを塗り、完全に固まる前に水洗いして石の表面を目立たせる手法。（046、049、118）
溶結《ようけつ》凝灰岩《ぎょうかいがん》：高温の火山噴出物が地表で再溶融・圧縮されることでできる岩石。大分県以南の九州南部に広く分布し、石橋や組積造建造物に用いられた。（047、140、173、174）
リノベーション：建物の用途や機能、部屋構成の変更等を伴う大規模改修のこと。（024、047、119、123、

157）

ルネサンス：15〜16世紀のイタリアで流行した古典古代を理想とした建築芸術の復興運動が原義だが、ここでは壁面に加重を持たせるため表面の凹凸が少ないルネサンス建築を規範に、各地の様式を取り入れたネオルネサンス様式をも包含している。（065）

リベット：鋼材同士を結合するために用いられるピンで、両鋼材に開けられた穴に差し込み、頭のついていない反対側をハンマーなどで塑性変形させ接合させる。（136）

スパニッシュ：日本ではアメリカのスペイン系建築様式に対して総称され、軒の出が小さく、S字の瓦や小塔、内外装のテラコッタやタイル装飾などに特徴がある。（183）

連子窓《れんじまど》：方形やひし形の細長い木材を横に連ねたもの（連子）をはめ込んだ窓。日本古来より続く換気・採光のための窓形式のひとつ。（053）

《歴史用語・技術用語等》

麻苧《あさお》：麻や苧などの植物系繊維を原料として作った糸。（009）

インクライン：傾斜のあるところで船や荷物を運搬するために斜面に軌道を設け、昇降運搬を行う装置。（コラム6）

LCC(Low Cost Carrier)：航空会社のうち、効率的なサービスによって低価格の運賃提供を行う会社を指す。（011）

カスケード：階段状に造られた人工の滝。（126）

カーバイド：アセチレンガスや肥料製造のために用いられる炭化カルシウム。（079）

グリフィン：上半身が鷲、下半身はライオンという姿の神話上の生き物。（015）

鈴木商店：神戸にて鈴木岩次郎が創業した砂糖貿易商を出発点として、番頭の金子直吉が事業を拡大、新興財閥として大正期名を馳せた。現在に続く関連企業として、双日、帝人、神戸製鋼所、太陽鉱工などがある。（コラム2、158、175）

ドライドック：船舶建造や修理の際に用いる設備で、ゲートから船を引き入れ、空間内の水を抜くことで船底などの修繕を行うもの。乾船渠。（101）

ハンセン病：らい菌が引き起こす感染病で、感染力は弱いが近代に予防のための隔離政策がとられ、患者の人権が大きく侵害された。「らい予防法」は1996年に廃止され、現在では早期の治療が可能。（056）

薬研車《やげんぐるま》：もとは漢方薬などを作るとき原材料を細粉にひく際に用いる軸のついた車輪を指すが、転じて軸のついた車輪全般にも用いられる。工業製品では矢弦車と表記。（150）

ランカシャボイラ：燃料を用いて水を水蒸気にする装置を

ボイラというが、そのうち筒状の燃焼炉が二本設けられた横型ボイラを指す。（011）

両面焚倒焔《とうえん》式《しき》角窯《かくがま》：焚口を対称する2面に設け、気流を地下などに設けられた煙道を介して排出する形式の石炭窯。（089）

ロンドン海軍軍縮条約：海軍巡洋艦や駆逐艦など補助艦保有量の制限が定められた1930（昭和5）年締結の国際条約。これに基づき赤城などの巡洋艦が空母に転用された。（006）

産業遺産データ一覧

項目	名称（現名称）	住所	竣工年	建造物構造	設計者	施工者	指定登録
001	鞆の浦常夜燈（同上）	広島県福山市	1859	石造	不詳	不詳	選
001	鞆の浦港湾施設（雁木）（同上）	広島県福山市	1859	石造	不詳	不詳	選
002	賀茂鶴酒造事務所（同上）	広島県東広島市	1927	木造2階建	不詳	不詳	登 経
002	亀齢酒造洋館（同上）	広島県東広島市	大正期	木造平屋建	不詳	不詳	登 経
002	広島県西条清酒醸造支場本館（賀茂泉酒造酒泉館）	広島県東広島市	1929	木造2階建	不詳	不詳	登 経
003	海軍呉鎮守府庁舎（海上自衛隊呉地方総監部第一庁舎）	広島県呉市	1907	煉瓦造2階建	不詳	不詳	日
003	呉海軍下士官兵集会所（青山クラブ）	広島県呉市	1936	RC造3階建	不詳	増岡組	なし
003	呉海軍工廠本部前護岸及び関連施設（アレイからすこじま）	広島県呉市	大正期	石造護岸	不詳	不詳	日
004	対馬オメガ局送信用鉄塔（同上）	長崎県対馬市	1974	鉄骨造	不詳	不詳	なし
005	深浦水雷艇隊基地（同上）	長崎県対馬市	1896	石造護岸	不詳	不詳	土
006	豊砲台（同上）	長崎県対馬市	1934	RC造地下施設	不詳	不詳	なし
コラム	大野教会堂（同上）	長崎県長崎市	1893	石造・木造平屋建	マルク・マリ・ド・ロ神父		国 世
コラム	頭ケ島天主堂（同上）	長崎県南松浦郡	1893	石造平屋建	鉄川與助（大工）		国 世
コラム	﨑津教会（同上）	熊本県天草市	1934	木造平屋建	鉄川與助（大工）		国 世
007	大内宿（同上）	福島県南会津郡	1640〜	木造2階建他	不詳	不詳	選
008	日光駅（同上）	栃木県日光市	1912	木造2階建	明石虎雄	高山譽三郎	経
009	栃木共立銀行本店（横山郷土館）	栃木県栃木市	1909	木造2階建	不詳	不詳	登
010	栃木町役場庁舎（栃木市役所別館）	栃木県栃木市	1921	木造2階建	堀井寅吉	不詳	自 登
011	中林綿布工場（熊取交流センター 煉瓦館）	大阪府泉南郡	1928	木造・煉瓦造平屋建	池田谷久吉	不詳	自 経
012	フジカワ画廊（同上）	大阪府大阪市	1952	RC造4階建	村野・森建築事務所	大成建設	なし
013	カトリック宝塚教会（同上）	兵庫県宝塚市	1965	RC造平屋建	村野・森建築事務所	聖和建設	なし
014	生駒時計店（同上）	大阪府大阪市	1930	RC造5階建	宗兵蔵	大林組	登
015	大庄村役場（尼崎市立大庄公民館）	兵庫県尼崎市	1937	RC造3階建	村野建築事務所	岡本工務店	登
016	常磐炭礦湯本礦坑道（いわき湯本温泉源泉揚湯場）	福島県いわき市	1976	炭鉱坑道	不詳	不詳	なし
017	常磐炭礦内郷礦中央選炭工場（同上）	福島県いわき市	1952	RC造	不詳	不詳	経
018	共楽館（日立武道館）	茨城県日立市	1917	木造2階建	日立鉱山技師	直営	自 登
019	日立鉱山大煙突（同上）	茨城県日立市	1915	RC造煙突	宮長平作	直営	産
020	日立鉱山第一竪坑櫓（同上）	茨城県日立市	1929	鋼製竪坑櫓	不詳	不詳	経
020	日立鉱山第十一竪坑櫓（同上）	茨城県日立市	1951	鋼製竪坑櫓	不詳	不詳	経

020	日立鉱山設備機械群コンプレッサ室（鉱山資料館）	茨城県日立市	1944	木造平屋建	不詳	不詳	経
021	信越本線碓氷第三橋梁（同上）	群馬県安中市	1892	煉瓦造アーチ橋	パウネル、古川晴一	鹿島組他	国 経 産
021	信越本線丸山変電所（同上）	群馬県安中市	1911	煉瓦造平屋建	不詳	不詳	国 経
022	富岡製糸場（同上）	群馬県富岡市	1872	煉瓦造2階建他	オーギュスト・バスチャン	直営	国 経 世
023	東宮御所（迎賓館）	東京都港区	1909	鉄骨煉瓦造・石造2階建	片山東熊	直営	国
024	矢島写真館（同上）	東京都台東区	大正期か	木造2階建	不詳	不詳	なし
025	開港記念横浜会館（横浜市開港記念会館）	神奈川県横浜市	1917	鉄骨煉瓦造2階建	福田重義	清水組	国 経
026	三井物産横浜支店（KN日本大通ビル）	神奈川県横浜市	1911	RC造4階建	遠藤於菟	直営	なし
027	岡山禁酒会館（同上）	岡山県岡山市	1923	木造3階建	不詳	不詳	登
028	犬島精錬所（犬島精錬所美術館）	岡山県岡山市	1909	煉瓦造他	不詳	不詳	なし
029	丙川三連樋門（同上）	岡山県岡山市	1904	煉瓦造樋門	藤田組技師	藤田組	土
030	石川県庁（しいのき迎賓館）	石川県金沢市	1924	RC造3階建	矢橋賢吉、笠原敏郎	日本土木	なし
031	尾山神社神門（同上）	石川県金沢市	1875	石造・木造3階建	津田吉之助（大工）		国
032	大阪商船神戸支店（商船三井ビルディング）	兵庫県神戸市	1922	SRC造7階建	渡辺節建築事務所	大林組	なし
032	日濠会館（海岸ビルヂング）	兵庫県神戸市	1911	煉瓦造3階建	河合浩蔵	旗手組	登
033	第一銀行神戸支店（神戸市営地下鉄みなと元町駅）	兵庫県神戸市	1908	煉瓦造2階建	辰野片岡建築事務所	不詳	経
034	小橋屋呉服店神戸支店（松尾ビル）	兵庫県神戸市	1925	RC造5階建	竹中工務店	竹中工務店	登
035	与那原カトリック教会（同上）	沖縄県島尻郡	1958	RC造2階建	片岡献	直営	モ
036	大宜味村役場庁舎（同上）	沖縄県国頭郡	1925	RC造2階建	清村勉	直営	国
037	名護市役所庁舎（同上）	沖縄県名護市	1981	SRC造3階建	象設計集団	仲本工業、阿波根組、屋部土建	なし
038	平敷屋製糖工場煙突（同上）	沖縄県うるま市	昭和初期	煉瓦造煙突	不詳	不詳	登
コラム	東洋製糖燐鉱石貯鉱庫（同上）	沖縄県島尻郡	1919頃	石造・RC造	不詳	不詳	史 登 経
コラム	東洋製糖北大東出張所（同上）	沖縄県島尻郡	1919頃	石造・RC造	不詳	不詳	登 選 経
コラム	南大東島シュガートレイン車庫（同上）	沖縄県島尻郡	昭和初期	石造・木造	不詳	不詳	なし
コラム	蒸気機関車2号機（同上）	沖縄県島尻郡	1917	蒸気機関車	―	大日本軌道	経
コラム	丸三炭鉱宇多良鉱業所（同上）	沖縄県八重山郡	昭和初期	煉瓦造・RC造	不詳	不詳	経
039	日本窒素肥料延岡工場事務所（旭化成愛宕事業所）	宮崎県延岡市	1923	RC造2階建	不詳	不詳	なし
039	カザレー式アンモニア製造装置（同上）	宮崎県延岡市	1923	化学装置	不詳	不詳	経 産
040	内藤家墓所境界壁（同上）	宮崎県延岡市	明治期	からみ煉瓦擁壁	不詳	不詳	なし
041	延岡市公会堂野口記念館（同上）	宮崎県延岡市	1955	RC造2階建	日建設計	大林組	なし
042	宣教師宿舎（石井記念友愛社静養館）	宮崎県児湯郡	1879	木造平屋建	不詳	不詳	登

項目	名称（現名称）	住所	竣工年	建造物構造	設計者	施工者	指定登録
042	岡山孤児院施設（石井記念友愛社方舟館）	宮崎県児湯郡	1925	木造2階建	不詳	不詳	登
043	宮崎神宮徴古館（同上）	宮崎県宮崎市	1907	木造2階建	伊東忠太、佐々木岩次郎	不詳	登
044	宮崎県庁（同上）	宮崎県宮崎市	1931	RC造3階建	置塩章	大林組	登
045	吉松家住宅（同上）	宮崎県串間市	1919	木造2階建	不詳	不詳	国
046	東郷医院（同上）	鹿児島県志布志市	1916	木造2階建	不詳	不詳	自
047	集成館機械工場（尚古集成館本館）	鹿児島県鹿児島市	1865	石造平屋建	竹下清右衛門	直営	史 国 経 世
047	集成館反射炉（同上）	鹿児島県鹿児島市	1857	石造炉基礎	不詳	直営	史 経 世
048	鹿児島紡績所技師館（同上）	鹿児島県鹿児島市	1867	木造2階建	英国人か	直営	史 国 経 世
049	鹿児島食販組合（豊産業社屋）	鹿児島県鹿児島市	大正期	石造2階建	不詳	不詳	なし
050	鹿児島無尽鹿児島支店（南日本銀行本店）	鹿児島県鹿児島市	1937	RC造6階建	三上昇	清水組	登
コラム	寺山炭窯跡（同上）	鹿児島県鹿児島市	1858	石造炭窯	不詳	不詳	史 世
コラム	関吉の疎水溝（同上）	鹿児島県鹿児島市	1852	工業用水路	不詳	不詳	史 世
051	住友倉庫（築港赤レンガ倉庫）	大阪府大阪市	1923	煉瓦造一部2階建	日高胖	不詳	なし
052	天満屋回漕店（天満屋ビル）	大阪府大阪市	1935	RC造3階建	村上工務店	村上工務店	なし
053	鴻池本店（同上）	大阪府大阪市	1910	木造2階建	久保田小三郎	梶熊吉	なし
054	（旧制）玉名中学校本館（玉名高等学校本館）	熊本県玉名市	1937	RC造3階建	近藤良馬	不詳	登
055	（旧制）第五高等中学校本館（熊本大学五高記念館）	熊本県熊本市	1889	煉瓦造2階建	山口半六、久留正道	直営	国
055	（旧制）第五高等中学校化学教室（熊本大学化学教室）	熊本県熊本市	1889	煉瓦造2階建	山口半六、久留正道	直営	国
055	（旧制）熊本高等工業学校機械実験工場（熊本大学工学部研究資料館）	熊本県熊本市	1908	煉瓦造2階建	不詳	直営	国 機
056	熊本回春病院らい菌研究所（リデル、ライト両女史記念館）	熊本県熊本市	1919	木造2階建	中條精一郎	清水組	登
057	本宮座（本宮映画劇場）	福島県本宮市	1914	木造3階建	不詳	不詳	なし
058	大越娯楽場（大越武道館）	福島県田村市	1926	木造2階建	今和次郎	不詳	登
059	米子専門大店（米子大店ビル）	鳥取県米子市	1924頃	RC造3階建	原八十吉	不詳	登
060	周吉外三郡役所（隠岐郷土館）	島根県隠岐郡	1885	木造2階建	不詳	不詳	自
061	理容石田（同上）	島根県隠岐郡	昭和戦後期か	木造平屋建	不詳	不詳	なし
062	西ノ島町立美田小学校（美田コミュニティセンター）	島根県隠岐郡	1925	木造2階建	不詳	不詳	なし
063	祝島の練塀（同上）	山口県熊毛郡	19世紀〜	石積練塀	不詳	不詳	なし
064	四階楼（同上）	山口県熊毛郡	1879	木造4階建	不詳	不詳	国
コラム	萩反射炉（同上）	山口県萩市	1858	煉瓦・耐火煉瓦造溶融炉	不詳	不詳	史 経 世
コラム	恵美須ヶ鼻造船所（同上）	山口県萩市	1856	石造護岸	不詳	不詳	経 世
065	秋田銀行本店本館（秋田県立赤れんが郷土館）	秋田県秋田市	1912	煉瓦造2階建	山口直昭、星野男三郎	直営	国

066	阿仁鉱山外国人官舎（同上）	秋田県北秋田市	1882	煉瓦造一部2階建	アドルフ・メッゲル	不詳	国 経
067	遠野駅（同上）	岩手県遠野市	1949	CB造2階建	鉄建建設	国鉄盛岡工事局	なし
068	橋野鉄鉱山高炉（同上）	岩手県釜石市	1858	石造炉基礎	不詳	不詳	史 経 世
069	東京砲兵工廠銃包製造所弾丸鉛身場（北区立中央図書館）	東京都北区	1919	煉瓦造平屋建	不詳	不詳	なし
070	陸軍板橋火薬製造所（野口研究所施設群）	東京都板橋区	昭和初期	RC造平屋建他	不詳	不詳	史
071	陸軍武器庫（市川赤レンガ倉庫）	千葉県市川市	明治期	煉瓦造2階建	不詳	不詳	なし
072	厳木駅給水塔（同上）	佐賀県唐津市	1899	煉瓦造	不詳	不詳	なし
073	唐津銀行本店（同上）	佐賀県唐津市	1912	煉瓦造2階建	田中実	清水組	登
コラム	高取伊好邸（同上）	佐賀県唐津市	1906	木造平屋建	不詳	不詳	国 経
074	（旧制）安積中学校本館（安積歴史博物館）	福島県郡山市	1889	木造2階建	不詳	不詳	国 経
075	大峰発電所（丸守発電所）	福島県郡山市	1921	煉瓦造2階建	不詳	不詳	経 土 日
075	猪苗代第二発電所（同上）	福島県会津若松市	1918	鉄骨煉瓦造	辰野金吾（監修）	大島組	日
076	郡山市公会堂（同上）	福島県郡山市	1924	RC造2階建	荻原貞雄、矢橋賢吉	清水組	登
077	柏崎公会堂（柏崎市民活動センター）	新潟県柏崎市	1938	RC造2階建	内山熊八郎	清水組	登
078	北越鉄道米山第一トンネル（信越本線旧米山第一トンネル）	新潟県柏崎市	1897	石張ポータル	不詳	不詳	なし
079	日本窒素肥料旧工場（株式会社江川水俣工場）	熊本県水俣市	1908	煉瓦造平屋建	不詳	不詳	なし
080	海軍機関学校学生舎（海上自衛隊第四術科学校）	京都府舞鶴市	1930	RC造3階建	不詳	不詳	日
081	舞鶴海軍鎮守府配水池（同上）	京都府舞鶴市	1900	煉瓦造地下施設	不詳	不詳	国
082	舞鶴海軍兵器廠魚形水雷庫（舞鶴赤れんが博物館）	京都府舞鶴市	1903	煉瓦造2階建	不詳	不詳	国 日
083	藤森湯（さらさ西陣）	京都府京都市	1930	木造2階建	京都工務所	山本辰吉（大工）他	登
コラム	琵琶湖疎水（同上）	京都府京都市	1890	石・煉瓦・RC他	南一郎平、島田道生、田邊朔郎	直営	史 経 土
084	諸岡家住宅煉瓦門（同上）	茨城県龍ケ崎市	明治後期	煉瓦造門柱	不詳	不詳	登
085	竹内農場西洋館（同上）	茨城県龍ケ崎市	1920	煉瓦造2階建	不詳	大田圓七（大工）	なし
086	神谷伝兵衛醸造所（シャトーカミヤ）	茨城県牛久市	1903	煉瓦造2階建	岡田時太郎	不詳	国 経
087	太洋ビル（同上）	愛知県名古屋市	1931	RC造5階建	星野保則	星野工務店	なし
088	愛知電気鉄道鳴海球場（名鉄自動車学校）	愛知県名古屋市	1927	RC造	不詳	不詳	なし
089	伊奈製陶工場施設群（INAXライブミュージアム）	愛知県常滑市	1921	木造2階建他	不詳	不詳	経
090	大蔵省赤穂塩務局庁舎（赤穂市立民俗資料館）	兵庫県赤穂市	1908	木造2階建	大熊喜邦	山本近治（大工）他	自
091	赤穂藩上水道（上水道モニュメント）	兵庫県赤穂市	1616	石・陶管他	不詳	不詳	なし
092	青井阿蘇神社禊橋（同上）	熊本県人吉市	1921	RC造3連アーチ橋	不詳	不詳	登
093	新温泉（同上）	熊本県人吉市	1931	木造平屋建	不詳	不詳	なし
094	明導寺（同上）	熊本県球磨郡	1926	木造平屋建	藤岡眞月	不詳	登

項目	名称（現名称）	住所	竣工年	建造物構造	設計者	施工者	指定登録
095	大塚病院旧診療棟（同上）	宮崎県西都市	明治中期	木造2階建	不詳	不詳	なし
096	日本海軍発祥之地碑（同上）	宮崎県日向市	1942	RC造記念碑	日名子実三	不詳	なし
097	フンドーキン醤油本社事務所（同上）	大分県臼杵市	昭和期	木造2階建	不詳	不詳	なし
098	駅前高等温泉（同上）	大分県別府市	1924	木造2階建	不詳	不詳	なし
098	竹瓦温泉（同上）	大分県別府市	1938	木造2階建	村上利作、池田三比古	不詳	登 経
コラム	熊本大学黒髪キャンパス（同上）	熊本県熊本市	1889	煉瓦造2階建	山口半六、久留正道	直営	国
099	水ノ子島灯台（同上）	大分県佐伯市	1904	石造8階建	不詳	不詳	なし
100	鶴御崎砲台（同上）	大分県佐伯市	1942	RC造要塞施設	不詳	不詳	なし
101	三重津海軍所（同上）	佐賀県佐賀市	1858	木造ドック跡	不詳	直営	史 世
102	大隈記念館（同上）	佐賀県佐賀市	1966	RC造2階建	今井兼次	松尾建設	登
103	鉄道省佐賀線筑後川橋梁（筑後川昇開橋）	福岡県大川市	1935	鉄骨造昇開橋	釘宮磐、坂本種芳	横河橋梁製作所	国 機
104	立花家住宅・御花（同上）	福岡県柳川市	1910	木造2階建	西原吉治郎	讃井傳吉	史
105	小岩井農場育牛部事務所（同上）	岩手県岩手郡	1906	木造平屋建	不詳	不詳	なし
105	小岩井農場一号サイロ（同上）	岩手県岩手郡	1907	煉瓦造サイロ	不詳	不詳	国
105	小岩井農場四号牛舎（同上）	岩手県岩手郡	1908	木造2階建	不詳	不詳	国
106	盛岡銀行本店（岩手銀行赤レンガ館）	岩手県盛岡市	1911	煉瓦造2階建	辰野葛西事務所	中沢善太郎	国
107	陸軍騎兵第三旅団覆練兵場（盛岡ふれあい覆馬場プラザ）	岩手県盛岡市	1909	煉瓦造平屋建	不詳	不詳	選
108	室蘭駅（室蘭観光協会）	北海道室蘭市	1912	木造2階建	不詳	不詳	登
109	三菱合資会社室蘭出張所（HOQSEI CANDLE）	北海道室蘭市	1915	木造2階建	不詳	不詳	登
110	双葉幼稚園（同上）	北海道帯広市	1922	木造平屋建	臼田梅	本名音吉、萩原延一	国
111	鉄道省士幌線第二音更川陸橋（同上）	北海道河東郡	1936	RC造上路アーチ橋	鉄道省	栗原組、丹野組	経
111	鉄道省士幌線第三音更川橋梁（同上）	北海道河東郡	1936	RC造上路アーチ橋	鉄道省	栗原組、丹野組	登 経
111	鉄道省士幌線第五音更川橋梁（同上）	北海道河東郡	1938	RC造上路アーチ橋	鉄道省	栗原組、丹野組	登 経
111	鉄道省士幌線第六音更川橋梁（同上）	北海道河東郡	1938	RC造上路アーチ橋	鉄道省	栗原組、丹野組	登 経
111	鉄道省士幌線糠平川橋梁（同上）	北海道河東郡	1955	RC造上路アーチ橋	鉄道省	栗原組、丹野組	登
112	神谷酒造旭川工場旧蒸留棟（合同酒精旭川工場）	北海道旭川市	1914	煉瓦造5階建	不詳	不詳	経
113	網走監獄庁舎（博物館網走監獄）	北海道網走市	1912	木造2階建	司法省	司法省	国
113	網走監獄屈斜路外役所（博物館網走監獄二見ヶ岡刑務支所）	北海道網走市	1896	木造平屋建	司法省	司法省	国
114	北見郷土館（網走市立郷土博物館）	北海道網走市	1936	木造2階建	田上義也	宍戸栄左衛門	なし
115	網走監獄正門（永専寺山門）	北海道網走市	1912	木造平屋建	司法省	不詳	自
116	太平洋炭礦（釧路コールマイン）	北海道釧路市	1920	鉄骨造他	不詳	不詳	なし

117	山本鉄工所第一工場（ヤマモトロックマシン東城工場）	広島県庄原市	1934	木造平屋建	不詳	不詳	登
117	山本鉄工所自治寮家族棟（ヤマモトロックマシン東城工場）	広島県庄原市	1937	木造3階建	不詳	不詳	登
118	三次銀行本店（三次市歴史民俗資料館）	広島県三次市	1927	RC造2階建	不詳	不詳	登
119	広島県農工銀行三次支店（風季舎昌平本家）	広島県三次市	1924	RC造2階建	不詳	不詳	なし
120	長崎次郎書店（同上）	熊本県熊本市	1924	木造2階建	保岡勝也	不詳	登
121	本妙寺仁王門（同上）	熊本県熊本市	1920	RC造	小林組	小林組	登
122	第一銀行熊本支店（ピーエス・オランジュリ）	熊本県熊本市	1919	RC造2階建	西村好時	清水組	登
コラム	三角西港（同上）	熊本県宇城市	1887	石造埠頭	ローエンホルスト・ムルデル	小山秀ほか	国 経 土 世
123	鉄輪温泉熱の湯源泉跡（同上）	大分県別府市	1912頃	煉瓦造設備	不詳	不詳	なし
124	九州帝国大学温泉学治療研究所気象観測舎（別府病院サークルベンチ）	大分県別府市	1935	木造平屋建	島岡春三郎	福田實	なし
125	音無井路十二号分水（円形分水）（同上）	大分県竹田市	1934	RC造灌漑施設	不詳	不詳	なし
126	白水溜池堰堤（同上）	大分県竹田市	1938	重力式Cダム	小野安夫	溝口組	国
127	塩屋旧大蔵（アートスペースカフェ大蔵清水湯）	大分県竹田市	江戸後期	土蔵造2階建	不詳	不詳	登
128	萬代橋（同上）	新潟県新潟市	1929	RC造6連アーチ橋	福田武雄	新潟県	国 土
129	西置賜郡役所（小桜館）	山形県長井市	1878	木造2階建	不詳	不詳	自
130	羽陽銀行長井支店（民間所有）	山形県長井市	1934	RC造平屋建	不詳	不詳	なし
131	桑島眼科医院（桑島記念館）	山形県長井市	1927	木造2階建	不詳	不詳	登
132	高畠鉄道高畠駅（同上）	山形県東置賜郡	1934	石造一部RC造2階建	不詳	不詳	登
133	合田邸（同上）	香川県仲多度郡	1928頃	木造2階建他	不詳	不詳	なし
134	楽天堂医院（同上）	香川県仲多度郡	1912	木造2階建	不詳	不詳	なし
135	毛馬閘門（同上）	大阪府大阪市	1907	煉瓦造	内務省第五区土木監督署	内務省第五区土木監督署	国 経 土
136	桜宮橋（同上）	大阪府大阪市	1930	下路式鋼アーチ橋	大阪市、武田五一（意匠）	大林組	経 土
137	半田運河（同上）	愛知県半田市	元禄年間	掘削河川	不詳	不詳	なし
138	丸三麦酒半田工場（半田赤レンガ建物）	愛知県半田市	1898	煉瓦造	妻木頼黄	清水組	登 経 産
139	竹田邸（竹田嘉兵衛商店）	愛知県名古屋市	江戸末期	木造2階建	不詳	不詳	自 選
140	金久白糖工場石垣（民間転用等）	鹿児島県奄美市	1866	石造（痕跡）	T・J・ウォートルス	不詳	なし
141	永田橋市場（同上）	鹿児島県奄美市	1968	RC造2階建	不詳	不詳	なし
142	カトリック芦花部教会（同上）	鹿児島県奄美市	1929	木造平屋建	不詳	不詳	なし
142	カトリック瀬留教会（同上）	鹿児島県大島郡	1908	木造平屋建	不詳	不詳	登
143	赤尾木送受信所無線塔（同上）	鹿児島県大島郡	1938	RC造	不詳	不詳	なし

項目	名称（現名称）	住所	竣工年	建造物構造	設計者	施工者	指定登録
144	龍野醤油本社事務所（うすくち龍野醤油資料館）	兵庫県たつの市	1932	木造2階建	不詳	不詳	登 経
145	龍野醤油同業組合事務所（醤油の郷 大正ロマン館）	兵庫県たつの市	1924	木造2階建	水谷幾蔵	不詳	登 経
146	八幡製鐵所遠賀川水源地ポンプ室（同上）	福岡県中間市	1910	煉瓦造平屋建	中島鋭治、亀井滋磨	直営	景 世
147	上田蚕糸専門学校講堂（信州大学繊維学部講堂）	長野県上田市	1929	木造2階建	柴垣鼎太郎	桝屋組	登 経
148	常田館製糸場施設　五階繭倉庫（同上）	長野県上田市	1905	木造5階建	不詳	不詳	国 経
148	常田館製糸場施設　五階鉄筋繭倉庫（同上）	長野県上田市	1912	RC造5階建	不詳	不詳	国 経
148	常田館製糸場施設　事務所兼住宅（同上）	長野県上田市	1908	木造2階建	不詳	不詳	国 経
149	上田蚕種株式会社事務棟（上田蚕種協業組合）	長野県上田市	1917	木造2階建	不詳	不詳	登 経
150	上田丸子電鉄別所温泉駅（上田電鉄別所温泉駅）	長野県上田市	1950	木造平屋建	不詳	不詳	なし
151	新津油田金津鉱場　動力室（同上）	新潟県新潟市	1920	木造平屋建	不詳	不詳	史 経
151	新津油田金津鉱場　加熱炉（同上）	新潟県新潟市	1968頃	煉瓦造	不詳	不詳	史 経
151	新津油田金津鉱場　濾過池（同上）	新潟県新潟市	1903	RC造	不詳	不詳	史 経
151	新津油田金津鉱場　C—3号井（同上）	新潟県新潟市	1903	鉄骨造	不詳	不詳	史 経
152	全天医院（今井眼科医院）	新潟県新潟市	1911	木造2階建	不詳	不詳	なし
コラム	佐渡金銀山の産業遺産群　大立竪坑櫓（同上）	新潟県佐渡市	1940	鉄骨造	不詳	不詳	史 国 産 経
コラム	佐渡金銀山の産業遺産群　大間港護岸（同上）	新潟県佐渡市	1892	港湾設備	不詳	服部長七	史 産 土
コラム	佐渡金銀山の産業遺産群　大間港トラス橋（同上）	新潟県佐渡市	昭和戦前期	下路トラス橋	不詳	不詳	史 産
コラム	佐渡金銀山の産業遺産群　北沢浮遊選鉱場（同上）	新潟県佐渡市	1937	RC造	高橋幸三郎	直営	史 産
153	観慶丸商店（同上）	宮城県石巻市	1930	木造3階建	須田幸一郎	須田栄三郎	自 登
154	水沢県庁（とよま明治村　水沢県庁記念館）	宮城県登米市	1872	木造平屋建	不詳	不詳	自
154	登米警察署庁舎（とよま明治村　警察資料館）	宮城県登米市	1889	木造2階建	山添喜三郎（大工）		自
154	登米高等尋常小学校（とよま明治村　教育資料館）	宮城県登米市	1888	木造2階建	山添喜三郎（大工）		国
155	東北帝国大学附属図書館閲覧室（東北大学史料館）	宮城県仙台市	1926	RC造3階建	小倉強	石井組	登 産
156	東北学院旧宣教師館（旧シップル館）	宮城県仙台市	1887	木造2階建	不詳	不詳	国
157	大東京火災海上保険仙台支店（西欧館）	宮城県仙台市	1936	RC造2階建	佐藤功一	不詳	なし
158	神戸市立生絲検査所（デザイン・クリエイティブセンター神戸）	兵庫県神戸市	1927	SRC4階建	清水栄二	竹中工務店	景
159	山田守邸（蔦珈琲店）	東京都港区	1959	RC造3階建	山田守	大木建設	なし
160	コミュニティセンター進修館（同上）	埼玉県南埼玉郡	1980	RC造2階建	象設計集団	間組	なし
161	宮代町立笠原小学校（同上）	埼玉県南埼玉郡	1982	RC造2階建	象設計集団	佐藤工業	なし
162	東武鉄道40号蒸気機関車（同上）	埼玉県南埼玉郡	1898	蒸気機関車	—	シャープ・スチュアート社（英）	なし

163	池島炭鉱社宅群（同上）	長崎県長崎市	1952〜	RC造7階建他	不詳	不詳	なし
164	出津救助院・授産場（同上）	長崎県長崎市	1883	木造2階建	マルク・マリ・ド・ロ神父		国 世
164	出津救助院・マカロニ工場（同上）	長崎県長崎市	1883頃	木造2階建	マルク・マリ・ド・ロ神父		国 世
番外	端島炭鉱（同上）	長崎県長崎市	1890	煉瓦造・石造他	三菱社	三菱社他	史 経 産 世
165	龍湖瀬坑（同上）	福岡県大牟田市	1873	坑口跡	不詳	不詳	なし
166	三池港施設群（同上）	福岡県大牟田市	1908	閘門式ドック	不詳	不詳	景 経 産 機 世
167	三井三池炭鉱三川坑（同上）	福岡県大牟田市	1940	斜坑・採炭施設	不詳	不詳	経 産
167	三井港倶楽部（同上）	福岡県大牟田市	1908	木造2階建	不詳	不詳	経 自 産
168	三池炭鉱万田坑（同上）	熊本県荒尾市	1908	鉄骨造・煉瓦造	不詳	不詳	国 史 産 世
169	三井鉱山J工場（三井化学J工場）	福岡県大牟田市	1938	RC造7階建	不詳	不詳	なし
コラム	官営八幡製鐵所　本事務所（同上）	福岡県北九州市	1899	煉瓦造2階建	山口半六か	直営	景 世
コラム	官営八幡製鐵所　修繕工場（同上）	福岡県北九州市	1900	鉄骨造平屋建	不詳	直営	景 世
コラム	官営八幡製鐵所　鍛冶工場（同上）	福岡県北九州市	1900	鉄骨造平屋建	不詳	直営	景 世
170	九州鉄道尾倉橋梁（同上）	福岡県北九州市	1891	煉瓦造アーチ橋	不詳	不詳	なし
171	河内貯水池堰堤（同上）	福岡県北九州市	1927	重力式Cダム	沼田尚徳、足立元二郎、松尾愛亮	直営	経 土
171	南河内橋（同上）	福岡県北九州市	1926	下路式鋼製二連レンティキュラートラス橋	沼田尚徳、足立元二郎、西島三郎	直営	国 土
172	欅坂橋梁（同上）	福岡県田川郡	1915	煉瓦造石張	不詳	不詳	なし
173	島津家大田発電所（九州電力大田発電所）	鹿児島県日置市	1908	石造平屋建	不詳	不詳	登 土
174	三井鉱山串木野鉱山発電所（三井串木野鉱山五反田会館）	鹿児島県いちき串木野市	1914	煉瓦造2階建	不詳	不詳	なし
174	三井鉱山串木野金山（薩摩金山蔵）	鹿児島県いちき串木野市	1658〜	金鉱山施設	不詳	不詳	なし
175	帝国麦酒門司工場事務所棟（門司麦酒煉瓦館）	福岡県北九州市	1913	鉱滓煉瓦造2階建	林栄次郎	前田組か	登 経 日
175	帝国麦酒門司工場醸造棟（同上）	福岡県北九州市	1913	煉瓦造7階建	不詳	前田組か	登 経 日
176	九州帝国大学工学部本館（九州大学旧工学部本館）	福岡県福岡市	1930	SRC6階建	倉田謙	清水組	経
176	九州帝国大学工学部仮実験室（九州大学本部第一庁舎）	福岡県福岡市	1925	煉瓦造2階建	倉田謙	佐伯工務所	なし
176	九州帝国大学工学部仮実験室第一附属家（九州大学本部第三庁舎）	福岡県福岡市	1925	煉瓦造2階建	倉田謙	佐伯工務所	なし
176	九州帝国大学工科大学正門門衛所（九州大学正門門衛所）	福岡県福岡市	1914	煉瓦造平屋建	倉田謙か	鴻池組	なし
177	和井田家住宅（同上）	埼玉県八潮市	江戸中期	木造平屋建	不詳	不詳	国
178	弐郷半領猿又閘門（閘門橋）	東京都葛飾区	1909	煉瓦造樋門	不詳	埼玉県	国 経 土
179	田中家住宅（同上）	埼玉県川口市	1921	煉瓦造3階建他	不詳	不詳	国
180	移情閣（孫文記念館）	兵庫県神戸市	1915	CB造3階建	横山栄吉（大工）か		国

項目	名称（現名称）	住所	竣工年	建造物構造	設計者	施工者	指定登録
181	岡方倶楽部（小物屋会館）	兵庫県神戸市	1927	RC造3階建	高末吉三郎	原田末吉	登
182	加太軽便鉄道加太駅（南海電鉄加太駅）	和歌山県和歌山市	1912	木造平屋建	不詳	不詳	なし
183	由良要塞友ヶ島第二砲台（同上）	和歌山県和歌山市	1898	煉瓦造防衛設備	不詳	不詳	土
183	由良要塞友ヶ島第三砲台（同上）	和歌山県和歌山市	1892	煉瓦造防衛設備	不詳	不詳	土
184	関西学院図書館（関西学院大学博物館）	兵庫県西宮市	1929	RC造2階建	W・M・ヴォーリズ	竹中工務店	登 経
185	エルトゥールル号殉難将士慰霊碑（同上）	和歌山県東牟婁郡	1937	RC造慰霊碑	トルコ共和国大使館、松田茂樹	遠藤組	自
186	樫野埼灯台（同上）	和歌山県東牟婁郡	1870	石造平屋建	R・H・ブラントン	J・ラッセル、J・ミッチェル	登 機 土
187	佐藤春夫邸（佐藤春夫記念館）	和歌山県新宮市	1927	木造2階建	佐藤春夫、西村伊作、大石七分	岡崎松次郎(大工)	なし
188	熊野高等経理専修学校（学校法人羽根学園）	和歌山県新宮市	1935	木造2階建	不詳	不詳	なし
189	岡崎銀行本店（岡崎信用金庫資料館）	愛知県岡崎市	1917	RC造3階建	鈴木禎次	志水組	登
190	八丁味噌本社事務所（カクキュー八丁味噌資料館）	愛知県岡崎市	1927	木造2階建	不詳	不詳	登 経
191	豊橋ハリストス正教会（同上）	愛知県豊橋市	1913	木造2階建	河村伊蔵か	中神米作	国
192	豊橋市小鷹野浄水場旧ポンプ室（同上）	愛知県豊橋市	1929	RC造平屋建	豊橋市水道局	不詳	登
193	豊川電話装荷線輪用櫓（同上）	愛知県豊川市	昭和初期	RC造櫓	逓信省	不詳	登
194	豊橋市公会堂（同上）	愛知県豊橋市	1931	RC造3階建	中村與資平	松村組	登
195	本坂隧道（同上）	静岡県浜松市	1915	煉瓦造ポータル	不詳	不詳	なし
コラム	韮山反射炉（同上）	静岡県伊豆の国市	1857	耐火煉瓦造	江川太郎左衛門	直営	史 経 世
196	西大分駅（同上）	大分県大分市	1911	木造平屋建	不詳	不詳	なし
197	煉瓦造倉庫（ブリックブロック）	大分県大分市	明治期	煉瓦造平屋建	不詳	不詳	なし
198	奈良監獄（旧奈良少年刑務所）	奈良県奈良市	1908	煉瓦造2階建他	山下啓次郎	直営	国
199	築地市場（同上）	東京都中央区	1935	S・RC造平屋建	東京市土木局建築課	不詳	モ
200	国立西洋美術館（同上）	東京都台東区	1959	RC造3階建	ル・コルビュジエ、坂倉準三、前川國男、吉阪隆正	清水建設	国 モ 世

＊指定登録の略号、国…国宝・国指定重要文化財　史…国指定史跡　選…国選定重要伝統的建造物群　登…国登録有形文化財　日…日本遺産
景…国土交通省景観重要建造物　経…経済産業省認定近代化産業遺産　自…県市町村指定有形文化財　産…産業考古学会推薦産業遺産
機…日本機械学会認定機械遺産　土…土木学会選定土木遺産　モ…ドコモモジャパン選定日本におけるモダンムーブメント建築
世…ユネスコ世界文化遺産

あとがき

二〇〇九年に博士論文『九州における近代化遺産の現存状況及び調査・活用に関する研究』をまとめ、ちょうど一〇年を迎えた。当該書籍に収録した三年間はその中でも公私ともに大きく環境が変動した期間で、職場が二回変わり、産業考古学会の他にも日本建築学会や日本機械学会において全国的な調査に関わることが出来た。

この本には、産業遺産の紹介を通じて「明治日本の産業革命遺産」が世界遺産に登録される前後の各地の状況を回顧的に紹介するという非公式のテーマを組み入れた。また自分という（若手）研究者を取り巻く学協会や関連組織、心強い仲間たちのそのときの活動をとりまとめるというもうひとつの私的なテーマもあった。

特に大きなパトロンがいるわけでも、強力な学閥の後ろ盾があるわけでもない自分が、今に至るまで曲がりなりにも研究を続けることが出来たのは、この本の中で折に触れ紹介してきた、あるいは紹介しきれなかった多くの方々との関わりがあったからこそだと言える。この場を借りて、篤く感謝申し上げる。

これからも「巡礼」は続いていく。そのときに杖となり友となり、力を貸してくれるのは、この本を読んでくださる皆様になるのかもしれない。その出会いの時が楽しみでならない。

最後に、当該書籍の収録期間である二〇一五年七月に天寿を全うした「最大の支援者」祖父・山下政時に本の完成をご報告し、ひとまず筆を擱きたい。

二〇一九年六月

市原猛志

主要参考文献

『各都道府県近代化遺産・近代和風建築総合調査報告書』
文化庁文化財部記念物課『近代遺跡調査報告書』（二〇〇二〜）
北九州地域史研究会編『北九州の近代化遺産』（弦書房、二〇〇六）
九州産業考古学会編『福岡の近代化遺産』（弦書房、二〇〇八）
九州産業考古学会筑後調査班編『筑後の近代化遺産』（弦書房、二〇一一）
熊本産業遺産研究会編『肥薩線の近代化遺産』（弦書房、二〇〇九）
熊本産業遺産研究会・熊本まちなみトラスト編『熊本の近代化遺産』《上巻》《下巻》（弦書房、二〇一三・二〇一四）
筑豊近代化遺産研究会・北九州地域史研究会編『ポケット版 北九州・筑豊の近代化遺産100選』（弦書房、二〇〇九）
オープロジェクト『軍艦島全景』（三才ブックス、二〇一〇年改訂版）
板橋区教育委員会生涯学習課文化財係『旧東京第二陸軍造兵廠火薬研究所等近代化遺産群調査報告書』（板橋区教育委員会、二〇一六）
市原猛志・小西伸彦『日本の産業遺産調査データベース（稿）』（産業遺産国民会議、二〇一九）
大橋公雄・玉川寛治『日本の近代を開いた産業遺産　推薦産業遺産一九八五-二〇一〇』（産業考古学会、二〇一一）
日本産業技術史学会『日本産業技術史事典』（思文閣出版、二〇〇七）
日本機械学会『機械遺産二〇〇七-二〇一七―機械遺産でたどる機械技術史―』（日本機械学会、二〇一七）
土木学会『日本の近代土木遺産（改訂版）―現存する重要な土木構造物2800選』（二〇〇五）
土木学会日本の近代土木遺産データベース（http://www.jsce.or.jp/committee/hsce/2800/index2(2800).htm）
一般社団法人　日本建築学会　歴史的建築データベース小委員会　歴史的建築総目録データベース（https://glohb-aij.eng.hokudai.ac.jp/）

【著者略歴】

市原猛志（いちはら・たけし）

一九七九年福岡県北九州市生まれ。大学学部生の頃より近代建築を中心とした近代化遺産・産業遺産の研究活動を続け、二〇〇二年九州大学文学部史学科卒、二〇〇九年九州大学大学院人間環境学府都市共生デザイン専攻博士後期課程修了。九州大学大学文書館、九州産業大学景観研究センター、九州大学百年史編集室助教を経て、現在は九州大学大学文書館協力研究員、北九州市役所総務局総務課嘱託学芸員、九州女子大学非常勤講師。

産業考古学会理事、ＮＰＯ法人北九州COSMOSクラブ理事、ＮＰＯ法人J-heritage理事、ＮＰＯ法人北九州市の文化財を守る会理事などを務める。

著書に『北九州技術革新史（全体編）』（北九州産業技術保存継承センター 二〇一二）、『産業遺産を歩こう』（共著・東洋経済新報社 二〇〇九）、『北九州の近代化遺産』（編共著・弦書房 二〇〇六）、『福岡の近代化遺産』（編共著・弦書房 二〇〇八）、『肥薩線の近代化遺産』（共著・弦書房 二〇〇九）、『熊本の近代化遺産 上・下』（共著・弦書房 二〇一四）など。また『るるぶ特別編集 北九州市』、北九州市産業観光パンフレット、戸畑区近代化産業遺産パンフレットなどを監修。

産業遺産巡礼《日本編》

二〇一九年 七 月三〇日 発行

著 者 市原猛志《いちはらたけし》

発行者 小野静男

発行所 株式会社 弦書房
（〒810・0041）
福岡市中央区大名二―二―四三
ＥＬＫ大名ビル三〇一
電 話 〇九二・七二六・九八八五
ＦＡＸ 〇九二・七二六・九八八六

印刷 有限会社青雲印刷
製本 日宝綜合製本株式会社

落丁・乱丁の本はお取り替えします

ISBN978-4-86329-192-8 C0026

◆弦書房の本

北九州の近代化遺産

[902116-71-7]　2006.11

北九州地域史研究会編　日本の近代化遺産の密集地・北九州市を門司・小倉・若松・八幡・戸畑の５地域に分けて紹介。八幡製鉄所、門司のレトロ地区、関門の砲台群など産業・軍事・商業・生活遺産60ヵ所を案内する。〈Ａ５判・２７２頁〉**【3刷】**２２００円

【第36回熊日出版文化賞】

熊本の近代化遺産《上巻》

熊本市・県央

[86329-095-2]　2013.11

熊本の近代化遺産《下巻》

県北・県南・天草

[86329-096-9]　2014.1

熊本産業遺産研究会・熊本まちなみトラスト編　明治日本の産業革命遺産（世界遺産推薦）の構成資産のうち「三角港」「万田坑」の二つの遺産を含む一一四の近代化遺産群を上下巻で紹介。カラー写真と詳細な解説付。**《上巻》**冨重写真所／第五高等中学校本館・化学実験場・表門／国有鉄道鹿児島線上熊本駅舎／緑川水系の発電所群／三角港 他　**《下巻》**万田坑／八千代座／日本窒素肥料㈱石灰窒素製造工場／八代海干拓施設群／陸軍人吉秘匿飛行場木製掩体壕／大江天主堂／崎津天主堂 他　〈Ａ５判・１７６頁〉**各**１９００円

日本の石炭産業遺産

[86329-075-4]　2012.6

徳永博文　日本の近代化を支えた全国の炭鉱遺産を13年間にわたって踏査した記録。北海道、福島、九州、沖縄各地に保存あるいは放置された石炭関連産業施設約３００か所を調査。写真３５０点とルポからみえてくる〈石炭〉の未来。〈Ａ５判・２８８頁〉２２００円

九州遺産　近現代遺産編101

[902116-35-9]　2005.6

砂田光紀　近代九州を作りあげた遺構から厳選した101箇所を迫力ある写真と地図で詳細にガイド。産業遺産（橋、ダム、灯台、鉄道施設、炭鉱、工場等）、軍事遺産（飛行場、砲台等）、生活・商業遺産（役所、学校、教会、劇場、銀行等）を掲載。〈Ａ５判・２７２頁〉**【9刷】**２０００円

＊表示価格は税別